ALLGÄUER ALPEN

Gebietsführer für Wanderer und Bergsteiger

HEINZ GROTH

Allgäuer Alpen

Gebietsführer für Wanderer und Bergsteiger

Neu bearbeitet von Dieter Seibert

Mit 16 Farb- und 35 Schwarzweiß-Abbildungen
sowie einer farbigen Wanderkarte 1:50000
des Bayerischen Landesvermessungsamtes
und 3 Panoramen

BERGVERLAG RUDOLF ROTHER GMBH · MÜNCHEN

Umschlagbild:

Das am Taufersbergsteig gelegene Guggerseelein
mit Blick auf die Mädelegabelgruppe.
Foto: J. Immler

Abbildung gegenüber der Titelseite:

Blick von den Steinmähdern in „Blattnars Gündle“ hinab zum Oytalhaus, hinter diesem das sommersüber meist ausgetrocknete Bett des Oybaches. Im Hintergrund (von links) Schochen, Laufbacher Eck, Rotkopf, Schneck und Himmelhorn.
Foto: Heinz Groth

Die Ausarbeitung aller in diesem Führer beschriebenen Anstiege und Routen erfolgte nach bestem Wissen und Gewissen des Autors. — Die Benützung dieses Führers geschieht auf eigenes Risiko. — Soweit gesetzlich zulässig, wird eine Haftung für etwaige Unfälle und Schäden jeder Art aus keinem Rechtsgrund übernommen.

Bergverlag Rudolf Rother GmbH, München

4., neu bearbeitete Auflage 1988
ISBN 3 7633 3647-8

Gesamtherstellung Rother Druck GmbH, München
(2209/8186)

Vorwort zur Neuauflage 1988

Über Jahrzehnte betreute der im Sonthofener Raum lebende Heinz Groth in vorbildlicher Weise die Führer über die Allgäuer Alpen. Als Achtzigjähriger möchte er sich allmählich von dieser Arbeit zurückziehen, und so habe ich - ein (aus dem Altbayerischen kommender) Ostallgäuer - sein „Erbe“ angetreten.
Der 1984 völlig neu erarbeitete Führer wird nun - mit den aktuellen Neuerungen versehen - nachgedruckt. So bleibt das vor vier Jahren verfaßte Vorwort von Heinz Groth weitgehend zutreffend: Der Führer möchte jenen Bergwanderern und Bergsteigern dienen, deren Interesse dem landschaftlich ganz besonders reizvollen Alpenraum zwischen Lech, Bregenzer Ache und Allgäuer Alpenvorland gilt, die sich jedoch weder größeren alpinen Abenteuern aussetzen noch allzusehr in Einzelheiten verlieren möchten. Auf Grund der seit Ende des Jahres 1983 geltenden Neueinteilung der Ostalpen gehört das vom linken Lechufer und der Bundesgrenze zwischen Haldenwanger Eck und Füssen eingerahmte Tiroler Gebiet ebenso zu den Allgäuer Alpen wie der größte Teil des vom rechten Ufer der Bregenzer Ache und der Bundesgrenze zwischen Haldenwanger Eck und Lindau umfaßten Vorarlberger Raumes. Der hierdurch zustandegekommene Gebietszuwachs hat den Arbeitsraum dieses Führers auf rund 1800 Quadratkilometer anwachsen lassen, wovon der größte Teil hochalpinen und alpinen Zonen angehört. Seiner Zweckbestimmung entsprechend kann dieser Führer naturgemäß nur eine persönlich gefärbte *Auswahl* an Bergwander- und Bergsteiger-Zielen darbieten. Allein schon bei der Gipfelauslese aus der Vielzahl von 310 Bergen über 1500 Meter Höhe, darunter 188 Zweitausendern, war die Wahl Risiko und Qual zugleich. Das Register mit rund 1370 Stichworten mag davon zeugen.
Um so mehr sind Verlag und Autor für Kritik, Gedankenaustausch und Verbesserungsvorschläge zu Dank verbunden.
Mein besonderer Dank gilt dem Bayerischen Landesvermessungsamt für die freundliche Genehmigung, diesem Führer einen Nachdruck der amtlichen Karte beizulegen.“

Im Frühjahr 1988 Heinz Groth und Dieter Seibert

Alpine Auskunft

Mündliche und schriftliche Auskunft in alpinen Angelegenheiten für Wanderer, Bergsteiger und Skitouristen

→ **Deutscher Alpenverein**

Montag bis Donnerstag von 9 bis 12 Uhr
und 13 bis 16 Uhr,
Freitag von 9 bis 12 Uhr
und 13 bis 15 Uhr
D-8000 München 22, Praterinsel 5
Telefon (089) 29 49 40
[aus Österreich 06/089/29 49 40]
[aus Südtirol 00 49/89/29 49 40]

→ **Österreichischer Alpenverein**

Montag bis Freitag von 8.30 bis 12.00 Uhr
und von 14 bis 18 Uhr
Alpenvereinshaus
A-6020 Innsbruck, Wilhelm-Greil-Str. 15
Telefon (0 52 22) 2 41 07
[aus der BR Deutschland 00 43/52 22/2 41 07]
[aus Südtirol 00 43/52 22/2 41 07]

→ **Alpenverein Südtirol**
Sektion Bozen

Montag bis Freitag von 9 bis 12 Uhr
und von 15 bis 17.30 Uhr
im Landesverkehrsamt für Südtirol -
Auskunftsbüro
I-39 100 Bozen, Pfarrplatz 11
Telefon (04 71) 99 38 09
[aus der BR Deutschland 00 39/471/99 38 09]
[aus Österreich 04/471/99 38 09]

Inhalt

Bilderverzeichnis

Farbbilder

Schwarzweißbilder

Bildnachweis:
Luftaufnahme R. Kessler, Sonthofen. Alle anderen Bilder vom Verfasser.

I. Einführung

Allgemeines

1. Lage und Begrenzung

Der „Gebietsführer Allgäuer Alpen" für Wanderer und Bergsteiger umfaßt auf Grund der im November 1983 vom DAV / ÖAV bekanntgegebenen Alpenvereinseinteilung der Ostalpen (AVE, vgl. AV-Jahrbuch Berg '84 S. 215 ff.) ein im nördlichen Teil dem voralpinen, im südlichen Teil dem hochalpinen Raum zugehöriges Gebiet von etwa 1800 qkm, was etwa der Fläche eines größeren bayerischen Landkreises entspricht. Damit sind die Allgäuer Alpen die umfangreichste Gebirgsgruppe in den Nördlichen Ostalpen.

Zur *Begrenzung* dieses Gebiets siehe Skizze S. 11. Die rund 90 km lange Grenze zum schwäbisch-bayerischen Alpenvorland läuft in allgemein west-östl. Richtung von Lindau (Bodensee-Südostzipfel) zum Nordende des vom Lech durchflossenen Forggensees. Die rund 50 km lange SW- und W-Grenze folgt teilweise der Bregenzer Ache bis zu deren Mündung westlich von Bregenz in den Bodensee, während sich die rund 90 km lange SO- und O-Grenze, die ab dem Hochtannbergpaß alsbald dem Lech folgt, östl. von Roßhaupten mit der N-Grenze vereinigt.

In dieses gewaltige Gebirgsdreieck teilen sich drei Länder: Zentrum nebst Voralpenregion gehören zum bayerischen Regierungsbezirk Schwaben (BRD), die westl. und südwestl. Randzonen sind Teile des österreichischen Bundeslandes Vorarlberg (Bezirkshauptmannschaft Bregenz), während die südöstl. und östl. Randzonen als Teile der Bezirkshauptmannschaft Reutte / Außerfern zum österreichischen Bundesland Tirol gehören.

Benachbarte Gebirgsgruppen sind im W und SW der Bregenzerwald und das Lechquellengebirge, im S und SO die Lechtaler Alpen und im O die Ammergauer Alpen.

Die *Bundesgrenze* läuft in der aus der beiliegenden Karte 1 : 50 000 zu ersehenden Zickzacklinie von Füssen bis zum Bodensee-SO-Zipfel mitten durch die Allgäuer Alpen, wobei sie sich vorwiegend an die Österreich und BRD trennenden Hauptkämme hält.

Offiziell zugelassene *Grenzübergänge* auf Fahrstraßen im Raum der Allgäuer Alpen (von W nach O): Lindau-Zech / Bregenz (auch Bundesbahn), Lindau-Stockach / Bregenz, Niederstaufen-Hohenweiler / Bregenz, Scheidegg-Pfänderrücken / Bregenz, Weiler-Neu-

haus / Bregenz, Oberstaufen-Sulzberg / Vord. Bregenzerwald, Oberstaufen-Aach / Vord. Bregenzerwald, Balderschwang-Vord. und-Hint. Bregenzerwald, Oberstdorf-Rohrmoos / Hirschgund / Bregenzerwald (für Kfz gesperrt!), Oberstdorf-Walserschanz / Kleinwalsertal (Zollenklave, d.h. zollfreier Übertritt ins Kleinwalsertal, aber auch nicht weiter!), Sonthofen-Oberjoch / Tannheimer Tal / Außerfern, Sonthofen-Wertach oder Oberjoch / Jungholz (Zollenklave wie Kleinwalsertal), Pfronten — Grän / Tannheimer Tal / Außerfern, Pfronten-Vils / Außerfern (auch Bundesbahn) — Füssen-Reutte / Außerfern.
Die touristische Begehung der Grenzkämme eröffnet ungezählte Möglichkeiten der Grenzüberschreitung. Es empfiehlt sich jedoch, vor ihrer Durchführung bei der nächstgelegenen bundesdeutschen oder österreichischen Grenzpolizei-Dienststelle nachzufragen! In jedem Fall der Grenzüberschreitung ist es selbstverständlich geboten, einen gültigen Paß oder Personalausweis mit sich zu führen und keinerlei zollpflichtige Ware hin oder her über die Grenze zu bringen.

2. Verkehrsübersicht
(Siehe folgende Seite)

2. Verkehrsübersicht

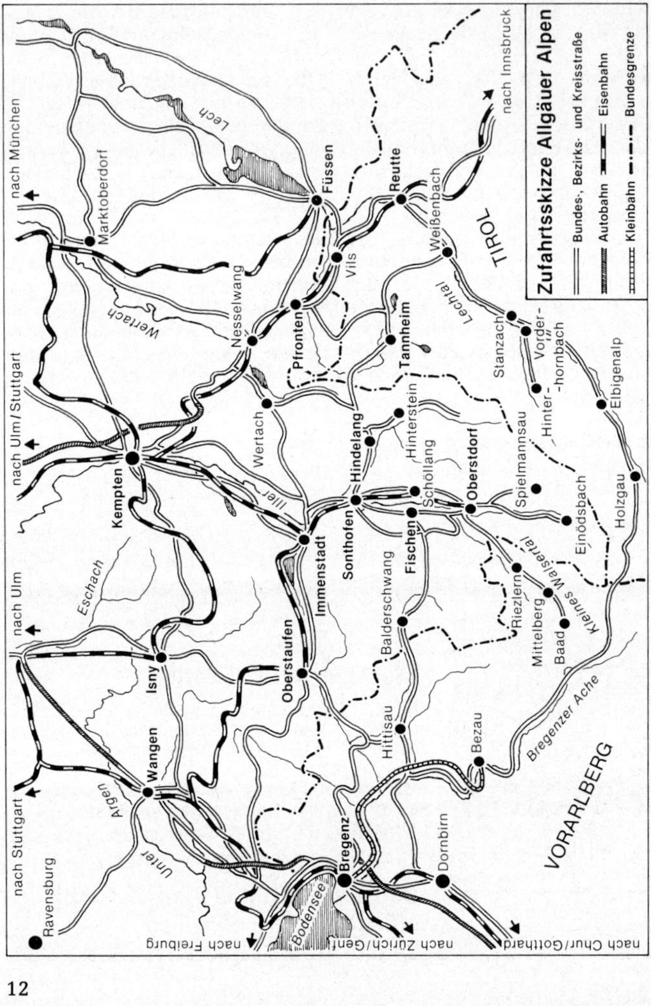

3. Geologie

Einem geologisch ernsthaft Interessierten kann dieser Führer das einschlägige Lehrbuch (siehe am Ende dieses Abschnitts) nicht ersetzen. Hier nur die nötigsten gemeinverständlichen Bemerkungen zu diesem Thema:
Als Teil der Nördlichen Kalkalpen sind die Allgäuer Alpen ein aus **Meeresablagerungen früherer Erdzeitalter** aufgebautes Gebirge. Es bildet keine geologische Einheit, sondern ist aus Bauteilen zusammengefügt, die verschiedenen Formationen des Erdmittelalters und der Erdneuzeit zugehören, teils wohlgeordnet neben- oder übereinander liegend, teils aber auch von den sie bewegenden Schub- und Pressungskräften wild durcheinander gewürfelt. Schichtenfolge und Gestalt des die Allgäuer Alpen bildenden Gesteins stellen sich — grob vereinfacht und abgekürzt — wie folgt dar:

	Formation	Schichten	Gesteinsfarbe	Beispiele
Erdgegenwart	**Quartär** (Nacheiszeit) 10000 v. Chr. bis heute	Alluvialer Schutt	alle Farben	Schutthalden und Geröllströme in den Tälern
Erdneuzeit	**Eiszeitalter** 600000 bis 10000 v. Chr.	Diluvialer Schutt	alle Farben	Bewachsene Schutthalden und Moränen im Gebirge
	Tertiär 70 Mio. bis 600000 v. Chr.	Nagelfluh (Molasse)	fast alle Farben	Rindalpen, Siplinger
Erdmittelalter	**Kreide** 125 bis 70 Mio. v. Chr.	Wildflysch (oft exotisches Gestein) Flysch Schrattenkalk	fast alle Farben grau-bräunlich weiß-grau	Fellhorn Sonnenköpfe, Hörnergruppe Ifen, Gottesacker, Besler, Grünten

Fortsetzung siehe Seite 14

Formation	Schichten	Gesteinsfarbe	Beispiele
Jura 160 bis 125 Mio. v. Chr.	Aptychenkalke Lias-Fleckenmergel (Allgäuschichten), Bunter Liaskalk	weiß-hellgrau, ocker dunkelgrau, ocker, rötlich, schwarz dunkelrot, grün	Schneck, Höfats Linkerskopf, Rappenköpfle, AHK Fürschießer bis Hornbachjoch Salober, Höfats
Trias 200 bis 160 Mio. v. Chr.	Kössener Schichten Hauptdolomit Wettersteinkalk	braun, ocker, rötlich, bläulich grau-ocker weiß-hellgrau	Seealpsee, Geisalpsee, Kugelhorn, Schochen Widderstein, AHK vom Biberkopf bis Krottenspitze, Wildengruppe, Hornbachgruppe, Hochvogel Tannheimer Berge

Nicht weniger als 69 Seen und Seelein zieren die Allgäuer Bergwelt, darunter 8 über 2000 m hoch gelegene. Alle sind sie Geschenke, die uns die Eiszeit hinterlassen hat. Und 50 großenteils noch nicht erschlossene Höhlen harren ihrer Erforschung.
Näheres zum Thema Geologie:
Herbert und Udo Scholz, das Werden der Allgäuer Landschaft, Verlag für Heimatpflege, Kempten;
Max Richter, Geologischer Führer Allgäuer Alpen, Gebr. Bornträger, Berlin Nikolassee;
Max Richter, Geologischer Führer Vorarlberger Alpen, Bornträger, Berlin;

Johann Bauer, Geologisch-botanische Wanderungen im Allgäu, Verlag für Heimatpflege, Kempten 1983;
alle vier mit umfassenden Literaturhinweisen.

4. Klima

Naturgemäß ist das *Klima* in den Allgäuer Alpen, aber auch schon im Alpenvorland infolge der Höhenlage unseres Gebiets rauh. Die besiedelten Haupttäler weisen beträchtliche Höhen auf: Illertal von Baad bis Immenstadt 1261 m—720 m, Ostrachtal 1066—730 m, Lechtal ab Lechleiten 1541 m—781 m, Bregenzer Achental — Subersachtal 1679 m—509 m. Erst der Unterlauf der Bregenzer Ache liegt mit 509—395 m (wobei jedoch auch manche seiner rechtsufrigen Randsiedlungen 1000 m Meereshöhe erreichen oder gar überschreiten) in einer weniger rauhen Zone. Der N-Streifen unseres voralpinen Allgäuer Alpenraums entspricht in seiner klimatischen Rauheit etwa dem oberen Illertal zwischen Oberstdorf und Sonthofen (Höhenlage Füssen: 808 m, Immenstadt: 729—1037 m, Oberstaufen: 791 m, nähert sich jedoch in seinem westl. Teil etwa ab Weiler (631 m) der Milde des Bodenseeklimas.
Daß das *Wetter* bei jeder Bergwanderung eine große Rolle spielt, ist eine Binsenwahrheit. Als Faustregel darf für die Allgäuer Alpen gelten: Wind aus NO, O und SO gilt als Bringer und Erhalter von Schönwetter. Wind aus SW und S sind mit Vorsicht zu genießen. Nicht selten bringen sie den bei wetterfühligen Menschen so unbeliebten Föhn, eine durch turbulente Wetterereignisse in Mittel- und Norditalien verursachte, den Alpenkamm nach Norden überschreitende Luftströmung, die auf dieser Reise ihre Feuchtigkeit ablädt und unsere Alpentäler als trockene Warmluft erreicht.
In jedem Fall ist es geraten, sich vor Antritt einer größeren Bergwanderung mit Hilfe der üblichen Medien um die Kenntnis der herrschenden Wetterlage zu bemühen. Für das Oberallgäu ist die Wettervorhersage telefonisch unter 08322/01164 zu erreichen.
Literatur zu diesem Thema:
Adolf Schneider, Wetter und Bergsteigen, Bergverlag R. Rother, München;
C.H. Trinckler, Der Wetterstreß, ECON-Klimaratgeber.

5. Tier- und Pflanzenwelt, Naturschutz

Der die Allgäuer Alpen auszeichnende Reichtum an wildlebenden *Tieren* sucht im gesamten Ostalpenraum seinesgleichen. Allein die Rotwildreviere auf der bayerischen Seite weisen einen zwischen 4000 und 5000 Stück schwankenden Gesamtbestand auf — Stolz

des Jägers, Kummer des Waldeigentümers. Kaum geringer ist der Bestand an Gamswild. Der vor 20 Jahren im Gemsteltal unternommene Versuch, den seit dem Dreißigjährigen Krieg im Allgäu ausgerotteten Steinbock wieder einzubürgern, ist bisher erfreulich erfolgreich verlaufen. In einigen abgelegenen Hochtälern horstet der Steinadler; Auer- und Birkwild werden nur Glückspilze zu sehen bekommen, während der schrille Pfiff des Murmeltiers immer noch häufig in der Alpregion zu hören ist. Er unterscheidet sich unverwechselbar vom heiseren Warnruf der Gemsen.
Der Bergfreund wird dem Jäger gern durch verständnisvolles Verhalten entgegenkommen. Während der Jagdzeit (besonders im September, Oktober, November) halte man sich an die Wege und markierten Steige, insbesondere während der Dämmerung (Gefahr der Verwechslung mit Wild). Schreien und Lärmen ist ebenso unerwünscht wie das Betreiben von Radiogeräten.
Ursache des immer wieder reizvoll wechselnden Landschaftsbildes, aber auch des weitberühmten Reichtums der Allgäuer *Gebirgsflora* ist die außergewöhnliche Verschiedenheit des die Allgäuer Berge aufbauenden Gesteins. Flysch, Fleckenmergel und Kössener Schichten mit ihrem Humusreichtum, Aptychen- und Bunte Liaskalke mit ihrem reichen Kieselgehalt bieten ideale Wachstumsvoraussetzungen. Höfats und Schneck, Elfer, Salober und Linkerskopf, um nur fünf der schönsten Allgäuer Blumenberge zu nennen, sind bis zu ihren Gipfeln mit einem üppigen, blütengeschmückten Grasteppich überzogen, sobald der letzte Frühjahrsschnee gewichen ist. Doch diese Schönheit birgt für den Unerfahrenen auch tückische Gefahren (s. S. 19, Abschnitt I „Bergrettung“!). Da es räumlich unmöglich ist, in diesem Kurzführer auch nur eine Auswahl der schönsten Allgäuer Bergblumen zu nennen, muß es beim Literaturhinweis am Ende dieses Abschnitts sein Bewenden haben.
Es wäre ein Irrtum, zu glauben, in den Allgäuer Alpen gäbe es infolge der intensiven *Alpwirtschaft* (bedeutendstes deutsches Alpwirtschaftsgebiet mit rund 600 Alpen, denen das wertvolle Allgäuer Braunvieh seine vorzüglichen Eigenschaften verdankt) wenig Wald. Im Gegenteil: der die Allgäuer Bergwaldzone beherrschende Mischwald (Rotbuche, Fichte, Bergahorn, Esche, Weißtanne, Eberesche, Lärche und Birke) ist besonders wertvoll. Von der Sorge ums „Waldsterben“ ist (wenngleich örtlich verschieden) auch er nicht verschont.
Natur- und Umweltschutz sind seit einem halben Jahrhundert gerade in den Allgäuer Alpen großgeschrieben. Daß dies in einer vom Fremdenverkehr extrem stark beanspruchten Ferienlandschaft

Probleme aufwirft, liegt auf der Hand. Ohne Kompromißbereitschaft auf beiden Seiten (Naturschutz und Fremdenverkehr) werden sie nicht gelöst werden können. Ein großer Teil der Allgäuer Gebirgslandschaft steht unter Natur- oder Landschaftsschutz. Raummangel verbietet leider, auf die einschlägigen gesetzlichen Bestimmungen im einzelnen einzugehen. *Allgemeine Richtlinie:* Hände weg von der alpinen Flora! Sie dankt es Dir und denen, die nach Dir kommen, durch immer wiederkehrende Schönheit. Und: es lohnt sich nicht, die Freude an einer Bergwanderung durch Ärger mit Naturwacht, Bergwacht oder Polizei zu vergällen! Näheres hierüber: Alpenvereinsführer Allgäuer Alpen, Bergverlag Rother, München, 12. Aufl. 1984.

Literatur zum Thema Fauna und Flora:
Jahrbücher des Vereins zum Schutze der Bergwelt — speziell zur Fauna: Fritz Schmitt, Erlebt und belauscht, J. Berg, München;
Albert Rastl, Wild in Wald und Fels, Welsermühl, München;
BLV-Bestimmungsbuch Alpenpflanzen, Alpentiere, BLV, München-Bern;
— speziell zur Flora:
Hegi / Merxmüller, Alpenflora, Carl Hanser, München;
Kohlhaupt / Gams, Alpenblumen, farbige Wunder, Belser Verlag;
Danesch, Faszinierende Welt der Alpenblumen, Ringier, Zürich;
Horst Stern, Rettet den Wald, Kindler Verlag — um nur eine knappe Auslese aus einem schier unübersehbaren Angebot herauszugreifen.
Übrigens: naturschutzbedingte, auf Gesetz beruhende Betretungsverbote gibt es in den Allgäuer Alpen (noch) nicht.

Praktische Hinweise

1. Schrifttum und Karten

Wer sich anhand dieses Kurzführers mit den Allgäuer Alpen befreundet hat, wird bald mehr über dieses Gebiet wissen wollen. Die Bibliographie des Allgäus ist in einem vielbändigen, längst vergriffenen Sammelwerk des Heimatdienstes Allgäu in Kempten erschienen. Um die Qual der Wahl zu mildern, hier nur einige Tips: Eine unvergleichliche Einführung in Erdkunde, Geschichte, Kultur und Brauchtum des Allgäus hat uns Alfred Weitnauer in seinem Buch *Bei uns im Allgäu* und in allen anderen seiner heimatkundlichen

Werke (alle im Verlag für Heimatpflege, Kempten) geschenkt. Die vierbändige *Allgäuer Chronik* Weitnauers (im gleichen Verlag) und die vierbändige *Geschichte des Allgäus* von Baumann/Rottenkolber, Scientia Verlag Aalen, bieten dem tiefer schürfenden Allgäuliebhaber eine Fülle von Information auf historischem und kulturellem Gebiet — eine vergnügliche Fundgrube bilden Thaddäus Steiners *Allgäuer Alpnamen* im Verlag für Heimatpflege, Kempten sowie Dertschs *Historisches Ortsnamenbuch für den Landkreis Sonthofen* (jetzt „Oberallgäu"), Verlag Lassleben, Kallmünz. Die *Allgäuer Sagen* finden sich in einer Sammlung von Endrös/Weitnauer, Verlag für Heimatpflege, Kempten, und unter den unzähligen Allgäuer Landschaftsbüchern ragen heraus: Bechteler/Rohde, *Goldenes Allgäu*, Bruckmann Verlag, München, und A. Lindorfers *Die schönsten Höhenwege der Allgäuer Alpen.* Umfassende Darstellung des Schrifttums über die Allgäuer Alpen findet sich im *Alpenvereinsführer Allgäuer Alpen*, Bergverlag R. Rother, München.
Kartographie: Die örtlichen Angaben in diesem Führer sind den Karten des Bayerischen Landesvermessungsamtes 1 : 25 000 (Blätter Hoher Ifen, Balderschwang, Oberstaufen, Immenstadt, Hindelang, Hinterstein, Pfronten, Füssen, Oberstdorf, Einödsbach, Biberkopf und Hochvogel) sowie den beiden vom DAV herausgegebenen vorzüglichen Karten Allgäu-West und Allgäu-Ost, 1 : 25 000, entnommen.
Für den Raum um Holzgau (Lechtal) gesellt sich ihnen die AV-Karte Lechtaler Alpen/Parseierspitze, 1 : 25 000 bei. Raum und Gewicht dieser Karten sind beträchtlich. Deshalb genügen durchschnittlichen touristischen Anforderungen die vom Bayer. Landesvermessungsamt herausgegebenen Karten 1 : 50 000, Blätter Kempten, Lindau, Immenstadt, Hindelang, Hochvogel, Einödsbach und Füssen. Die diesem Führer beiliegende, den größten Teil der Allgäuer Alpen umfassenden Karte 1 : 50 000 ist ein Nachdruck der amtlichen Karte des Bayerischen Landesvermessungsamtes. Für den engeren Oberstdorfer Bereich leistet die Zumstein-Karte 1 : 30 000 vorzügliche Dienste. Westallgäu und Vord. Bregenzerwald werden im Blatt Bezau der amtl. österr. Karte 1:50 000 sowie in den Blättern Nr. 2 und 22 der Kompass-Wanderkarte 1 : 50 000 anschaulich dargestellt. Als Übersichtskarten leisten die Blätter 35 und 36 (Lechtaler/Allgäuer Alpen und Bregenzerwald) von Freytag u. Berndt, 1 : 100 000, gute Dienste. Ausführlichere Kartographie siehe AVF Allgäuer Alpen.

2. Orientierung

Die Allgäuer Alpen, in deren Gebiet sich zur Spitzengruppe des bundesdeutschen Fremdenverkehrs zählende Orte wie Oberstdorf, Kleinwalsertal, Hörnergruppe, Oberstaufen, Hindelang, Füssen und Pfronten befinden, sind touristisch nahezu bis in den letzten Winkel erschlossen. Allein der Blick auf eine Wanderkarte belehrt uns über die Dichte des hier zustandegekommenen Wanderwege-Netzes. Von besonderer touristischer Bedeutung sind die von den Talorten zu den Alpenvereinshütten und sonstigen Höhenstützpunkten führenden Anstiegswege sowie die von Hütte zu Hütte führenden markierten Höhenwege nebst Zubringersteigen aus den Tälern. Es liegt auf der Hand, daß der Zustand dieser Weganlagen nach Schlechtwettereinbrüchen zu wünschen übrig lassen kann. Dem läßt sich nur mit Geduld begegnen. Bei Nebel, der die beste Markierung im Nu verschlucken kann, hilft nur noch der Kompaß, ohne den man grundsätzlich keine alpinen Touren unternehmen sollte.
Literatur zu diesem Thema:
Seibert, Orientierung im Gebirge, Bergverlag R. Rother
Schneider, Wetter und Bergsteigen, Bergverlag R. Rother.

3. Alpine Auskunft

Die Allgäuer Alpen gehören zum Arbeitsgebiet des Deutschen Alpenvereins (D-8000 München 22, Praterinsel 5, Tel. 089 / 29 49 40, Vorwahl aus Österreich: 06) und des Österreichischen Alpenvereins (A-6020 Innsbruck, Wilhelm-Greil-Str. 15, Tel. 0 52 22 / 2 41 07, aus BRD: 00 43 / 52 22 / 2 41 07). Von beiden Vereinen kann man alles für die Tourenplanung Nötige erfahren. Dies gilt in gleicher Weise natürlich auch für die Alpenvereins-Sektionen hinsichtlich ihrer Hüttengebiete und für die Verkehrsbüros größerer Touristik-Zentren. In den Abschnitten „Talorte“ und „Schutzhütten“ finden sich die nötigen Angaben. Auskünfte über den Zustand von Wander- und Höhenwegen oder Klettersteigen sind stets heikel, weil sich die Verhältnisse vor Ort über Nacht geändert haben können. Da das Wetter bei jedem alpinen Unternehmen die Hauptrolle spielt, empfiehlt es sich, vor Antritt einer größeren Tour über den Bayerischen Rundfunk die Wettervorhersage zu erfahren (täglich kurz nach 7, 12 und 18 Uhr.

4. Bergrettung

Einleitend bedarf dieser Abschnitt eines kurzen Hinweises auf die *alpinen Gefahren*. Auch hier steht das Wetter an erster Stelle. Wir

bewegen uns in den Allgäuer Alpen, insbesondere auf ihren Höhenwegen und Klettersteigen, aber auch auf zahlreichen weniger anspruchsvollen Verbindungsführen häufig in Regionen über 2000 m, also im Hochgebirge. Jeder Witterungsumschlag, der in diesen Höhenlagen auch sommersüber meist zu Schneefall führt, kann sich verhängnisvoll auswirken, wenn man ihm nicht mit einem Mindestmaß an alpiner Erfahrung und gut ausgerüstet (s. den folgenden Abschnitt 5) begegnet.
Weitere Gefahrenquellen sind die in den Allgäuer Alpen häufig anzutreffenden, für unser Gebiet geradezu charakteristischen steilen *Grasflanken,* denen sich insbesondere in den aus Lias-Fleckenmergel und aus Hauptdolomit aufgebauten Gebirgszügen brüchiges Gestein beigesellt. Erhöhte Vorsicht ist stets am Platz, wenn Kinder, die in ihren Bewegungen erfahrungsgemäß zu Unberechenbarkeit neigen, mitgenommen werden. Wer unter furchteinflößendem Schwindel leidet, sollte dem Hochgebirge fern bleiben und sich mit Wanderungen in den landschaftlich ungemein attraktiven Vorgebirgszonen der Allgäuer Alpen begnügen. Andererseits ist leichtes Schwindelgefühl in exponierten Lagen für jeden gesunden Menschen ein lebenserhaltendes Warnzeichen.
Wer die mit dem Bergsteigen und Bergführen verbundene Verantwortung ernst nimmt, sollte sich mit dem Thema anhand eines guten Buches vertraut machen, etwa mit Paulcke / Dumler, *Gefahren der Alpen,* Bergverlag R. Rother, Walter Pause, *Der Tod als Seilgefährte,* BLV München-Bern — oder mit der hinreißenden Bergwachtdarstellung *SOS aus den Bergen,* Verlag für Heimatpflege, Kempten. Niemals wurde das, was dem unaufmerksamen Bergsteiger zuteil wird, treffender umschrieben als von einem der Klassiker des englischen Alpinismus, Geoffrey W. Young: „Viele Unglücksfälle kommen daher, daß gewisse Dinge von uns weichen: der Griff, das Gleichgewicht oder der Verstand“!
Die Allgäuer Zentrale des *Bergrettungsdienstes* finden wir beim Abschnitt Allgäu der Bayerischen Bergwacht (im Bayer. Roten Kreuz) in D-8960 Kempten, Königstraße 20, Tel. 08 31 / 2 46 50. Die wichtigsten Bergwacht-Dienststellen im bayerischen Teil der Allgäuer Alpen finden wir in Balderschwang, Tel. 0 83 28 / 72 und 0 83 26 / 7164; Füssen, Tel. 0 83 62 / 22 22 und 0 83 62 / 18 90; Hindelang, Tel. 0 83 24 / 521 und 110; Hinterstein, Tel. 0 83 24 / 82 22; Immenstadt, Tel. 0 83 23 / 81 89 und 0 83 21 / 8 13 06; Immenstadt / Seifenmoos, Tel. 0 83 23 / 49 16; Oberstaufen-Thalkirchdorf, Tel. 0 83 86 / 268; Oberstdorf, Tel. 0 83 22 / 22 22; Pfronten, Tel. 0 83 63 / 222 und 0 83 63 / 53 91; Pfronten / Hochalp, Tel.

0 83 63 / 16 54; Pfronten / Ostlerhütte, Tel. 0 83 63 / 424; Sonthofen, Tel. 0 83 21 / 22 22 und 38 87; Unterjoch / Oberjoch, Tel. 0 83 24 / 76 45; Wertach, Tel. 0 83 65 / 419 und 214. Die wichtigsten Dienststellen des Bergrettungsdienstes im österreichischen Teil der Allgäuer Alpen finden wir: a.) im Kleinwalsertal unter Riezlern, Tel. 0 83 29 / 52 61, und Mittelberg, Tel. 0 83 29 / 66 92, b.) im Tannheimer Tal für sämtliche Taldörfer unter 0 56 72 / 144 und 133, fürs Gimpelhaus unter 0 56 75 / 64 26, c.) im Lechtalbereich bei den einzelnen Talorten (siehe R 92 ff.), d.) im Bereich des Bregenzerwaldes ebenfalls unter den einzelnen Talorten (siehe R 113 ff.).
Darüber hinaus nehmen selbstverständlich alle bewirtschafteten Alpenvereinshütten Unfallmeldungen entgegen (Telefonverbindung siehe im Abschnitt III, R 135 ff.). Außerdem ist in den Allgäuer Alpen das Funksystem *„Alpiner Notruf"* im Aufbau. Das bisher bestehende Netz von sechs Notrufanlagen ist über eine Relaisstation am Nebelhorn direkt mit der Bergrettungs-Leitstelle in Kempten verbunden. Das System funktioniert auch dann, wenn die Hütten nicht bewirtschaftet sind: die SOS-Anlagen sind an den Außenwänden für jedermann zugänglich angebracht.
Der *Luftrettungsdienst* mit Hubschrauber hat sich im Gebirge außerordentlich bewährt. Zentrale Meldestelle für Luftrettungseinsatz: Oberstdorf, Tel. 0 83 22 / 22 55 oder 22 22.

Alpine Not- und Verständigungssignale

Das Alpine Notsignal sollte jeder Bergsteiger im Kopf haben:

- Innerhalb einer Minute wird **sechsmal** in regelmäßigen Abständen, mit jeweils einer Minute Unterbrechung, ein hörbares (akustisches) Zeichen (Rufen, Pfeifen) oder ein sichtbares (optisches) Signal (Blinken mit Taschenlampe) abgegeben.
  Dies wird solange wiederholt, bis eine Antwort erfolgt.

- Die Rettungsmannschaft antwortet mit **dreimaliger** Zeichengebung in der Minute.

Zudem gilt das Abfeuern von Leuchtspurraketen *beliebiger Farbe* immer als Notsignal.

Verständigungssignale

Darüber hinaus wurden die nachfolgend abgebildeten *Verständigungssignale* im Gebirge international eingeführt. Sie gelten bei *Sichtverbindung* mit der Rettungsmannschaft!

Beide Arme schräg hoch oder grünes Lichtzeichen		=	JA auf Fragen Hier landen oder Wir brauchen Hilfe
Linker Arm schräg hoch rechter Arm schräg abwärts oder rotes Lichtzeichen		=	NEIN auf Fragen Nicht landen oder Wir brauchen keine Hilfe

Die Armzeichen leiten sich bei JA vom Y des englischen „Yes“ ab, bei NEIN vom N für „No“. Grün und Rot sind der internationalen Luftfahrt entnommen, wo sie die gleiche Bedeutung haben.

Um einen schnellen Rettungseinsatz zu ermöglichen, müssen die Angaben kurz und genau sein.
Man prägt sich das „5-W-Schema“ ein:

- **WAS** ist geschehen? (Art des Unfalles, Anzahl der Verletzten)
- **WANN** war das Unglück?
- **WO** passierte der Unfall, wo ist der Verletzte? (Karte, Führer)
- **WER** ist verletzt, wer macht die Meldung? (Personalien)
- **WETTER** im Unfallgebiet? (Sichtweite)

5. Ausrüstung

Hauptforderung: Wetterfestigkeit und Geländetauglichkeit! An erster Stelle steht der Schuh: die Profil-Hartgummisohle hat sich auch in den Allgäuer Alpen durchgesetzt, wenngleich sie bei Schnee und Bodenfeuchtigkeit der früher üblichen, heutzutage in der Regel nur beim Schuh nach Maß erhältlichen Benagelung in puncto Griffigkeit unterlegen ist. Auf einer noch gut profilierten Hartgummisohle steigt man im Fels unvergleichlich, im trockenen Steilgras und auf Schnee genügend sicher. Die leichteren Wander-Bergschuhe mit weicheren Profilgummisohlen sind für die hochalpine Szene, also in Höhenlagen über 2000 m nicht ausreichend, in tieferen Lagen nur dann, wenn das Gelände nicht zu rauh und steinig ist. In Grashügel- und Waldgebieten sind sie ideal.
Der wichtigste Wetterschutz ist neben der selbstverständlichen warmen Unterwäsche (hinreichend Reserve im Rucksack!) ein möglichst wasserabweisender, gleichwohl aber entlüftbarer Anorak.

Gute Wollsocken (mit Reserve) sind ebenso wichtig wie Kopfschutz, Handschutz, Sonnenbrille, Verbandszeug und Lichtschutz. Sind Kinder dabei, sollte bei Höhenwegen auf die Mitnahme einer 9-mm-Reepschnur nicht verzichtet werden. Auf Klettersteigen gehören Kinder und Bergunerfahrene an ein mindestens 11 mm starkes Seil (Näheres unter Ziff. 6). Last not least: Führer und Karte nicht vergessen!

6. Zum Gebrauch dieses Führers

Der Gebietsführer „Allgäuer Alpen" ist der kleinere Bruder des wesentlich umfangreicheren Alpenvereinsführers für das gleiche Gebiet. Spricht dieser den Hochtouristen mit gehobenen alpinen Ambitionen an, so beschränkt sich der kurzgefaßte Gebietsführer darauf, dem wanderfreudigen, alpin-sportlich jedoch weniger anspruchsvollen Feriengast und Einheimischen ein Hilfsmittel in die Hand zu geben, das ihn mit den Allgäuer Alpen vertraut macht, ohne ihn allzusehr mit Einzelheiten zu belasten. Das Büchlein enthält daher nur eine den Neigungen des angesprochenen Leserkreises Rechnung tragende *Auswahl* aus den rund tausend im Alpenvereinsführer dargestellten Bergfahrten. Sie beschränkt sich bei den Gipfeln auf die *Schwierigkeitsstufe I* (wenig schwierig) der zur Zeit siebenstufigen Schwierigkeitsskala nach UIAA (Union internationale des associations d'alpinisme) und auf das, was darunter liegt. Die Definition des I. Schwierigkeitsgrades lautet: Geringe Schwierigkeiten. Einfachste Form der Felskletterei (kein leichtes Geh-Gelände!). Die Hände sind zur Unterstützung des Gleichgewichts erforderlich. Anfänger müssen am Seil gesichert werden. Schwindelfreiheit ist bereits erforderlich.
Bei der *Einstufung einer Bergfahrt* werden Trittsicherheit, körperliche Gewandtheit und Kraft, völlige Gesundheit und ein gewisses Maß an Schwindelfreiheit als selbstverständliche Eigenschaften eines Hochgebirgswanderers vorausgesetzt. Ergänzend zum Alpenvereinsführer werden in diesem Auswahlführer die unterhalb des Schwierigkeitsgrades I liegenden Bergwanderungen (insbesondere auf den zahlreichen Höhenwegen) nach dem Umfang der sehr verschiedenen Anforderungen eingeordnet, die sie an den Leser stellen. Es werden Einstufungen von A—C vorgenommen. Sie bedeuten:
A: Für jedermann (mit den oben genannten Eigenschaften) bedenkenlos begehbar.
B: Auch für Bergerfahrene wegen objektiver Gefahren (z. B. Steinschlag) und Steilheit des Geländes (alpin ausgedrückt: Ausgesetzt-

heit) nur unter Anwendung besonderer Vorsicht zu begehen (Kinder ans Seil!).
C: Selbst für Bergerfahrene infolge der Geländeeigenart schon mit gewissen technischen Schwierigkeiten, auch mit einem stärkeren Grad von Ausgesetztheit verbunden (nur mit bergerfahrenen und angeseilten Kindern ratsam).
Dieser Auswahlführer spricht insbesondere auch bergwandernde Familien mit *Kindern* an. Was man Kindern im Gebirge zumuten darf, ist individuell natürlich verschieden. Aus diesem Grund wurde von der Fixierung auf Altersgrenzen für Kinder bewußt Abstand genommen. Was sie ihren Kindern an Leistung zutrauen dürfen, wissen die Eltern selbst am besten.
Die *Zeitangaben* entsprechen der ungefähren Leistung eines erwachsenen Wanderers, der die Beschaulichkeit liebt, ohne zu trödeln. Je nach Gelände-Gangbarkeit wird man mit einer Aufstiegsleistung von stündlich 200 bis 300 Höhenmetern rechnen dürfen, im Abstieg mit 400 bis 700 m je Stunde. Die Richtungsangaben „rechts" und „links" sind im Sinne der Bewegungsrichtung zu verstehen. Bei Wasserläufen, Rinnen und Schluchten ist die Gefällsrichtung maßgebend (orographische Beschreibung).
Alle in den vier folgenden Abschnitten: II. Täler und Talorte, III. Schutzhütten und Berggasthäuser, IV. Übergänge, Höhenwege, Klettersteige, V. Gipfel und Gipfelanstiege genannten Örtlichkeiten, Übergänge, Höhenwege, Klettersteige und Gipfelanstiege sind fortlaufend mit *Randzahlen* numeriert. Das alphabethische Register befindet sich am Ende dieses Führers. Alle Verweisungen im Text beziehen sich auf dieses Verzeichnis: „(R . . .)".

Abkürzungen

Im deutschen Schrifttum allgemein übliche Abkürzungen sind hier nicht aufgeführt.

a) Allgemeine Abkürzungen:

Abb.	=	Abbildung
AV	=	Alpenverein
B.	=	Betten
bew.	=	bewirtschaftet
bez.	=	bezeichnet
Bez.	=	Bezeichnung
Ghs.	=	Gasthaus
L.	=	Notlager
Lit.	=	Schrifttum

M.	=	Matratzenlager
Min.	=	Minuten
orogr.	=	orographisch (d. h. in Richtung des fließenden Wassers)
P.	=	kartographischer Höhenpunkt
R	=	Randzahl
Std.	=	Stunde(n)
Tel.	=	Fernsprechnummer
urk.	=	urkundlich erstmals erwähnt

b) Himmelsrichtungen und deren Ableitungen:

N	=	Norden
O	=	Osten
S	=	Süden
W	=	Westen
NW usw.	=	Nordwesten usw.
nördl. usw.	=	nördl. usw.
nordw. usw.	=	nordwärts usw.

II. Täler und Talorte

● 1 Erläuterung der Gliederung

Der Aufbau dieses Kapitels und der drei ihm folgenden richtet sich nach den vier die Allgäuer Alpen beherrschenden *Flußsystemen Iller, (R 2 bis 70), Lech (R 71 bis 103), Argen (R 104 bis 112) und Bregenzer Ache (R 113 bis 134). Innerhalb dieser Flußsysteme richtet sich die Reihenfolge nach den verschiedenen Quellgebieten (Abschnitte 1—16), wobei sich die Flußsysteme Iller und Lech in Abschnitt 10, Argen und Bregenzer Ache in Abschnitt 14 teilweise* überkreuzen.

Ähnlich, wie sich die Quellwasser der Zillertaler Alpen bei Mayrhofen zum Zillerfluß vereinigen, fließen die drei Hauptquellflüsse der Iller (Breitach, Stillach und Trettach) bei Oberstdorf zusammen. Hier wie dort prägen die von den Hauptkämmen eingerahmten Talschlüsse den Charakter des gesamten Gebirges. Wir durchstreifen nun die Allgäuer Alpen in den folgenden 16 Kapiteln von der obersten Illerquelle bis hinaus ins Alpenvorland, von den westl. bereits zum Einzugsbereich der Bregenzer Ache gehörenden Gipfeln, bis zu den östl. Berggruppen, deren Wasser nicht mehr der Iller zuströmen, sondern dem als Nebenfluß ebenfalls der Donau und dem Schwarzen Meer zustrebenden benachbarten Lech.

Unabhängig von dieser Gliederung erscheint es angebracht, wenigstens mit einigen Sätzen auf Siedlungsgeschichte, Kultur und Wirtschaft im Raum der Allgäuer Alpen einzugehen:

Ureinwohner waren Illyrer, dann Kelten, ab 15 v. Chr. von Rom unterworfen, ab 5. Jh. Herrschaft der Alemannen (Völkerwanderung), 7. und 8. Jh. Christianisierung, schwäbische Herzöge, ab 13. Jh. adelige Pfleger, die teilweise zum Raubrittertum entarteten. Ab 1525 Bauernaufstände unterdrückt, Verarmung, Teilausrottung durch Pest und Schwedenüberfälle (Dreißigjähriger Krieg), ab 1803/05 unter bayerischer Verwaltung, allmähliche Einkehr der Ordnung. Aus den „Landgerichten" Immenstadt und Sonthofen entstand im Zuge der Gebietsreform der Landkreis „Oberallgäu" mit rund 135 000 Einwohnern. Seine wirtschaftliche Struktur: Industrie und Handwerk (rund 1600 Betriebe) etwa 40 %, Land- und Forstwirtschaft etwa 20 %, Handel und Verkehr etwa 40 % (darunter Fremdenverkehr nebst öffentlichem Dienst rund 27 %). Klimatisch bedingt reine Grünlandwirtschaft (Getreide und Hackfrucht reifen nicht) mit Viehzucht. Ein bedeutender Teil des wertvollen Braun-

viehbestands wird sommersüber auf die rund 600 Alpen geschickt, womit ein Viertel des Futterbedarfs gedeckt wird.
Näheres zu diesem Thema siehe in den die jeweiligen Gebiete behandelnden Alpenvereinsführern Allgäuer Alpen, Tannheimer Berge, Lechtaler Alpen und Bregenzerwaldgebirge.

1. Die Bergwelt der Breitach und ihrer Zuflüsse

● 2 Das Kleine Walsertal („Kleinwalsertal")

Das Kleine Walsertal ist nicht zu verwechseln mit dem bei Bludenz in den Walgau mündenden Großen Walsertal. *Lit.: Schwendiger, Der Große Widderstein erzählt, Kempten 1983.*
Die knapp 5000 Einwohner verteilen sich auf die Hauptorte *Riezlern, Hirschegg und Mittelberg* sowie auf zahlreiche, teils im Talboden liegende, teils hoch auf die Talterrassen hinaufkletternde, entzückend gelegene Streusiedlungen. Nährmutter des Tals ist die Breitach, deren Quellbäche Tura, Derra, Bärgund, Gemstel und Wilde sich unterm Widderstein vereinigen. Dank seiner weiträumigen Skigebiete und ihrer leichten Zugänglichkeit ist unser Tal als Wintersportplatz schier noch begehrter als im Sommer. Die Verkehrsverbindung ist günstig: Die Bundesstraße führt von Oberstdorf (R 20) bis zum Talgrund nach Baad; an Parkplätzen ist kein Mangel. Der Postbus von und nach Oberstdorf erfüllt alle Wünsche des nicht selbst Auto fahrenden Besuchers. Als deutsche Zollenklave genießt das wirtschaftlich stark ans bayerische Allgäu gebundene Kleine Walsertal die Vorzüge der deutschen Währung.
Was dem Kleinen Walsertal seinen ganz besonderen Reiz verleiht, ist die bis heute beibehaltene, von gutem Geschmack und Wohlstand zeugende Tracht, das ist aber auch die herrlich unverfälschte, an das Mittelhochdeutsche anklingende vokalreiche alemannische Sprache und das durch neuere Bauten leider immer mehr in den Hintergrund gedrängte Walser Haus aus Bruchsteinmauerwerk und Vierkanthölzern mit den heimelig getäfelten Stuben.
Bei der Auffahrt ins Kleine Walsertal (zwischen Oberstdorf und Mittelberg überwindet man 400 Höhenmeter) passieren wir die Talstation der zum Gebiet der Schrattenwangalp hinaufführenden Söllereckbahn (Parkmöglichkeit) und die Bundesgrenze an der Walserschanz (Personalausweis). Die berühmte Breitachklamm liegt tief unten in der Schlucht zur Rechten. Der Blick wird freier: das karstige Gottesackerplateau mit der Ifenmauer, das Walmendinger Horn, der gewaltige Widderstein sind Blickfang. (s. Farbfoto S. 253).

● 3 **Riezlern,** 1088 m

Der Ort (Siedlername, von reuten, roden), liegt 10,5 km von Oberstdorf entfernt und zählt einschließlich Mittelberg und Hirschegg etwa 5000 Einw. Etwa 70 Gasthöfe sowie zahlreiche Pensionen. Im Ort selbst: kath. Pfarrkirche, Heimatmuseum, Postamt, Freischwimmbad, öffentl. Hallenbad, Tennisplätze, Minigolf, Reitsport, Arzt, Zahnarzt. Natur- und Landschaftsschutzgebiete Ifen, Gottesackerplateau, Schwarzwassertal. Campingplatz, Kfz-Werkstätten, Tankstellen, Gendarmerie. Wintersüber zahlreiche Skilifte, 8 Skischulen mit 300 Skilehrern, 40 km Langlaufloipe, Eisbahn, Rodeln. Im gesamten Gemeindebereich 50 hauptberufliche Landwirte mit ausgedehnter Alp- und Forstwirtschaft. Bergrettungsdienst A-6991 Riezlern-Außerschwende 36, Tel. 0 55 17-52 61 (Franz Holzer).
Riezlern Ortsmitte beherbergt nicht nur ein vielbesuchtes Spielkasino, es ist auch Talstation für die ganzjährig verkehrende Kabinenbahn zur Kanzelwand, 1968 m (500 Pers. / Std.) Dank dieser Bahn, aber auch der Einmündung des Schwarzwasserbachs in die Breitach im Ortsbereich ist Riezlern ideales Touristenzentrum für die Bergwelt des vorderen Kleinwalsertals mit unzähligen Spaziergängen beiderseits der Breitach (am schönsten die einsamen linksufrigen Sonnseiten von Inner- und Außerschwende) und durch das waldreiche, wintersüber von Skiläufern überschwemmte Schwarzwassertal), neben der Rohrmooser Starzlach der einzige nennenswerte westliche Seitenbach der Breitach.

● 4 **Hirschegg,** 1150 m

Heilklimatischer Erholungsort, 2,5 km taleinwärts von Riezlern auf sonnenreicher SO-Terrasse hoch über der Breitach, Arzt, Hallenbad, Tennis, Minigolf und vor allem das „Walserhaus" genannte 1983 vollendete repräsentative Gemeindezentrum. Sesselbahn zum Heubergrücken, 1385 m (900 Pers./Std.), Gendarmerie, Tankstellen, Kfz-Werkst. Reiche Auswahl an Spaziergängen. Wintersüber gutes Skigelände, zahlreiche Skilifte. Die kath. Pfarrkirche geht auf den Anfang des 16. Jh. zurück. Heutiger Bau 1805 / 06, Ausstattung weitgehend neuromanisch. Die evang. Pfarrkirche ist ein der Gebirgslandschaft gut angepaßter Neubau von 1956. Hirschegg ist Ausgangspunkt für das Wildental mit seiner großartigen Gipfelwelt.

● 5 **Mittelberg,** 1219 m

2,5 km taleinwärts von Hirschegg, ebenfalls auf sonnenreicher SO-Terrasse hoch überm Talboden der Breitach gelegen, Verwaltungs-

Das Quellgebiet der Breitach vom Walmendinger Horn
B = Braunarlspitze, DJ = Derrajoch, DT = Derratal, G = Güntlispitze, H = Heiterberg, HÜ = Hintere Üntschenspitze, HK = Hochkünzelspitze, LA = Lüchelalp, U = Unspitze, ÜJ = Üntschenjoch, ST = Starzeltal, W = Wannerbergkamm.

sitz der Gemeinde Kleinwalsertal. Arzt, öfftl. Hallenbad, Tennis, Minigolf, Kfz-Werkstatt, Tankstellen. Kabinenbahn (480 Pers./Std.) knapp unter den Gipfel des Walmendinger Horns, 1999 m, je eine Sesselbahn ab Dorf auf Zaferna, 1470 m (560 Pers./Std.), und ab Mittelberger Alp, 1620 m, zum Walmendinger Horn (900

Pers./Std.). Wintersüber zahlreiche Skilifte, Skischule. Mittelberg ist Sitz der sehr aktiven Bergsteigerschule Kleinwalsertal (auch geologische Führungen) und Ausgangspunkt für zahlreiche Spaziergänge und Bergwanderungen, insbesondere auch in das bereits unter R 4 erwähnte Wildental und in das zwischen die imposantesten Gipfel des Kleinwalsertals (Widderstein und Elferkopf) eingebettete Gemsteltal (s. R 6). Kennzeichen Mittelbergs ist der 1371/91 erbaute gewaltige Turm der kath. Pfarrkirche (33 m Umfang, 66 m Höhe), auf deren Ursprung die (im süddeutschen Raum hier erstmals verwendeten) arabischen Zahlen an einem im Chor eingemauerten Grundstein hinweisen (1302). Im Inneren bemerkenswerte spätgotische Fresken aus dem 16. Jh. und ein gut erhaltener Taufstein, 1495. Bergrettungsdienst: A-6993 Mittelberg, Bödmer Str. 87. Tel. 0 55 17-57 87 und 59 92 (Walter Huber).

● 6 **Bödmen,** 1158 m

1 km südwestl. von Mittelberg, wie schon der Name sagt, auf flachem Talboden gegenüber der Mündung des Gemstelbachs ausgebreitete etwas eintönige Siedlung, die durch die stattliche Tennishalle und die damit verbundenen Sportanlagen in letzter Zeit Profil angenommen hat. Ausgangspunkt fürs Gemsteltal und für den damit verbundenen Übergang ins Hochtannberg-Gebiet. Skilifte.

● 7 **Baad,** 1244 m

2,5 km westsüdwestl. von Bödmen gelegenes, mit diesem durch eine lawinensichere (Schutzgalerien) Fahrstraße verbundenes Dörflein, unter dessen Kirche sich die drei Quellbäche der Breitach: Bärgund, Derra und Tura vereinigen. Der hochalpine Talschluß wird rings von einem guten Dutzend Gipfeln eingeschlossen, die teilweise die 2000-Meter-Marke weit überschreiten. Er sucht im gesamten nördlichen Alpenraum seinesgleichen. Baad ist Endpunkt der für Kfz (auch Postbus) befahrbaren Straße und Ausgangspunkt für Wanderungen und Bergfahrten im Grenzkamm zwischen Starzeljoch und Hochalppaß. Skilifte, als Tourengebiet herrlich, jedoch lawinengefährlich. Die kleine, auf 1434 zurückgehende Martinskirche wurde 1851 neu errichtet. Aus dieser Zeit stammt der klassizistische Hochaltar.

● 8 **Rohrmoos,** 1070 m

Eine Sonderstellung im Flußsystem der Breitach nimmt das unter den Unteren Gottesackerwänden entspringende Tal der *Rohrmoo-*

ser *Starzlach* ein. Von allen Allgäu-Tälern ist es das am wenigsten allgäuerisch anmutende: wenig Alpweide, um so mehr schier unübersehbare Gebirgswälder, überragt von den langgezogenen Ketten der mehrstufigen Gottesackerwände. Einzige Dauersiedlung ist der Weiler *Rohrmoos* mit Gasthaus, Alpgut und Jagdhaus der Familie Fürst-Wolfegg-Waldburg. Bemerkenswert ist die 1587 erbaute Kapelle mit volkstümlicher Darstellung des Jüngsten Gerichts aus der Erbauungszeit (etwas aufdringlich renoviert), eine der ältesten Holzkapellen Deutschlands.
Die von Oberstdorfs Ortsteil Tiefenbach nach Rohrmoos hinaufführende geteerte Straße ist für Kfz gegen Maut (Hütterl am Waldeingang) befahrbar.

2. Die Bergwelt der Stillach und ihrer Zuflüsse

● 9 Die Stillach

Die Frage nach dem Ursprung des mittleren der drei Iller-Quellflüsse, der Stillach, ist problemloser als beim westl. benachbarten Kleinen Walsertal: streiten sich dort die drei Bäche Bärgund, Derra und Tura um die Ehre, Quelle der Breitach zu sein, finden wir den Stillach-Ursprung unter dem Haldenwanger Kopf, 2002 m, einem bequemen Übergang von Oberstdorf zum Hochtannberg, wo sich die Wege zum Arlberg (östl.) und in den Bregenzer Wald (westl.) teilen. Von der Quelle bis zur Einmündung des wilden Körbertobels heißt das Gewässer daher Haldenwangerbach. Bis Einödsbach führt es den Namen Rappenalpbach und erst jetzt, nachdem es sich beruhigt hat, darf es sich Stillach nennen. Sein mit saftigen Wiesen geschmückter Talboden heißt nun Birgsau. Als Überbleibsel des eiszeitlichen Stillachgletschers finden wir sogar noch einen See, den vielgerühmten Freibergsee, 930 m.
Im Gegensatz zum Kleinen Walsertal ist die Birgsau schwach besiedelt. In den auf sonnigen W-Terrassen über der Stillach gelegenen Weilern Schwand, Ringang, Leiter und Ebene sowie in den Streusiedlungen der Talsohle Faistenoy, Anatswald und Birgsau finden wir einige Bauernhöfe und Bergghs. Der sich alljährlich während des Sommers in die Birgsau ergießende Ausflugs- und Durchgangsverkehr zu den am Allgäuer Hauptkamm gelegenen AV-Hütten teilt sich neuerdings an der Talstation der Großkabinenbahn zum Fellhorngrat, 1967 m, in Faistenoy, 917 m (Parkmöglichkeit, Kfz-Endpunkt; 6,5 km ab Kirche Oberstdorf; Förderleistung je Kabine

720 bzw. 400 Pers./Std.). Der öffentliche Bus darf sogar bis zum Gasthaus Birgsau, 956 m, fahren. Im übrigen jedoch ist das gesamte Tal wie bisher Reservat des an alte Zeiten erinnernden Stellwagens, der aufwendigeren Kutsche und des ehrbaren Fußgängers und Radlers.

● **10** **Birgsau,** 956 m

Hauptsiedlung des Stillachtals, 8,5 km ab Kirche Oberstdorf. Ghs., Jägerhaus, einige Bauernhöfe und ein großer Alpbetrieb auf den linksufrigen Weideflächen. Der Weg dorthin führt auf der zuweilen stark mit Kfz befahrenen Straße (streckenweise paralleler Fußweg) vorbei an der Abzweigung zum Weiler Schwand, 963 m, Ghs., durch Deutschlands längste Lawinengalerie zur Wendelinskapelle (Schutzheiliger des Alpviehs) und schließlich zu den weit ausgedehnten Wiesenflächen rund ums Ghs. (wintersüber ADAC-Skiwanderweg und Schlittenfahrt). Kapelle 17. Jh.

● **11** **Einödsbach,** 1115 m

Deutschlands südlichste Dauersiedlung, 2 km südl. von Birgsau in bezaubernder Terrassenlage unter den Wänden von Trettachspitze, Mädelegabel und Hochfrottspitze. Auf bequemem Fahrweg in ¾ Std. ab Birgsau, schöner jedoch auf dem linksufrigen Alpweg über Buchenrainalp, 1129 m, dann auf Steg zum rechten Ufer des hier noch Rappenalpenbach genannten Hauptquellwassers der Stillach und, den Abfluß des *Bacher Lochs* überschreitend „hintenrum" nach Einödsbach, knapp 1½ Std.
Knapp 1000 m über seinem linken Ufer wird der Oberlauf der Stillach von ihrem Ursprung bis zur Birgsau von einer herrlichen Alpterrasse begleitet, die ohne besondere Schwierigkeiten, wenn auch mühevoll zu begehen ist (R 353).

3. Die Spielmannsau mit ihren Seitentälern

● **12** **Die Spielmannsau**

Nicht weniger als vier wilde Gundköpfe bereiten uns darauf vor, was uns da hinten erwartet. Hand aufs Herz: welcher Allgäuer hat

Die Spielmannsau von den Gottenrieder Mähdern. Im Hintergrund: Kratzer (links) und Mädelegabelgruppe (rechts).

schon einmal aus der *Trettachquelle* getrunken? Für den gewöhnlichen Sterblichen ist diese aus dem Eis der Trettachrinne entspringende Quelle so gut wie unerreichbar. Von 400 m hohen düsteren Mergelwänden eingerahmt und vom Steinschlag aus den sie durchreißenden „Wilden Gräben" bombardiert, wirkt sie wahrlich nicht einladend. Draußen, wo die Wasser aus dem Sperrbachtobel und vom Einödsberg dazukommen, wird die Welt schon lichter, und mit jedem Zuwachs aus den drei großen Nebentälern Traufbach-, Dietersbach- und Oytal wird das nun „Spielmannsau" genannte Trettachtal weniger drückend.
Die Spielmannsau ist (zu ihrem Heil) noch spärlicher besiedelt als die Birgsau. Für den, der unsere Gebirgslandschaft denen, die nach uns kommen, einigermaßen unzerstört hinterlassen möchte, hat sie einen echten und hoffentlich dauernden Vorteil: sie besitzt weder Autostraße noch Massenparkplatz. Fast ist man versucht zu sagen, der großartige Ernst dieser schönsten Juraschichten-Landschaft der Ostalpen vertrüge sich nicht mit technischer Perfektion. Im übrigen sorgt die extreme Lawinengefahr der winterlichen Liasböden dafür, daß die Einsamkeit auf den Gipfeln und in den Karen zwischen Mädelegabel und Zeiger erhalten bleibt. Sonnige Hangsiedlungen, wie in den westlichen Nachbartälern, gibt es in der Spielmannsau nicht, einfach deshalb weil die Hänge zu steil sind. Kleine bäuerliche Streusiedlungen liegen ebenso wie die gern besuchten Gasthäuser in Christlessee und Spielmannsau auf der Talsohle. Die Spielmannsau ist für allgemeinen Kfz-Verkehr gesperrt. Auf der bis zum Ghs. Spielmannsau befahrbaren Straße regiert noch das gute alte Pferd (Kutsche und Stellwagen). Fußgänger, die ihre Ruhe haben möchten, finden sie beim Vordringen in den hintersten Talgrund, wenn sie ab Oberstdorf den Spazierweg durch die linksufrigen Trettachanlagen wählen, kurz vor Gruben, 870 m (1 Std.), auf das rechte Ufer überwechseln und diesem bis zur Haustür des Ghs. Spielmannsau treu folgen (1¼ Std.).

● 13 Die Quelltäler der Trettach

Der Weg zur eigentlichen Trettachquelle im hintersten Winkel der zwischen Kratzer, 2424 m, und Trettachspitze, 2595 m, eingequetschten „Trettachrinne" ist erfahrenen mit Steigeisen und Eispickel ausgestatteten Hochtouristen vorbehalten (vgl. R 12). Die Ursprünge der 5 östl. Trettach-Seitentäler (von Westen empfängt sie keinen nennenswerten Zufluß) sind jedoch für Wanderer erreichbar.

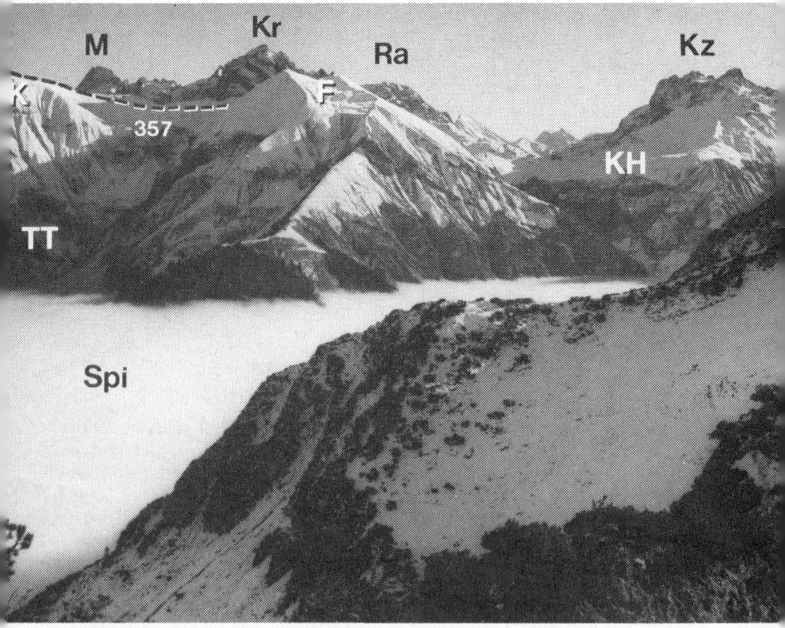

Blick vom Himmelsschrofen auf den Talgrund der Spielmannsau
F = Fürschießer, K = zum Kreuzeck, KH = Lage der Kemptner Hütte, Kr = Krottenspitze, Kz = Kratzer, M = Marchspitze, Ra = Ramstallkopf, Spi = Spielmannsau, TT = Traufbachtal.

● 14 Das Sperrbachtal

Ab Spielmannsau Ghs. 5—6 Std. (Auf- und Abstieg).

Das Sperrbachtal hat seine Quellen unter den wild zerborstenen Türmen der Krottenspitze, 2553 m. Sein Charakteristikum ist die eindrucksvollste durch eine Steiganlage erschlossene Hochgebirgsschlucht der Allgäuer Alpen. Wir durchschreiten diese knapp 2 km lange Schlucht beim Aufstieg zur Kemptner Hütte (R 174).

● 15 In das Traufbachtal
Ab Spielmannsau 4 Std. (Auf- und Abstieg).

Unmittelbar beim Ghs. Spielmannsau mündet das Traufbachtal in die Trettach, es ist das mit Abstand schönste, wohl aber auch das unwirtlichste ihrer Seitentäler: es besitzt nicht einmal eine Gastwirtschaft. Trotzdem (oder vielleicht deshalb) ist — haben wir erst einmal das anfängliche Steilstück hinter uns — ein Bummel in den hintersten Talgrund des vom Rauschen seiner Wasserfälle erfüllten Tals ein herrliches Erlebnis. Zunächst am linken Traufbachufer, dann — vorbei an den Hütten der Traufbergalp — soweit der Pfad reicht, am rechten Ufer im Angesicht der bis oben hin begrünten drei Fürschießergrate (R 448) zum Talschluß, den die durch schwarze Mergelschluchten aus dem Märzle herabtosenden Wasserfälle romantisch verschönern. Der hufeisenförmige Wandgürtel ist nicht durchquerbar.

● 16 Das Dietersbachtal
2 Std. ab Oberstdorf (bis Gerstruben).

Das Tal bekommt von dem die Gaststätte in Gerstruben bevölkernden Menschenschwarm zwar nicht mehr allzuviel ab, ist aber doch nicht mehr jene Oase der Stille wie sein südl. Nachbar. Für sich allein lohnt es den Besuch bis zum Talgrund auch kaum, attraktiv wird es jedoch als Anmarsch zum Übergang übers Höfatsälpele ins Oytal. Attraktion des Dietersbachtals ist der auf gutem Fahrweg erreichbare 1155 m hoch gelegene Weiler *Gerstruben*. Die auf sonniger Südterrasse malerisch gelegene Häusergruppe ist eine urk. erstmals 1360 erwähnte, jedoch wesentlich ältere Alpsiedlung (Name vom vorrömischen, vermutlich keltischen „rovina“ = Murenkegel), überragt vom kühn geschnittenen Westgipfel der Höfats, 2257 m. Die dank der Initiative der Oberstdorfer Rechtler wieder instandgesetzten (seit längerem nicht mehr bewirtschafteten) vier uralten Bauernhäuser nebst Kapelle stehen, von einem ansehnlichen Ghs. überragt, unter Denkmalschutz. Unterhalb der Häusergruppe steht am Dietersbach die aus dem 18. Jh. stammende, mit Hilfe einiger Rechtler vom Landesamt für Denkmalpflege wieder funktionstüchtig gemachte Säge mit Schaufelrad und Welle aus Holz wie von altersher. Lit.: Berktold / Huber / Kappeler, Gerstruben. Hofmann, Oberstdorf.

Kleine Höfats vom Zweiten Gipfel der Großen Höfats. In der Tiefe das trockene Bett des Oytalbaches.

● 17 Raut, 1127 m

Wer dem sommersüber bei Schönwetter starken Rummel um Gerstruben entweichen möchte, findet seine Ruhe auf der jenseits des Dietersbachs liegenden Raut, einer rings von Bergwald umrahmten blumenreichen Wiese, ½ Std., von der ein Waldpfad steil hinab zum Weiler Gottenried, 934 m, am rechten Trettachufer führt. ½ Std. Gegenüber am linken Ufer grüßt der durch eine Brücke mit Gottenried verbundene idyllische Christlessee mit Erholungsheim und Ghs. Talaus wandernd bleiben wir jedoch am rechten Trettachufer und erreichen über den Weiler Dietersberg auf gemächlichem Fußweg den Weiler Gruben, 884 m (Ghs.), an der Mündung des Oybachs in die Trettach, ¾ Std.

● 18 Ins Oytal

1½ Std. ab Oberstdorf bis Oytalhaus, für Kfz gesperrt.

(Name: Oy = Owe (mhd.) = Au, d.h. Wiesenland am Wasser) straft seinen Namengeber heute Lügen: betreten wir nach anfänglicher sacht ansteigender Wanderung durch Wald (wobei der Fußweg unmittelbar am Bach dem bevölkerten Fahrweg vorzuziehen ist) den Talboden, empfängt uns das breit ausgedehnte Wiesenland rund ums Oytalhaus, Ghs., 1006 m, mit einem ausgetrockneten Bachbett: Die reichen Quellwässer sind vom porösen Talboden verschluckt und treten erst in der Waldzone wieder zutage. Am Oytalhaus bergan steigend, lassen wir den steilen, zum Seealpsee, 1629 m, hinanführenden Steig zur Linken, den als schmaler Wasserfall über die gefährlichen Seewände hinabstürzenden Seeabfluß bewundernd. Der gemütliche Alpweg führt über die Unt. Gutenalp, 1089 m, — nun steil ansteigend — zum wohl schönsten Wasserfall der Allgäuer Alpen, Stuibenfall (= Staubbach) genannt, 1259 m. Machen wir uns die Mühe, zur Käseralp, 1406 m, hinaufzusteigen, dann stehen wir mitten im Hauptquellgebiet des Oytals: unter den grasbedeckten Steilflanken der wegen ihrer Gefährlichkeit berüchtigten Höfats, 2259 m, und des als Blumenberg fast noch berühmteren Rauhecks, 2385 m. Die gesamte atemberaubend schöne Quellensuche kostet ab Oytalhaus knappe 3 Std. einschließlich Abstieg, bei dem wir die faszinierenden Graswände des Himmelhorns, 2113 m, und die sein Massiv einrahmenden, in Trockenzeiten wasserlosen Tobel des Geisbachs und des Laufbachs bewundern.

● 19 In den Faltenbachtobel

Zur Vorderen Seealp 1½ Std. auf Steig oder für Kfz gesperrter Teerstraße.

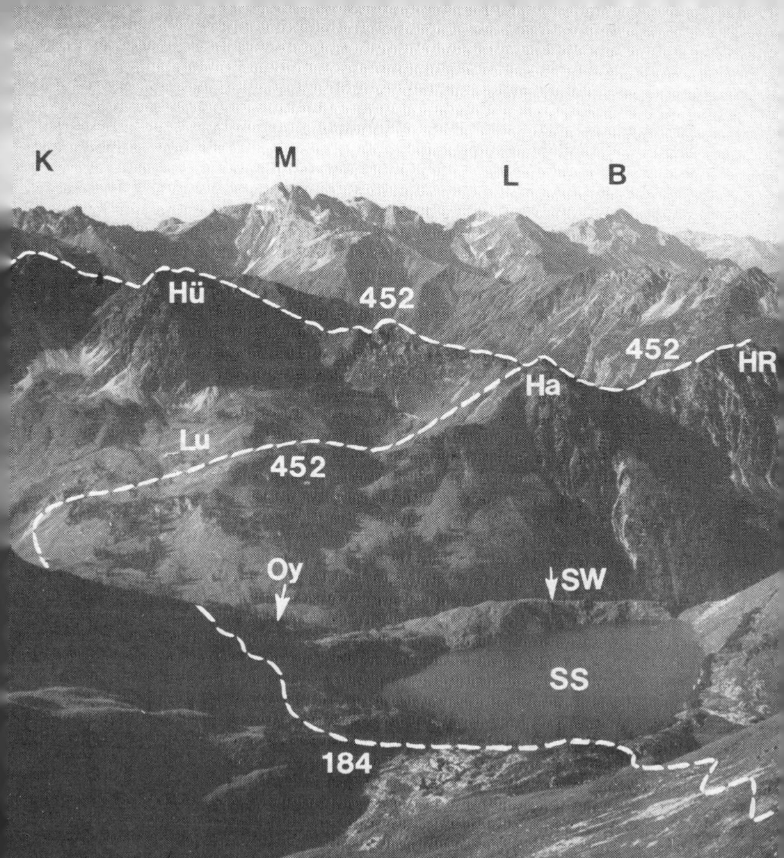

Blick über das Höfats-Vorgebirge
B = Biberkopf, Ha = Hahnenköpfle, HR = Hinterer Riffenkopf, Hü = Hühnerkopf, K = Kratzer, L = Linkerskopf, Lu = Lugenalp, M = Mädelegabelgruppe, Oy = ins Oytal, SS = Seealpsee, SW = zu den Seewänden.

Der letzte Zufluß unserer Trettach ist der vom Nebelhorn herabkommende Faltenbach. Verschmähen wir die Auffahrt mit der Kabinenbahn, dann erwarten uns beim steilen Aufstieg zur Vord. Seealp, 1275 m, hübsche Wasserfälle und Klammbildungen im Faltenbachtobel. Die Faltenbachquellen sickern aus den von der Planierraupe arg mißhandelten Wiesen unterm Nebelhornhaus (Schauplatz der berühmten Nebelhorn-Skiabfahrt) heraus.

4. Der Oberstdorfer Talkessel und seine Umrahmung

● 20 Zum Zusammenfluß von Breitach, Stillach und Trettach

Dieser Zusammenfluß, an dem die Iller beginnt, liegt genau 500 m östl. der über die Breitach führenden Bundesstraße und 2,2 km nördl. der Oberstdorfer kath. Pfarrkirche, also gerade recht für einen kleinen Nachmittagsspaziergang auf dem nördl. Breitachdamm, dem abwärts der Vereinigung jener drei Quellflüsse die Bezeichnung Illerdamm zukommt.

● 21 **Oberstdorf,** 815 m

Oberstdorf ist als heilklimatischer Luftkurort und internationaler Wintersportplatz weltberühmt. Dieser südlichste Erholungsort Deutschlands ist erst spät in die Geschichte eingetreten. Das Oberstdorfer Heimatmuseum birgt zwar Funde aus der Stein- und Bronzezeit, sie sind jedoch kaum auf seßhafte (keltische) Urbevölkerung, sondern eher auf streifende von N kommende Jäger und Krieger der Zeit vor der Völkerwanderung zurückzuführen. Erst dieser Völkerwanderungszeit verdankt Oberstdorf seine Entstehung als Dauersiedlung: Im 5. und 6. Jh. lassen sich die Alemannen hier häuslich nieder.

Der Ortsname taucht erst im 14. Jh. urkundlich auf, und zwar als Oberunstorf und Obrostdorf. Den im Gemeindewappen erscheinenden Schimmel haben die Oberstdorfer von den seit 1351 hier seßhaft gewesenen, 1477 aber vertriebenen Rittern von Heimenhofen übernommen. Der Oberstdorfer Dorfbrand von 1865 sorgte dafür, daß vom alten Ortsbild nicht mehr allzuviel übrig blieb: zusammen mit der Hälfte der Ortschaft verbrannte auch die Kirche. Der neugotische Neubau ist im Gegensatz zu vielen Kirchenbauten des

Novemberabend unterm Riedberger Horn. Im Hintergrund der Oberstdorfer Talkessel. Am Horizont (von links): Hochvogel, Schneck, Großer Wilder, Östliche Hornbachkette und Höfats.

19. Jh. gut gelungen. Erhalten ist aus der Zeit vor dem Brand eine schöne Madonna aus der Werkstatt Hans Strigels (1435) und einiges andere, so auch die Friedhofskapelle (15. Jh.) mit wertvollen Fresken (16. Jh.). Verschont wurde natürlich auch die außerhalb des Orts liegende Wallfahrtsstätte Loretto mit ihren drei bedeutsamen Kapellen von 1493, 1657 und 1671 (von N nach S).
Oberstdorf als Fremdenverkehrszentrum wäre ein mehrere Bücher füllendes Thema. Mit den Außenorten Rubi, Reichenbach und Schöllang im N sowie Tiefenbach im NW mit zus. etwa 11 000 Einwohnern, ist Oberstdorf Spitzenreiter unter allen Kur- und Erholungsorten der BRD. Trotz alledem blüht dort noch eine gesunde Landwirtschaft.
Nur das Wesentlichste sei zitiert: 160 km gepflegtes Spazierwegenetz, Wanderführungen, Bergsteigerschule, Stellwagenfahrten in die Hochgebirgstäler, Reithalle, Hallenwellenbad und zwei weitere Schwimmhallen, Freischwimmbäder Moorbad und Freibergsee, Tennis- und Minigolf-Plätze, 9-Loch-Golfplatz in bezaubernder Lage, Eislaufzentrum nebst Sportinternat im Eis-Stadion (Sommer wie Winter), Heimatmuseum, Krankenhaus, 2 Jugendherbergen, Kur- und Kurmittelhaus, Kurpark, Kurkonzerte, Kurverwaltung (Alpine Auskunftstelle 0 83 22 / 10 14, Bergrettungsdienst 0 83 22 / 22 55, Wettervorhersage 0 83 22 / 0 11 64), wintersüber: Skischulen, Skibobschulen, weitgezogenes Skigelände für Abfahrt und Langlauf, 50 km Loipe, Schlittenfahrten in die Täler, Rodelbahnen, Skisprungschanze, Skiflugschanze, zahlreiche Schlepplifte, und schließlich im Ortsbereich die ganzjährig betriebene Bergbahn zum Nebelhornhaus, 1932 m (600 Pers. / Std.), mit anschließenden Sesselbahnen zum Gipfel, 2224 m (je 600 Pers. / Std.), sowie die Söllereckbahn (540 Pers. / Std.) auf Schönblick, 1400 m, dann die Fellhornbahn im Birgsautal (s. R 9).

● 22 **Tiefenbach,** 888 m

Die seit der Bayerischen Gebietsreform in den Markt Oberstdorf eingegliederten Gemeinden Schöllang mit den Dörfern Rubi und Reichenbach (s. R 25 ff.) sowie Tiefenbach nehmen an den unter R 21 aufgezählten Segnungen des Fremdenverkehrs teil, erfreuen sich darüber hinaus aber noch des Vorzugs der Abgeschiedenheit. Gute Zubringerstraßen überbrücken die geringen Entfernungen zum Kurzentrum (Tiefenbach — Oberstdorf / Mitte 4,5 km). Tiefenbach, als Luftkurort anerkannt, versteckt sich zwischen dicht bewaldeten, den Ort teilweise um 500 m überragenden Anhöhen und hat eigene Tennisplätze, Reithalle, Minigolf und Skilifte.

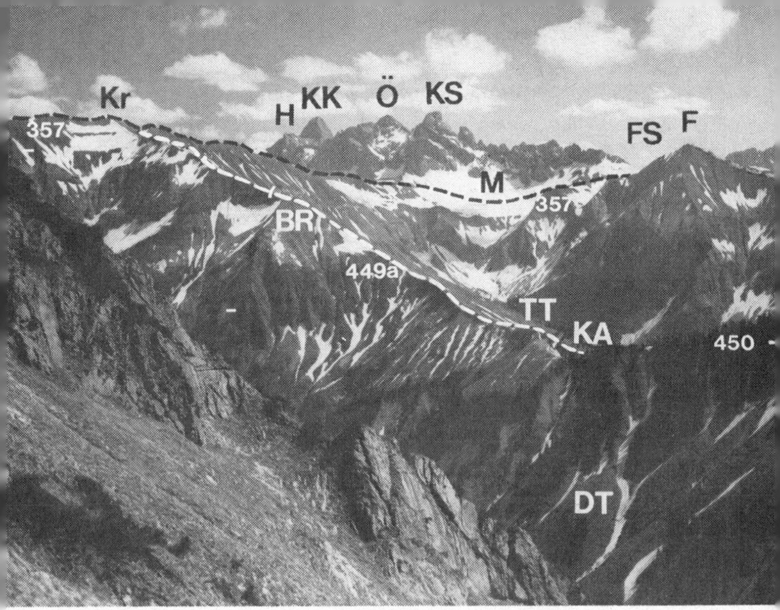

Blick über den Bettlerrücken in den Traufbach-Talschluß
BR = Bettlerrücken, DT = Dietersbachtal, F = Fürschießer, FS = Fürschießersattel, H = Hornbachspitze, KK = Großer Krottenkopf, K = zu den Kegelköpfen, KA = Krautersalp, Kr = Kreuzeck, KS = Krottenspitze, M = Märzle, Ö = Öfnerspitze, TT = Traufbachtal.

● 23 Die zu Oberstdorf gehörigen Außenorte

Diese seit jeher, also nicht erst seit der Gebietsreform hinzugeschlagenen Ortschaften können mitunter auf eine ehrwürdige Historie zurückblicken, so etwa: Reute (um 1000 gerodet), Trauchberg (das heutige Gebiet Spielmannsau-Gsässelalp im Traufbachtal (1059 urk. erwähnt), Kornau (1169 als Corneja urk. erwähnt), Gerstruben (1361), Jauchen (= Joch, 1480), Einödsbach (Besitzername: Einhart, 1480), Christlessee (1490). Bemerkenswert ist auch, daß die unterm Allgäuer Hauptkamm in den Hochgebirgsnebentälern liegenden Siedlungen **Gerstruben** und Traufberg vom Lechtal, also von S her (und nicht wie die Siedlungen in den Haupttälern von N her) bewohnbar gemacht wurden.

● 24 Oberstdorfer Spaziergänge

Aus dem überreichen Spazierprogramm für die unmittelbare Oberstdorfer Umgebung seien nur kurz folgende Möglichkeiten als besonders lohnend herausgegriffen:

a) Links der Breitach:

Ab Parkplatz Tiefenbach über Wasach, Jägersberg zum Ochsenberg, 1179 m, und durch steilen Wald wieder hinab nach Tiefenbach, 3 Std.
Ab Parkplatz Tiefenbach über **Ferlewang** auf herrlicher Waldstraße zum Alpgut Rohrmoos, 1070 m, und zurück (vgl. R 8), 4 Std.
Ab Parkplatz Breitachklamm durch die großartige Klamm, die im deutschen Alpenraum wohl nur die Partnach- und die Höllentalklamm als Gegenstücke hat, und (nach steilem Aufstieg zur Sesselalp, 1013 m, zurück, 3 Std.

b) Zwischen Breitach und Stillach:

Ab Parkplatz Jauchen, 858 m, mit weitem Blick über den Oberstdorfer Talkessel ins versteckte Dörflein Kornau, 914 m, dann südöstl. über Ghs. Bergkristall und Sanatorium Stillachhaus zurück, 2 Std.
Ab Oberstdorf-Westrand über Waldesruh, Bergkristall, Freibergsee, 928 m, und hinab zum Renksteg nach Loretto, 3 Std.
Ab Parkplatz Renksteg zum Freibergsee und über Ghs. Hochleite, 1185 m, hinab nach Schwand und über Skiflugschanze und Freibergsee zurück, 3½ Std.
Ab Parkplatz Söllereckbahn mit Doppelsessellift auf Schönblick, 1345 m (Ghs.), und über den Sattelkopf, 1424 m, und Hochleite, Freibergsee, Bergkristall zurück, 3 Std.

c) Zwischen Stillach und Trettach:

Ab Oberstdorf S-Rand über Loretto und Renksteg zum Burgstall, 942 m (ehemals Standort einer mittelalterlichen Burg), dann nordöstl. hinab zum Golfplatz und an dessen W-Rand über Dienersberg und Moorweiher zurück in den Ort, 2½ Std.

d) Rechts der Trettach:

Nach Belieben ausdehnbare (auch mit Privatkutsche oder Stellwa-

Auf dem Schwarzenberg überm Giebelhaus, der Allgäuer Berge schönstem Ahornboden. Im Hintergrund die den Höhenweg Nebelhorn — Luitpoldhaus begleitenden Gipfel (von rechts) Zeiger — Seeköpfe und Schochen.

gen durchzuführende) Spaziergänge in die unter R 13 ff. erwähnten Täler vom Halbtages- bis zum Tagesausflug.
Bummel ab SO-Rand von Oberstdorf durch die rechts- und linksufrigen Trettachanlagen bis Gruben / Gebrgoibe (Golfplatz), 1 Std.
Ab Oberstdorf-O-Rand (Plattenbichel) über den Wallrafweg hinauf zur Geißalpe, 1149 m, und zurück, 3 Std., beliebig und sehr lohnend (Tagesausflug) ausdehnbar bis zum Unteren Geißalpsee, 1509 m (steil und steinig), 1½ Std. und (weniger steil und grasig) zum Oberen Geißalpsee, 1769 m, 1 Std.

e) Eigenen Reiz hat ein Bummel ab Oberstdorf-N-Rand, von der nach Rubi führenden Straße unmittelbar hinter der Trettachbrücke links abzweigend zum „Illerursprung", wo Breitach, Stillach und Trettach zur Iller zusammenfließen.

5. Die rechtsufrigen Illermoränen und ihre Berge

● 25 Die rechtsufrigen Illermoränen

Die vom eiszeitlichen Illergletscher hinterlassene Erbschaft hat sich nach 12 000 Jahren doch als segensreich erwiesen: die von den beiderseitigen Ufermoränen geprägten Landschaften gehören wegen ihrer Terrassenlage hoch über der Sohle des Illertals zu den reizvollsten in den Nördl. Kalkalpen. Die Moränen am rechten Ufer beginnen buchstäblich in Oberstdorfs Straßen. Die Ortsteile Faltenbach / Kühberg und Plattenbichl / First ziehen sich hoch hinauf in die O-Hänge und die nördl. folgenden Dörfer Rubi, 788 m, Reichenbach, 867 m, Schöllang, 854 m, Hinang, 823 m, und Altstädten, 749 m, sind beliebte Sommerfrischen mit Schwimmbädern. Die über der Hügellandschaft dieser noch erfreulich ursprünglichen Dörfer liegenden Berge erreichen knapp die 2000-m-Grenze, im Entschenkopf wird sie sogar leicht überschritten.
Die von Oberstdorf nach Sonthofen führende Kreisstraße verbindet diese fünf hoch über dem rechten Illerufer gelegenen, von Landwirtschaft und Fremdenverkehr lebenden Dörfer.

● 26 Rubi, 786 m

Freundliches, noch im Oberstdorfer Talkessel liegendes und dorthin eingemeindetes Sommerfrischen-Dörflein ländlichen Gepräges, 3 km nördl. von Oberstdorf. 350 m über dem Ort zieht sich der berühmte Wallrafweg (R 24) durch die Wälder zur Geißalp hinauf. Wir erreichen ihn von Rubi (Kapelle!) auf steilem Waldpfad.

● 27 Reichenbach, 867 m

1,2 km nördl. von Rubi, Talort der 300 m höher gelegenen Geißalpe (R 24), wohlhabendes, an die W-Hänge des Schnippenkopfs, 1833 m, geschmiegtes Dorf auf sonnenreicher Terrasse 100 m über dem Talboden der Iller. Reichenbachs Stolz ist sein Moorschwimmbad, ganz besonders aber die über dem Dorf thronende Jakobus-Kapelle von 1540.

● 28 Schöllang, 854 m

Ein stattliches, nun ebenfalls nach Oberstdorf eingemeindetes, als Luftkurort anerkanntes Dorf in aussichtsreicher Lage 100 m überm Talboden, 2 km nördl. von Reichenbach gelegen. Als Sommerfrische wie als Wintersportplatz (Skischule mit Skilift) ebenso beliebt wie seine Nachbarn im S und N. Die 1724ff. als Nachfolgerin einer spätgotischen Kapelle erbaute Michaelskirche darf als Muster einer einheitlich spätbarock ausgestatteten Dorfkirche angesehen werden.

● 29 Schöllanger Burgberg, 892 m

Von Reichenbach wie von Schöllang gleich weit entfernt (1,2 km), erhebt sich unmittelbar über dem O-Ufer der Iller der 155 m mit Steilwänden zum Fluß abstürzende Burgberg. Die ihn krönende Burgkirche geht in ihrer NW-Ecke ins 13., im übrigen ins 15. Jh. zurück. Der sie umgebende Friedhof zählt zu den schönstgelegenen in Bayern. Die einfache spätbarocke Ausstattung des Kircheninneren ist gut restauriert.

● 30 Hinang, 823 m

1,5 km nördl. von Schöllang liegt das ehedem zur Gemeinde Altstädten gehörende, jetzt mit dieser in die Stadt Sonthofen eingegliederte malerische, vom Hinanger Bach durchflossene Bauerndorf Hinang. Der Ort ist ebenso wie die südwestl. benachbarten zu Fischen (R 35) gehörenden Dörflein Unterthalhofen, 755 m, und Oberthalhofen, 774 m, und alle übrigen Nachbarorte beliebte Sommerfrische. Über dem Ort, dessen vorwiegend barock ausgestattete Kapelle eine bemerkenswerte Kassettendecke aus Nadelholz, aber auch (im nördl. Seitenaltar) eine Madonnengruppe von Ivo Strigel (1511) enthält, erhebt sich der waldgeschmückte Burghügel, der ehemals die Burg der schon 1166 bezeugten Herren von Huginanc trug. Ein entzückender Spazierweg führt uns hinab nach Altstädten (1,5 km, s. R 31).

● 31 Altstädten, 760 m

Stadtteil von Sonthofen, (R 48), von dem es 2 km entfernt ist. Auch Altstädten ist als Luftkurort anerkannt, es hat Schwimmbad, Tennisplätze, Minigolf, Skischule, Skilift, Rodelbahn, weitausgedehntes Skitouren- und Langlaufgelände. Internationalen Ruf genießen die Keramischen Werkstätten („Allgäuer Keramik"). Altstädtens Geschichte geht bis ins 7. Jh. zurück (alemannische Reihengräber). Die auch äußerlich ansprechende Pfarrkirche geht in die späte Gotik zurück, wurde jedoch 1732 ff. barock um- und ausgebaut. Die reiche spätbarocke Ausstattung ist sehenswert, dies gilt insbesondere von den Deckenfresken (Riepp, 1734), den Altären (mit Plastiken Anton Sturms 1741 ff.) und von der Sturm-Kanzel (1745 f.). Eine besondere Kostbarkeit sind die 15 Nothelfer-Reliefs (Jörg Lederer, 1510 ff.). 160 m über Altstädten thront der Weiler Hochweiler, 919 m.

● 32 Spazier- und Wanderwege

Im Umkreis der fünf rechtsufrigen Illermoränen-Dörfer gibt es angesichts ihrer weiträumigen Terrassenlage zahlreiche Wandermöglichkeiten, sei es nach W in die Illerauen, oder über die Iller hinüber (Fußgängerstege bei Rubi und Altstädten, Fahrbrücke beim Mineralbad Au, 760 m), sei es ostw. in das über Rubi, Reichenbach und Schöllang steil ansteigende Waldgelände oder ins Alpweidegebiet über Hinang und Altstädten. Beide reichen hinauf bis zur Kammhöhe der vom Strausbergsattel, 1250 m, nach S zum Falkenjoch, 1688 m, ziehenden Sonnenköpfe, 1712 m —1833 m, die ihre allmählich hochalpin werdende Fortsetzung nach S in dem vom Entschenkopf, 2043 m, zum Nebelhorn, 2224 m, führenden Grat finden (R 456). Von besonderem Reiz ist es, dem Lauf der von dieser rund 7 km langen Gratlinie nach W zur Iller abfließenden Bäche zu folgen: dem von den Geißalpseen herabkommenden Geißalpbach (R 24), dem in den Böden der Vorderen Entschenalp unterm Schnippenkopf entspringenden, am N-Rand Schöllangs vorbeifließenden Eybach, dem unter dem Sonnenkopf entspringenden, oberhalb von Hinang schöne Wasserfälle bildenden und das Dorf durchschneidenden Hinangerbach, und schließlich dem aus dem Hühnermoos unterm Sonthofener Hörnle entspringenden Leybach, der romantische Tobel bildet und schließlich am N-Rand von Altstädten vorbei südl. von Sonthofen in die Iller mündet.

Vilsalpsee mit Kugelhorn. Im Talgrund die Vilsalpe, darüber das vom Jubiläumsweg berührte Kugelhorn.

6. Die linksufrigen Illermoränen

● 33 Die linksufrige Illermoränen-Landschaft

Nachdem die letzte der Eiszeiten, die Würmeiszeit vor rund 20 000 Jahren ihren Höhepunkt erreicht hatte, begann ein allmählicher, seit etwa 12 000 Jahren immer schnellerer (wenn auch öfter von Zwischenvorstößen unterbrochener) Rückzug, der durch Temperatur-Erwärmung verursacht wurde. Auch der eiszeitliche Illergletscher war von ihm betroffen. Die von ihm hinterlassenen Seitenmoränen prägen heute das Gesicht des Illertals und seiner Zuflüsse bis zum Austritt aus den Allgäuer Alpen zwischen Grünten und Mittag. Die rechts und links der Iller rund 100 bis 150 m über ihrem Talboden ausgebreiteten, hügelig geformten Moränenterrassen geben von diesem erdgeschichtlichen Vorgang beredtes Zeugnis.

● 34 Unter der Hörnergruppe

Winter in der Hörnergruppe: Von Geländewelle zu Geländewelle fliegende Skiläufer, vom Riedberger Horn und vom Weiherkopf nach N jagend, talwärts, Ofterschwang oder Gunzesried zu, und immer wieder bergwärts gezogen zur Erneuerung des schwerelosen Spiels, nochmals und nochmals, bis der abendliche Harsch Einhalt gebietet.
Nicht sehr viel anders — nur gemächlicher und ohne die permanente Gefahr von Knöchelbrüchen — gestaltet sich das sommerliche und herbstliche Wandern über die elf blumenbedeckten Gipfel der Hörnergruppe. Unter ihr — illerwärts — lagert die 3 km breite, 100 bis 150 m über der Talsohle gelegene herrliche Terrassenlandschaft der westl. Illermoränen. Sie wartet mit einigen hübschen, hinter Waldkulissen verborgenen Bauerndörfern auf, deren Beliebtheit als Sommerfrische und Wintersportplatz von Jahr zu Jahr steigt: Obermaiselstein, 859 m, Bolsterlang, 892 m, und Ofterschwang, 864 m, ein jedes umgeben von einer Reihe verschwiegener Weiler und Einöden, bestückt mit Schwimmbädern und zahlreichen Skiliften. Durch die Hörnerbahn ist auch sommersüber die Kammhöhe der Vorderen Hörnergruppe leicht zu erreichen. Durch zwei im Gemeindebereich Ofterschwang liegende Hotels ist man hier mit der „Großen Welt“ und durch die nach Balderschwang führende, ganzjährig geöffnete Straße mit dem Fünften im Bunde dieser stark auf den Fremdenverkehr abgestimmten und eine wirtschaftliche Einheit bildenden Erholungsgemeinde, Fischen, verbunden.

● 35 **Fischen,** 761 m

Der Ort, 2750 Einwohner, 5,5 km nördl. von Oberstdorf an der nach Sonthofen führenden Bundesstraße gelegen, ist Sitz der zur ersten Bayerischen Verwaltungsgemeinschaft zusammengeschlossenen 5 Hörnergemeinden (Fischen, Obermaiselstein, Bolsterlang, Ofterschwang und das jenseits der Hörnergruppe in „Bayerisch-Sibirien“ versteckte Balderschwang). Fischen selbst liegt unmittelbar an der Iller im Talboden, mit den gegenüberliegenden rechtsufrigen Ortschaften (R 25ff.) durch eine Fahrbrücke verbunden. Schon 907 als Viskinga urk. erwähnt, blickt Fischen mit seinen prächtig gelegenen Terrassensiedlungen Jägersberg-Hof, 900 m, Maderhalm, 900 m, Berg, 788 m und Höldersberg, 800 m, sowie den übrigen Außenorten Langenwang und Kreben , 767 m, Weiler, 754 m, sowie, jenseits der Iller am Ostufer, Bad Au-Burgegg, 760 m, Oberthalhofen, 774 m, und Unterthalhofen, 755 m, auf eine lange Tradition als Luftkurort, Sommerfrische und Skidorf zurück, etwa 4300 Gastbetten. Freischwimmbad, öffentliches Hallenbad, Tennisplätze, Minigolf, Kfz-Werkstätten und Tankstellen, Ärzte und Zahnärzte. Die auf 1126 zurückgehende kath. Pfarrkirche steht in der heutigen Form seit 1827. Die kleine ev. Pfarrkirche ist ein wohltuendes Beispiel moderner Kirchenbaukunst.

● 36 **Obermaiselstein,** 859 m

3 km südwestl. von Fischen gelegenes, an die dicht bewaldeten Steilhänge des Wannenkopfs, 1712 m, geschmiegtes Sommerfrischendorf mit ausgedehnten Villensiedlungen, Ausgangspunkt des über den Riedbergpaß, 1400 m (höchste deutsche Paßstraße), nach Balderschwang führenden, das Skiparadies Grasgehren berührenden und daher auch im Winter stark befahrenen Übergangs vom Oberallgäu in den Vorderen Bregenzerwald, Postbusverbindung. Einschließlich der Gemeindeteile Oberdorf, 893 m, Ried, 846 m, und Niederdorf, 859 m, 1000 Einwohner mit 1500 Gastbetten, Hallenbad, Tennis, Minigolf, Reiten, Kfz-Werkstatt und Tankstelle, Arzt, Skischule mit 4 Schleppliften, 12 km Langlaufloipen. Über dem Ort liegt eine ins 15. Jh. zurückgehende Pfarrkirche, die 1974 durch einen wohlgelungenen Neubau im Ortszentrum ersetzt wurde.

● 37 **Bolsterlang,** 892 m

Talort der Hörnerbahn, 2 km nördl. von Obermaiselstein gelegen. 1220 Einwohner. Das Gebirgsdorf zu Füßen des Weiherkopfs, 1665 m, hat durch ein ausgedehntes Villenviertel seinen ursprünglich landwirtschaftlichen Charakter weitgehend verloren. Samt seinen Gemeindeteilen Sonderdorf, 881 m (im S), Kierwang (im N), 896 m, und Obermühlegg, Untermühlegg, Dietrichs (im O bis N) beliebt als Sommerfrische und Skidorf. Tennis, Minigolf, Skischule, 3 Skilifte, 10 km Loipen und vor allem Anschluß an den Ofterschwang-Gunzesrieder Skizirkus. Das umfangreiche Sessel- und Schleppliftsystem der Hörnerbahn (440 Pers. / Std.), führt auch den Sommer über in die Höhenzone zwischen 1400 und 1700 m.

● **38** **Ofterschwang,** 864 m

inmitten seiner Wiesen und Waldparzellen durch freie Terrassenlage ausgezeichneter Sommer- und Wintersportplatz, anerkannter Erholungsort, 1700 Einwohner. 1600 Gastbetten, wovon je ein beträchtlicher Teil auf das dem Gemeindeteil Schweineberg, 843 m, zugehörende, in aller Welt bekannte Hotel Sonnenalp, 800 m, und auf den in der Bettenrieder Gemarkung, auf der Kammhöhe der Hörnergruppe liegenden Allgäuer Berghof, 1163 m, entfällt. Ofterschwang mit seinen (außer den beiden bereits genannten) Ortsteilen Sigiswang, 848 m, Muderpolz, 835 m, Wielenberg, 855 m, Tiefenberg, 810 m, Hüttenberg, 805 m (Kapelle!), Westerhofen, 740 m, und Sigishofen, 740 m, erfreut sich noch tragfähiger Land- und Forstwirtschaft (70 hauptberufliche Betriebe), sein besonderes Kennzeichen sind die interessanten Landschaftsschutzgebiete Tiefenberger und Ofterschwanger Moos, an die der 18-Loch-Golfplatz „Sonnenalp“ grenzt. Eine Reithalle fehlt ebensowenig wie weit ausgedehntes, landschaftlich ungemein reizvolles Reitgelände und die Möglichkeit zum Tennisspiel. Die Ofterschwanger Pfarrkirche ist ein kleines Rokoko-Juwel (1755 / 60).

● **39** **Das Wanderwegenetz**

in der linksufrigen Terrassenlandschaft zwischen Langenwang und Sonthofen ist ungewöhnlich dicht und abwechslungsreich. Die W-O-Ausdehnung des besiedelten Raums zwischen Illerufer und Hangknick der beiderseits begleitenden Gebirgskämme beträgt auf den W-Terrassen im Durchschnitt 4 km gegenüber 1,5 km jenseits der Iller. Wenn wir uns, im S beginnend, an die vom Hörnerkamm zwischen Riedberger und Ofterschwanger Horn und seinen Ausläufern herabkommenden kurzen Wasserläufe halten, werden wir von einer Fülle landschaftlicher Entdeckungen erwartet:

Vor den Toren Sonthofens: die Terrassen-Landschaft der ostufrigen Illermoränen, überragt vom Rubihorn (links), der Schöllanger Burg (rechts) und vom Allgäuer Hauptkamm (am Horizont).

● 40 Von Jägersberg

Ausgehend von Jägersberg erforschen wir auf stillen Waldpfaden den nordöstl. gelegenen Schönhaldenkopf, 990 m, um meist weglos (nur sicheren Gehern anzuraten) über P. 1164, die Feuchtwiesen „Im Ried“ querend den dicht bewaldeten Ochsenberg, 1179 m, anzusteuern (Vorsicht mit Kindern! Der bewaldete Kamm stürzt stellenweise nach NW mit senkrechten Wänden ab). Über die „Judenkirche“, ein durch Erosion entstandenes natürliches Felsentor zurück zum Verbindungsweg Jägersberg-Wasach (R 24). Geologisch ist dieser Bummel besonders interessant, wenn wir daran denken, daß der Ochsenbergkamm mit dem vom Schöllanger Burgberg (R 29) nach S ziehenden Kreiderücken und dessen östl. Begleithöhen Teil jener natürlichen Talsperre war, die nach dem Rückzug des eiszeitlichen Illergletschers dafür sorgte, daß der heutige Oberstdorfer Talkessel noch Tausende von Jahren mit einem See ausgefüllt war.

● 41 **Hirschsprung,** 871 m

So wird die zwischen den Wänden des Ochsenbergs im O und denen des Schwarzenbergs, 1340 m, im W eingeschnittene, schwach ausgeprägte Paßhöhe genannt, die von der Sonthofen und Tiefenbach / Oberstdorf verbindenden Kreisstraße überquert wird. Sie ist Ausgangspunkt für den Besuch der Sturmannshöhle (20 Min.), eines mächtigen unterirdischen, elektrisch beleuchteten Felsdoms. Unterhalb ihres Eingangs (Ghs.) dehnt sich das Obermaiselsteiner Wiesengelände, das sich ostw. über die aussichtsreichen Höhen von Oberdorf und Maderhalm bis hinab nach Fischen ausdehnt, nördlich begrenzt von der unterm Bolgenkamm (R 457) entspringenden Schönberger Ache, die bei Weiler nördl. von Fischen in die Iller fließt und daher im Unterlauf Weiler Ache genannt wird. Ihre Ufer sind auf weite Strecken begehbar bis hinauf in die Alpenrosenfelder unterm Riedberger-Horn-S-Gipfel.
Auch der in den Feuchtwiesen nördl. unterm Hirschsprung entspringende Grundbach vermittelt uns einen hübschen Bummel durch die zwischen Oberdorfer Kapellenhügel und Schönhaldekopf eingeschnittene Enge nach Fischen.

● 42 Die Bolsterlanger Hügelwelt

wird im S-Teil geprägt durch das Tal der zwischen Bolgen und dem Kamm Ochsenkopf, 1662 m, — Weiherkopf, 1665 m, entspringenden Bolgenach (nicht zu verwechseln mit dem Balderschwanger

Bach gleichen Namens! Vgl. R 119). Ein gemütlicher Alpweg führt unbelästigt von Kfz-Verkehr durch den stark bewaldeten Talboden ins Alpwiesen-Quellgebiet um die Obere Bolgenalp, 1368 m. Südlich von Sonderdorf vereinigt sich die Bolgenach mit der Schönberger Ache zur Weiler Ache. Westl. von Sonderdorf erhebt sich der aussichtsreiche, bequem begehbare Hochbichel, 1310 m, der den Aufstieg zum Hörnerhaus (R 200) und damit den Zugang zur Hörnergruppe (R 34 ff.) von S vermittelt.
Das weitgezogene Wiesenhügelgelände nördl. und östl. von Bolsterlang verlockt zu zahlreichen, im N-Teil den Golfplatz „Sonnenalp" mehrfach streifenden oder durchschneidenden Wanderungen. Besonders lohnende Ziele sind hierbei: Untermühlegg, 803 m, am S-Rand des zum Landschaftsschutzgebiet erklärten Tiefenberger Mooses mit seiner um 1445 erbauten, 1706 erweiterten Kapelle (interessanter Hochaltar 1684), ferner das anmutige Wiesen- und Waldgelände um den Wohlfahrtsbichel, 878 m, zwischen Kierwang und Dietrichs, vor allem aber das durch die Hörnerbahn erschlossene voralpine Alpgelände rund um das Hörnerhaus (R 200).

• 43 Die Ofterschwanger Fluren

vereinigen sich nahtlos mit dem südl. benachbarten Bolsterlanger Wandergebiet. Attraktives Bindeglied ist der landschaftlich prachtvoll gelegene Golfplatz unter der Sonnenalp. Den schönsten Überblick über den N-Teil der linksufrigen Terrassenlandschaft schenkt uns die über Schweineberg (Kapelle!) gelegene Wittelsbacherhöhe, 881 m. Die teilweise stark bewaldeten Hügelwellen beiderseits des von der Hörnerkette abfließenden Ettenbachs und seiner Nebenbäche präsentieren sich bis hinauf zur Kammhöhe mit dem Nobelhotel Allgäuer Berghof, 1163 m, und weit nach N hinaus bis zum Zusammenfluß von Gunzesrieder Ache und Iller zu allen Jahreszeiten als Spaziergängerparadies.
Wintersüber ist das gesamte Terrassengelände vom Hüttenberger Waldrand bis zum Hirschsprung ein mit unzähligen Abwechslungsmöglichkeiten ausgestattetes vorzügliches Skilanglaufgelände mit mustergültig gepflegten Loipen. Und die Skilifte zwischen Sonderdorf und Ofterschwang erschließen im Verein mit der Hörnerbahn, dem Grasgehrengebiet unterm Riedberger Horn und mit den Gunzesrieder Ski-Anlagen ein allen Ansprüchen genügendes Abfahrts- und Tourengelände.

7. Der Gunzesrieder Talrahmen

● **44** Eine gute Straße schwingt sich ab Bihlerdorf im Illertal, 731 m, über Seifriedsberg, 768 m, steil nach Gunzesried, 889 m, einem hübschen kleinen Sommerfrischen- und Skidorf bergauf, während die Ache ihren mühsamen Weg zur Iller durch eine tief eingerissene Schlucht sucht. An der Gunzesrieder Säge, 930 m (8 km ab Bihlerdorf), endet die öffentliche Straße (Parkplatz). Hier vereinigt sich das vom Riedberger Horn (R 367) herabkommende Ostertal mit dem Haupttal.
Gegen Zahlung einer Maut dürfen wir auf dem Rechtler-Fahrweg zur Wasserscheide Donau / Rhein an der Scheidewangalpe, 1317 m, Parkplatz, (22 %) hinauffahren. Ausnahmsweise läuft die Bundesgrenze nicht über die Paßhöhe, sondern 5 km jenseits kurz vorm Lecknersee, 1000 m, quer durchs Lecknertal (R 121).

● **45** **Blaichach,** 733 m, und **Gunzesried,** 889 m

Trotz seiner Eingemeindung zu Blaichach, 733 m, dem am Einfluß der Gunzesrieder Ach in die Iller liegenden industriell bedeutenden Fabrikort hat Gunzesried, ein durch seine gebirgliche Abgeschlossenheit charakterisiertes Dorf, sein Eigenleben nicht verloren und als alpine Siedlung dieselbe Sonderstellung wie etwa Hinterstein (R 59) bewahrt. Daß das Gesicht des Gunzesrieder Tals — seine N-Terrassen hüten übrigens die schönsten Exemplare des für den Allgäuer Gebirgswald so typischen Bergahorns — nicht nur vom Fremdenverkehr und Skilauf, sondern auch von der Alpwirtschaft geprägt ist (von den 49 Alpen des Tals werden immerhin noch weit über 30 bewirtschaftet), kommt nicht von ungefähr: schon im Jahre 820 ist die Alpe Gelchenwang als Käselieferant des fränkischen Hofs in Kempten genannt. Der Gunzesrieder Viehscheid ist heute noch weitum im Land das meistbesuchte Volksfest. In Blaichach leben etwa 5200 Einwohner. Die Gemeinde verfügt über etwa 1200 Gastbetten, Freischwimmbad (gemeinsam mit Burgberg, R 67). In Gunzesried: Skischule, Skilifte, Sesselbahn zum Allgäuer Berghof mit Anschluß an den Ofterschwanger Skizirkus (R 43).

● **46** **Spaziergänge und Ausflüge**

Der voralpine Charakter Gunzesrieds beschränkt naturgemäß die Bewegungsfreiheit derer, die der Bequemlichkeit huldigen! Ihnen

Unter den Nagelfluhtürmen der Heidenköpfe: das königliche Alpunkraut Rumex alpinus (Alpen-Sauerampfer) auf den Böden der Girenalp.

bleiben die Talspaziergänge talauf bis zur Wasserscheide (R 44) oder durch das der Gunzesrieder Ach von rechts zufließende waldreiche Ostertal (kaum Kfz-Verkehr) vorbehalten. Mit Kfz darf man nach Bezahlung einer Maut (Gunzesrieder Säge) außer zur Scheidwangalpe auch hinauf zur Hällritzeralp, 1470 m, und mit einer in der Schwandalp erhältlichen Erlaubnis in den Ostertalgrund, 1102 m, hinterfahren. Dies erweitert den Aktionsradius der an weiterräumigen Unternehmungen (R 367) interessierten Wanderer und Bergsteiger.
Eine besonders schöne, auf Maut nicht angewiesene Höhenwanderung führt ab Gunzesried-Mitte (Parkplatz) nordöstl. über Reute nach Ettensberg-Blaichach (oder Immenstadt) und südwestl. auf aussichtsreichen Alpterrassen über Winkelwiesen, 1080 m, — Wiesach, 1142 m, — Ornach, 1197 m, und wieder zurück.
Aus dem Gunzesrieder Tal zurückkehrend, versäumen wir nicht, die auf aussichtsreichem Balkon hoch überm Illertal thronende Pfarrkirche von Seifriedsberg, 768 m, zu besuchen.

8. Am Zusammenfluß von Iller und Ostrach

● 47 Das Talbecken von Sonthofen

Erst im 12. Jh. als „Sunthoven" urk. erwähnt, war der Raum im Zwickel zwischen Ostrach und Iller schon um das Jahr 700 von den Alemannen besiedelt worden, dann erstmals 839 als „Nordhovun" urk. erwähnte Urpfarrei, der auch die Siedlungen im Ostrach- und im Tannheimer Tal angehörten. Aus dem ihnen 1059 vom Kaiser übertragenen Wildbann im gesamten Oberallgäu entwickelten die geschäftstüchtigen Augsburger Bischöfe im Laufe der jeweils regierenden einander ablösenden Ritterfamilien bis zur Mitte des 16. Jh. ihre unumschränkte, von Rettenberg und Sonthofen aus geübte Herrschaft, die erst 1803 mit der Einverleibung der Pflege Rettenberg ins Kurfürstentum Baiern und mit der damit verbundenen Aufhebung der Leibeigenschaft ihr Ende fand. Die Sonthofener Pfarrkirche wurde 1449 und 1540 durch Brand zerstört und wieder aufgebaut, 1738 Barockisierung, 1945 Teilzerstörung durch Luftangriff, seitdem laufende Erneuerung.

● 48 **Sonthofen,** 742 m

Sonthofen von heute: seit 1429 Markt, seit 1963 Stadt, Sitz der Verwaltung des 1527 qkm umfassenden Landkreises Oberallgäu, etwa 130 000 Einw., wirtschaftliches Zentrum. Die jahrhundertelang als

Bistums- und damit politische Macht- und Einflußgrenze zwischen Augsburg und Konstanz geltende Iller hat die Lage der rund 22 000 Einwohner zählenden Ostuferstadt, 741 m, bis heute geprägt. Sonthofen wird als Erholungsort in allen Jahreszeiten gern besucht. Stadtkrankenhaus, Ärzte, Zahnärzte. Heimatmuseum, Freischwimmbad, Hallenbad, Tennisplätze mit Halle, Minigolf, Reitsport mit Halle, Bergrettungsdienst 0 83 21 / 22 22, Landpolizei, Camping im Sommer und Winter (120 Stellplätze). Kfz-Werkstätten, Tankstellen. Trotz reger Industrie beherbergt Sonthofen in seinen Außenorten noch 172 landwirtschaftliche und 33 forstwirtschaftliche Betriebe.

● 49 Das Ausflugsgebiet

Sonthofens schneidet sich teilweise mit dem der Nachbargemeinden Oberstdorf (S), Hindelang (O) und Burgberg (N). Der Kern der Stadt mit dem nördl. Vorort Rieden liegt im Zwickel zwischen dem rechten Illerufer und dem linken Ufer der nördl. von Rieden (entzückende Kapelle 1728 / 1951) in die Iller mündenden Ostrach. Ein Teil der Sonthofener Außenorte zieht sich über die Sonnenhänge am rechten Ostrachufer, während die anderen Siedlungen im Schwemmland zwischen Ostrach und Starzlach liegen.
Das sich rechts der Iller und beiderseits der Ostrach ausdehnende Stadtgebiet bietet dank den von der Eiszeit hinterlassenen Moränenhügeln — in Form des Kalvarienbergs machen sie sich mitten in der Stadt breit — mannigfache Ausflugsmöglichkeiten. Sie lassen sich zu herrlichen Wanderungen auf die umliegenden Berge ausdehnen: so etwa das zwischen Iller und Löwenbach gelegene Wald- und Weidegebiet um die Weiler Margarethen, 820 m (Kapelle von 1419), Hofen, 812 m (Kapelle von 1736), und Beilenberg, 826 m (Kapelle von 1779), als Basis für Streifzüge ins Gebiet von Sonthofener (1141 m), Beilenberger (1248 m) und Altstädter (1280 m) Hof (vgl. R 32) — oder die zwischen Löwenbach und Ostrach gelegenen Bergwiesen um Imberg, 879 m (Kapelle um 1500), und Liebenstein, 813 m, als Basis für die Besteigung des locker bewaldeten Zwölferkopfs, 1355 m, des von Hindelang mit Sesselbahn (R 364) bequemer erreichbaren Imberger Horns, 1656 m, und des Strausberggebiets, 1270 m (vgl. R 32) — oder die landschaftlich besonders reizvollen sonnseitigen Moränenterrassen des eiszeitlichen Ostrachgletschers mit Berghofen, 775 m (Kapelle von 1438 mit Strigel-Altar), Walten, 879 m, Unterried, 900 m, Oberried, 1070 m, Tiefenbach, 840 m, Breiten, 1044 m, als Basis für Bergwanderungen aufs einsame Tiefenbacher Eck, 1517 m, und hinüber zu den Hindelanger Hirschber-

gen (R 377) — nicht zu vergessen schließlich die geologisch interessante Starzlachklamm hinter Winkel und die Ruine Fluhenstein, 780 m (von 1362).

● 50 Sonthofen im Winter

Eisstadion und ausgedehnte Loipen für den Skilangläufer im N und S der Stadt sorgen ebenso wie das mit Skiliften bestückte Abfahrts-Übungsgebiet am Ortsrand von Binswangen und Altstädten für ausgiebige Bewegung.

9. Die Bergwelt des Ostrachtals

● 51 Wasser vom Hochvogel?

Mit Recht stellen wir die Überschrift in Frage: die Ostrach entspringt gar nicht unterm Hochvogel, wie immer behauptet wird! Wie das Hohe Licht hält er sich vornehm abseits des Hauptkamms, und ähnlich wie der Gr. Ifen nimmt sein Gipfel nur mit einem winzigen Zwickel Anteil am deutschen Staatsgebiet. Die Wasser vom Hochvogel sickern — soweit sie nicht vom Dolomitschutt seiner Flanken verschluckt werden, sehr zurückhaltend ins Jochbach-, Hornbach- und Tiroler Schwarzwassertal hinab, nähren also den Lech und nicht die Iller. Die zahlreichen verästelten Quellwasser der Ostrach sammeln sich im Bärgündele und im Obertal, kommen also aus dem adligsten der Allgäuer Gesteine, den Aptychenschichten und Bunten Liaskalken beiderseits des Saloberkamms und aus den nährreichen Kössener Schichten des Schochenmassivs.
Merkwürdige Übereinstimmung: dort wo das am reinsten erhaltene Alemannisch gesprochen wird, präsentiert sich auch die Landschaft so typisch allgäuerisch wie nirgends sonstwo zwischen Weißach und Lech: als ideale Partnerschaft samtweicher grüner Matten und bestürzend steil aus ihnen herauswachsender buntfarbener Felswände. Daß die der Ostrach unterhalb Hintersteins als gewichtige Verstärkung zufließende Bsonderach aus der geologisch ganz anders gestalteten Welt des Retterschwangtals mit den breitgelagerten Dolomitabstürzen des Nebelhorn-Daumen-Zuges einerseits und den behaglichen Flyschhängen der Sonnenköpfe andererseits kommt, erhöht den Reiz des Gesamtbildes.

Der Schwaltenweiher, im Dunst des Hintergrundes (von links): Tannheimer Berge — Brentenjoch — Aggenstein — Breitenberg — Einstein.

● 52 Siedlungsgeschichte

Besiedelt wurde das Ostrachtal von der Iller her, erstmals vermutlich durch romanische Bevölkerungssplitter, die sich zunächst in Liebenstein festgesetzt hatten, und dann wie üblich durch die Alemannen im 6. und 7. Jh., deren einer — huntilo — Taufpate Hindelangs (urk. erstmals 1173 als Hundinlanc) wurde. Von keltischer oder illyrischer Urbevölkerung wissen wir nur aus der Sage.
Christianisierung ab 800, erste Kirche im Ostrachtal: Liebenstein (vor 1000), einzige Burg im Tal: Gross ob Liebenstein (um 1000).

● 53 Hindelang, 825 m

Hauptort des Ostrachtals, zugleich Sitz der politischen Gemeinde, der auch die Dörfer Bad Oberdorf, Hinterstein, Vorderhindelang, Oberjoch und Unterjoch (bis zur Gebietsreform selbständige Gemeinde) angehören. Gesamtgemeinde 5000 Einwohner. Krankenhaus, Ärzte, Zahnärzte, Pfarrkirchen — kath. — in Hindelang (ab 1435 Pfarrei, heutige Kirche ansehnlicher Neubau 1864/66, neugotische Ausstattung), Bad Oberdorf, Hinterstein, Oberjoch und Unterjoch sowie — ev. — in Hindelang (ehemalige Pestkapelle 1748), Freischwimmbad, daneben Hornalp-Sesselbahn (600 Pers./Std.), Hotelhallenbäder, Tennisplätze, Minigolf, Bergwacht in Hindelang und Hinterstein, Landpolizei, Bergrettungsdienst 08324/110, Bergführerschule in Hindelang/Hinterstein, Campingplatz (auch Winter) in Oberjoch, Kfz-Werkstatt in Hindelang, Bad Oberdorf, Hinterstein und Oberjoch, Tankstellen in Hindelang und Oberjoch.
Im gesamten Gemeindegebiet gibt es nur noch 10 hauptberufliche Landwirte; der Fremdenverkehr dominiert, nicht zuletzt auch dank den unzähligen Wintersportmöglichkeiten im Gemeindebereich (5 Skischulen, 17 Schlepplifte, 45 km Loipen, 3,5 km Rodelbahn, Eisbahn, Sesselbahnen in Hindelang und Oberjoch).

● 54 Die Ostrach

Schon ihr Name deutet darauf hin, daß die Ostrach der von Osten kommende Nebenfluß der Iller ist — übrigens ihr einziger von Bedeutung. Flußaufwärts wandernd (bei einigem Geschick können wir jedem Kfz-Verkehr bis ins Quellgebiet hinauf ausweichen) ziehen wir das sonnenreiche rechte Ufer vor: von Sonthofen kommend bummeln wir auf dem Höhenweg über Staig (Superhotel Allgäustern) und Tiefenbach (R 49), die Gemeindegrenze überschreitend nach Reckenberg, 830 m (im Kapellchen klassizistischer Altar 1791), lassen die nördl. über uns versteckt liegende Idylle Riedle, 890 m, links liegen und erreichen auf stillem Wiesenweg das sich hangauf vom Ostrachufer, 790 m, bis zur 900-m-Grenze in eine Sonnenmulde schmiegende Dorf Vorderhindelang (Kapelle von 1666). Vorbei an einer nicht recht in die liebliche Landschaft passenden Hotelsiedlung gelangen wir an den W-Rand Hindelangs (1½ Std. ab Tiefenbach) und lassen dabei die mit 1000 m höchste und schönstgelegene Siedlung im Ostrachtal, Gailenberg, über uns.

● 55 **Bad Oberdorf,** 822 m

Den mit Hindelang zusammengewachsenen östl. Nachbarort erreichen wir nach kurzem Bummel durch die Schaufensterstraßen des Hauptorts, um die abseits jedes Verkehrs liegende bildschöne, 1937/38 von Thomas Wechs erbaute Dorfkirche zu besuchen (Choraltar 1519, Holbein-Madonna 1493, Palmesel 1470). Am S-Ausgang von Bad Oberdorf (Pestkapelle 1629/1748, jetzt ev. Pfarrkirche) wechseln wir das Ufer, um dem Kfz-Verkehr zu entgehen.

● 56 **Süduferweg**

An den S-Ausgang von Bad Oberdorf gelangen wir ab Sonthofen auch auf dem nahezu Kfz-freien Süduferweg, indem wir von den uns bereits bekannten Sonthofener Außenorten Binswangen, Margarethen oder Hofen (R 49) den romantischen Löwenbachtobel überquerend, Imberg in aussichtsreicher Höhenlage (900 m) inmitten der nordwestl. Ausläufer-Wiesen des Imberger Horns, 1656 m, erreichen (Dorfkapelle mit Multscher-Madonna von etwa 1470).
Ein entzückender Höhenweg führt uns über den Weiler Gross hinab nach Liebenstein, 800 m, wo wir uns den Schlüssel für das hochinteressante Leonhardskirchlein holen. Bereits im 11. Jh. erwähnt, war Liebenstein seit Beginn des 17. Jh. eine berühmte Wallfahrtskirche.
Unser Höhenweg führt uns hinab zur Ostrachbrücke gegenüber Vorderhindelang. Der einsame Südufer-Fußweg bringt uns dann, nach der Umrundung des *Alpenrosenbergs,* 1004 m, zur Brücke am südl. Ortsausgang Bad Oberdorfs.

● 57 **Oberjoch,** 1136 m

Vorübergehend verlassen wir das Ostrachtal, um Hindelangs höchstgelegenen Außenort, das unter dem Oberjochpaß, 1178 m, gelegene Dörflein Oberjoch kennen zu lernen. Die gut ausgebaute, ins österreichische Tannheimer Tal (R 83) führende Bundesstraße hatte seit dem Mittelalter eine heute kaum mehr vorstellbare Bedeutung als Transportweg des aus den Haller Salinen durch das Außerfern herangebrachten, für weite Teile Westeuropas lebens-

wichtigen Salzes. Noch vor dem letzten Weltkrieg wurden auf der landschaftlich herrlichen, damals knapp halb so breiten und geschotterten Oberjochstraße Autorennen gefahren.
Als Spaziergänger vermeiden wir natürlich die an Schönwettertagen von motorisierten Völkerwanderungen heimgesuchten 106 Kurven, indem wir über die uralte, recht steile Wirtschaftsstraße hinauf pilgern oder (schöner) den beim Hotel Luitpoldbad (dessen Quellen Bad Oberdorf seinen Titel verdankt) beginnenden durch den Wildbachtobel führenden Fußweg benützen. Der Luftkurort Oberjoch besitzt ein Moorschwimmbad, einige Hotel-Hallenbäder und Anlagen für Tennis und Minigolf.
Das *winterliche Oberjoch* wird dank seiner Höhenlage von einem selbst für Oberallgäuer Verhältnisse außergewöhnlichen Skirummel überschwemmt. Das nahezu unübersehbare Skigebiet für Pisten- und Langläufer ist mit zahlreichen Skiliften bestückt.
Das Oberjoch vermittelt übrigens nicht nur den Übergang nach Tirol, sondern auch die unmittelbare Verbindung mit dem Wertacher Raum (R 68) und mit dem Ostallgäu (R 71 ff.).

● 58 **Die Hornalpe,** 1222 m

Bei unserem Spaziergang am linken Ufer der Ostrach (R 56) kamen wir an der Talstation der zur Hornalpe hinaufführenden Sesselbahn vorbei. An der rund 1300 m hoch gelegenen Bergstation beginnt der bequeme, westw. zum Zwölferkopf, 1355 m, führende Steig, der uns zunächst durch Wald, dann über freies Wiesengelände hinab nach Imberg (R 56) führt, falls wir es nicht vorziehen, entweder am Zwölferkopf südw. abzweigend durch die Strausbergmulde den Sonthofener Hof und damit das Wandergebiet südöstl. von Sonthofen zu erreichen, oder ab Bergstation über die Hornalpe, 1222 m, südöstl. zur Hornkapelle im Retterschwanger Tal (R 60) abzusteigen und über den Alpenrosenberg, 1004 m, zur Talstation zurückzukehren.

● 59 **Hinterstein**

Unsere am S-Rand Bad Oberdorfs unterbrochene Wanderung (R 56) fortsetzend, gehen wir, an einer der uralten noch überlebenden Oberdorfer Hammerschmieden vorbei am linken Ostrachufer nach Bruck, einem in die Talenge gezwängten Weiler am Einfluß der aus dem Retterschwanger Tal (R 60) kommenden Bsonderach in die Ostrach. Wir wechseln aufs rechte Ostrachufer hinüber und gelangen (3 km ab Bad Oberdorfer Brücke) ins dreigeteilte Dorf *Hinterstein,* 866 m, die wohl alpinste Ortschaft im bayerischen Teil der

Allgäuer Alpen. Klassizistische Pfarrkirche 1804f. Seit alters beliebte Hochgebirgs-Sommerfrische (Freischwimmbad, Minigolf) wird Hinterstein zunehmend gern auch von Skiläufern besucht (Skilift und landschaftlich schöne Loipe). Der durch einen Bergsturz von der Älpe-Alp leider etwas beeinträchtigte, landschaftliche Rahmen birgt eine unerschöpfliche Fülle eindrucksvoller Wanderungen und Bergfahrten. Von Platzangst darf man allerdings nicht geplagt sein: die das Ostrachtal begleitenden, den Talboden 1400 überragenden Gebirgszüge rücken mit steilen, unten waldbedeckten Flanken hart aneinander. Bergrettungsdienst 0 83 24 / 82 22.

• 60 Das Retterschwanger Tal

Ab Bruck (R 59) auf Alpstraße oder (schöner) ab E-Werk Hinterstein auf steilem Waldpfad hinauf zum nahezu ebenen Talboden der Bsonderach, 1060 m, und sanft ansteigend zur Mitterhausalp, 1081 m, (2 Std.). Je weiter wir in den hinteren Talgrund eindringen, vorbei an der Ställenalp, 1128 m, bis hinauf zur Wankhütte, 1451 m, 1½ Std., desto grandioser entfaltet sich das Bild der vom Dolomitkamm Daumen — Nebelhorn, 2280 m, zu uns herabstürzenden Wände.
Liegt das Retterschwangtal unter winterlichem Schnee, erinnert es an eine Viertausender-Landschaft. Und der sommerliche Rückmarsch zu Fuß verwandelt sich auf Ski in traumhaft schwereloses Gleiten (bis die Steilabfahrt ins Ostrachtal beginnt).

• 61 Die Hintersteiner Alpen

Außer den Alphütten des Retterschwanger Tals (R 60) verdienen die im unmittelbaren Hintersteiner Dorfbereich, wenn auch im Schnitt 600 m über dem Talboden liegenden Alpwirtschaften einen Besuch:
a) Die im Quellgebiet des wegen seiner prächtigen Wasserfälle berühmten Zipfelsbachs liegende Zipfelsalpe, 1526 m, zwischen Iseler, 1876 m, und Bschiesser, 2000 m, 2½ Std. ab Pfarrkirche.
b) Die im Quellgebiet des Willersbachs liegende Willersalp, 1456 m, zwischen Ponten, 2044 m, und Geißhorn, 2246 m, 2½ Std. ab Pfarrkirche.
c) Die beiden im Quellgebiet des Eckbachs liegenden Alpen: die unterm Breitenberg eingebetteten Hütten der Älpe-Alp, 1308 und 1499 m, 2½ Std., und die unter den Pfannhölzer-N-Abstürzen liegenden Hütten der Eckalp, 1447 m, und der Wiesloher Alp, 1644 m, 3 Std. ab Pfarrkirche.

d) Die im Quellgebiet des Tösenbachs unter den O- und S-Abstürzen der Pfannhölzer der Mösle-Alp, 1134 m, 1½ Std., und der Nickenalp, 1554 m, 3 Std. ab Pfarrkirche.
e) Die im Quellgebiet des Taufersbachs liegende, unterm Rauhhorn eingebettete Taufersalp, 1338 m, 2½ Std. ab Pfarrkirche.

● 62 Die obersten Talgründe der Ostrach

Die für Kfz gesperrte, nur mit Bus befahrbare, für den Fußgänger sehr bequeme Fahrstraße von Hinterstein-Oberdorf zum Giebelhaus, 1067 m (wintersüber wunderbare Loipe) führt — zeitweise fühlbar steigend — an den Mündungen der unter R 61 genannten Täler vorbei, zuweilen durch lichten Wald zur Alp-Blöße Vorder Erzberg, 1000 m, gegenüber der Einmündung des Tösenbachs. kurz zuvor haben wir noch einen Blick in die schaudernde Tiefe der „Eisenbreche" genannten Ostrachklamm geworfen. Am Hinteren Erzberghof, 1046 m, passieren wir die Mündung des weltverlorenen Erzbergtals, dem wir einen Besuch abstatten: auf Alpweg steil hinauf über den Mitterhof zur Schienenhütte, 1600 m, knapp 2 Std. ab Talboden. Dort geht es dann eben weiter zum Giebelhaus, 9 km ab Pfarrkirche Hinterstein, Ghs. (jedoch keine Übernachtung).
Hier teilen sich die Wege: der rechte führt ins Obertal, dessen Quellen unterm Kamm Nebelhorn, 2224 m, — Laufbacher Eck, 2177 m, entspringen. Wanderziele: die vier Engeratsgundalpen unterm Hengstrücken, 1156 m — 1621 m, die zwei Laufbichelalpen, unter der Laufbichlerkirche, 1501 m, die Doismenalm unterm Daumenkoblat, 1679 m, die drei Wengenalpen, unterm Zeigerrücken, 1300 m—1832 m, die Plättele- und Kuhplattenalp unterm Salober-rücken, 1493 m, die Rothtennalp unterm Berggächtele, 1715 m.
Links geht's ins Bärgündeletal, dessen Quellen unter dem imposanten, hufeisenförmig gebogenen Talrahmen zwischen Sattelköpfen, 2097 m, und Giebel, 1949 m, entspringen. Wegen der teilweise enormen Steilheit des Geländes, ist die Auswahl an Alpwanderungen hier wesentlich magerer: die Pointalp, 1319 m, unterm Salober, die Ochsenalp, unterm Laufbacher Eck, 1729 m (in ihrer Nachbarschaft die Bergwacht-Hütte, 1918 m), die Schönberghütte unterm Himmeleck, 1700 m, schließlich die drei Bärgündele-Alpen unterm Prinz-Luitpold-Haus, zwischen 1300 und 1500 m.
Kurzum: jede einzelne dieser Alpwanderungen, die in den gesamten Allgäuer Alpen ihresgleichen an Schönheit nicht finden, bildet für sich — vom Standort Hinterstein aus gesehen — ein solides Tagesprogramm.

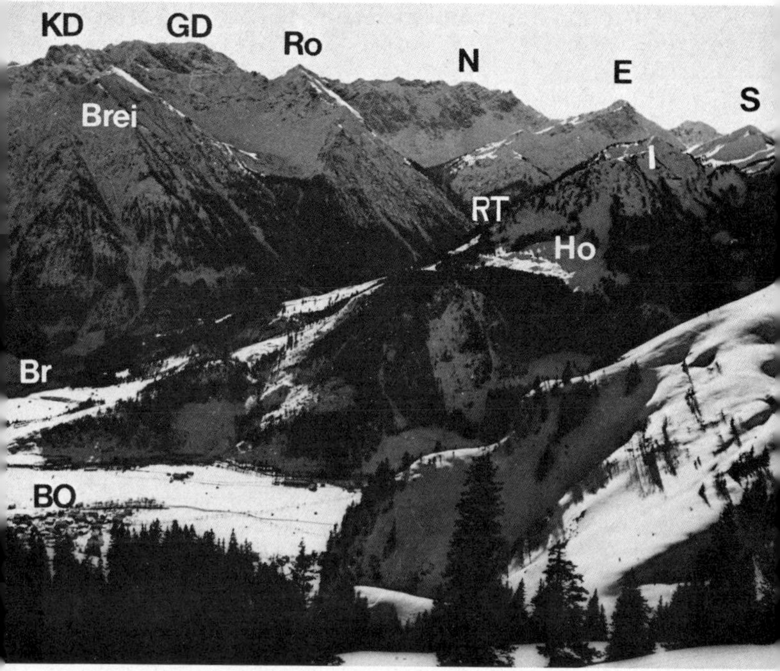

Die Berge des Retterschwangtals vom Großen Hirschberg
BO = Bad Oberdorf, Br = Bruck, Brei = Hintersteiner Breitenberg, GD = Gr. Daumen, KD = Kl. Daumen, E = Entschenkopf, Ho = Hornalp, I = Imberger Horn, N = Nebelhorn, Ro = Rotspitze, RT = Retterschwangtal.

Wir verabschieden uns von diesem paradiesischen Winkel rund ums Giebelhaus mit einem Bummel zum Oberen Schrattenberg mit dem ehemaligen Jagdhäusle des inzwischen bayerische Geschichte gewordenen Prinzregenten Luitpold, je nach Ausdehnung bis zum Sattel, 1800 m, unterm Roßkopf, 1820 m, 1 bis 2½ Std.

10. Am Alpenrand zwischen Iller und Wertach

● 63 Zweimal Starzlach

Wer meint, die Allgäuer Alpen hätten keinen Wald, weil sie eine Ansammlung wasserdurchflossener Auen seien (alb-ahva = Alp-Gäu), der wird eines Besseren belehrt, wenn er sich auf die Wanderung von Sonthofen nach Wertach durch die beiden Starzlachtäler begibt. Es gilt, ein unbesiedeltes und lückenloses Bergwaldgebiet von rund 10 km O-W- und 8 km N-S-Ausdehnung zu durchschreiten. Gute Forst- und Alpwege erleichtern das Unternehmen. Wählen wir Sonthofen als Ausgangspunkt, gehen (oder fahren) wir über Burgberg (R 67) zum Alpenblick, 960 m (Kfz-Endpunkt, Parkplatz), hinauf. Ab hier auf aussichtsreichem Alpweg (Sonnenhang) nahezu horizontal nordöstl. durch die S-Flanken des Grüntenmassivs, dann hinab zur Dreiangelhütte, 994 m, und durch das Tal der Wertacher Starzlach zum Wander-Parkplatz an der Straße Sonthofen — Füssen, 1000 m, 2½ Std.
Rückweg: 1 km ostw. zur Starzlachbrücke und jenseits mit kleiner Steigung über den Bichelerberg auf Forstweg zur Wasserscheide zwischen Wertacher (östl.) und Sonthofener (westl.) Starzlach, wo wir auf unseren Anmarschweg treffen. Nun entweder auf diesem zurück oder bei der Weggabel 500 westl. der Dreiangelhütte links leicht ansteigend durch die Berghofener Wälder (bequeme Alpstraße) und hoch über der Starzlachklamm hinab nach Berghofen (R 49) mit seiner entzückend gelegenen und inhaltsreichen Kapelle. 3 Std. kein Ghs. unterwegs, aber viel Wasser.

● 64 Der Rottachberg und seine Siedlungen

Mit weiteren Wasserläufen ist das Land zwischen dem Oberlauf der beiden Flüsse Iller und Wertach nicht allzu reich gesegnet. Die von Sonthofen (R 48) nach Kempten führende Kreisstraße überm rechten Illerufer überquert die das Moosgebiet zwischen Petersthal, 872 m, und Moosbach, 883 m, durchlaufende und vom Rottachberg (R 65) begleitete Rottach (im Oberlauf Rotwässerle genannt), bevor sie den Bannkreis der Allgäuer Vorberge verläßt.

● 65 Rottachberg, 1027—1120 m

Dieser dem Grüntenmassiv nördl. vorgelagerte Molassekamm ist eines ganzen Tages würdig, nicht nur wegen der in seinen N-Hängen wachsenden Brombeeren, auch nicht nur wegen des an ihn angelehnten Landschaftsschutzgebietes Illerschleife und Rottachtobel, nicht nur wegen seiner hübschen Dörfer Rettenberg, 806 m (gut barockisierte Kirche aus dem 15. Jh.), Emmereis, 871 m (Kapelle aus dem 12./13. Jh., Reste gotischer Fresken), Vorderburg, 861 m (barockisierte Kirche urspr. 1325 sowie Ruine der aufs 12. Jh. zurückgehenden Burg Rotinberch = Rettenberg, und Großdorf, 875 m, mit bischöflich-augsburgischem Amtshaus von 1537/1733, über die der Aufstieg verläuft — sondern einfach deshalb, weil es Spaß macht, durch die offenen Wälder des 8 km langen Kammes zu spazieren und vom höchsten Punkt „Auf dem Falken", 1116 m, einen Blick übers 400 m tiefer liegende Illertal zu erhaschen.

● 66 **Rettenberg,** 806 m

Das stattliche, an den Sonnenhängen des Falken gelegene Dorf ist näherer Betrachtung würdig. Mit nicht weniger als 34 Außenorten zählt es derzeit 3200 Einwohner. Dank seiner aussichtsreichen Sonnenlage wird es (nicht zuletzt auch im Winter) gern besucht. 1200 Gastbetten. Beachtliche Pfarrkirche 15./16. Jh. Arzt, Zahnarzt, Freischwimmbad, Tennis, Minigolf, Reitsport mit Reiterhof, Kfz-Werkstätten, Tankstellen, Steinbrüche im Grüntenmassiv (R 66ff.) und vor allem: eine gesunde Land-, Alp-und Forstwirtschaft mit 180 hauptberuflichen Bauern. Im Winter 25 km Loipe, Natureisbahn, Rodeln.
Im Ortsteil Kranzegg interessante Kapelle (1725), Madonna von Anton Sturm (um 1755). Kranzegg bietet im Winter vorzügliches Ski-Abfahrtsgelände an den N-Hängen des Grüntenmassivs. 13 Schlepplifte und Skischule.

● 67 **Burgberg,** 751 m

Zu Beginn unserer nach N gerichteten Fahrt am Rottachberg entlang streiften wir dieses freundliche, in die SW-Mulde des Grüntenmassivs (R 66) hineingekuschelte Dorf mit seiner interessanten, 1754ff. erbauten Ulrichskirche. Über dem südl. Ortsrand stehen die Reste der ehemaligen Burg (12. Jh.). Das heutige Burgberg ist eine beliebte, stark auf Sonthofen (R 48) ausgerichtete Sommerfrische mit Tennis, Minigolf, Reitsport nebst Halle, Segelflugplatz. Skischule, Schlepplift, Rodelbahn, 15 km Loipen im Winter. (Den Burgberger Hausberg namens **Grünten** s. R 479f.)

● 68 **Der Wertacher Raum**

Ihr schweres Geschick sieht man der freundlichen Sommerfrische Wertach, 915 m, nicht mehr an. Nicht weniger als fünfmal brannte der Marktflecken nahezu völlig nieder: 1530, 1569, 1605, 1633 und 1893, wobei die Schweden 1633 die gründlichste Arbeit lieferten.

Dementsprechend bunt gestaltete sich das Schicksal der bis ins frühe Mittelalter zurückgehenden Pfarrkirche. Kunstgeschichtlich wertvoller ist die 1762 spätbarock vergrößerte Pestkapelle von 1512 am rechten Wertachufer.
Der Markt Wertach mit rund 2400 Einwohnern bietet seinen Gästen u. a.: Heimatmuseum, Freischwimmbad und Hallenbad; auf dem teilweise zum Gemeindegebiet gehörenden, aus dem Stau des Wertachflüßchens entstandenen Grüntensee Angeln, Rudern, Segeln und Surfen; es gibt Tennisplätze, Minigolf und 2 Campingplätze mit rund 200 Stellplätzen sowie eine Bergwacht-Bereitschaft, Kfz-Werkstatt und Tankstelle; Ärzte, Zahnarzt. Wintersüber finden wir Skischule, 2 Eis- und 2 Rodelbahnen, 4 Skilifte und 35 km Loipe. Gleichwohl hat der ein gepflegtes Straßenbild aufweisende Markt mit 80 hauptberuflichen Land- und Forstwirten seinen ursprünglichen Charakter bewahrt.

● 69 Rund um Wertach

Das Ausflugsgebiet im S zwischen Wertacher Starzlach und dem Wertachfluß konzentriert sich auf den „Großen Wald“, das nahezu unübersehbare, durch Forststraßen jedoch gut erschlossene Nadelwaldgebiet rund ums Wertacher Hörnle, 1695 m (R 236). Talstützpunkte sind die Wander-Parkplätze an der nach Immenstadt / Sonthofen führenden Bezirksstraße 3 km südwestl. von Wertach und an der nach Oberjoch führenden Queralpenstraße 3, 4,5 und 8 km südl. von Wertach. (Zum Ausflugsgebiet östl. des Flüßchens Wertach s. R 71.)

● 70 Blick nach Norden

Wer zur Abwechslung mal aus dem Gebirge herauswill, findet rund um Wertach ein herrliches, abseits der großen Straßen liegendes, Wandergebiet mit folgenden Möglichkeiten:
a) Kammwanderung nordwestl. über die aussichtsreich gelegenen Weiler Buchen, 1049 m, Brosis-Ellegg, 1077 m, Binzeler, Gereute, Ober-Ellegg, 1136 m, Faistenoy, 922 m, 10 km, 3 Std., beliebig abkürzbar durch Abstieg nach Wertach. Rückfahrt mit Bus ab Faistenoy, dessen ausgedehntes Torfstichgebiet jetzt vom gespeicherten 1,6 qkm messenden Grüntensee aufgefüllt ist.
b) Kammüberschreitung Wertach — Oberellegg, 1136 m — Petersthal, 872 m (schöne Barockkirche, 4 km langer Stausee in Planung), nun nördl. vom Mittelberger Horn mit weitem Blick ins Alpenvorland sanft ansteigend über Haag, 988 m, und Bad Oy, 936 m, dem höchstgelegenen heilklimatischen Luftkurort Bayerns zum Luftkur-

ort Mittelberg, 1035 m, am Sonnenhang unterm Mittelberger Horn, 1151 m, gelegen. Bevor wir den Rückweg antreten, baden wir im sauberen Schwarzenberger Weiher nördl. von Bad Oy (Landschaftsschutzgebiet). Am besten bummeln wir dann auf dem hübschen Fußweg Mittelberg — Faistenoy — Hinterschneid — Vorderschneid heim nach Wertach, 5 Std.

11. Am Alpenrand zwischen Wertach und Lech

Vorbemerkung: Nähere Einzelheiten über diesen Raum erfahren Sie im Spezialführer *Ostallgäu*, Bergverlag R. Rother, München.

● 71 Das Ostufer der jungen Wertach

Sie entspringt als Weißenbach im Wald- und Alpgebiet südl. unterm Wertacher Hörnle, 1685 m, und berührt als erste größere Siedlung das hinter dem Hotzenberg versteckte Dörflein Unterjoch, 1013 m, das zur Marktgemeinde Hindelang (R 53) gehört. Der 1143 m hoch gelegene Zehrerhof unterm Zinken ist die höchste deutsche Dauersiedlung (Oberjoch, 1136 m, Einödsbach, 1114 m). Ein Blick in die kleine Pfarrkirche (1680 erbaut, 1820 vergrößert) lohnt sich.

Trotz oder gerade wegen seiner Abgeschiedenheit wird Unterjoch sommers wie winters gern besucht. Das örtlich begrenzte Ausflugsgebiet, insbesondere ins Tiroler Vilstal (Ausweiskontrolle) mit dem nahe gelegenen Ghs. Rehbach, 1072 m, ist reizvoll, nicht zuletzt für den Skilangläufer, der hier nahtlosen Anschluß an das weitgezogene Loipennetz im Tannheimer Tal findet. Skischule, mehrere Skilifte, im Sommer Freischwimmbad.

● 72 **Jungholz**, 1058 m

Dieses Tirol zugehörige, als deutsche Zollenklave ähnlich wie das Kleinwalsertal (R 2) mit DM-Währung ausgestattete, fern allen großen Straßenverkehrs, von Bergen eingerahmte Dörflein hat sich in den letzten Jahren zu einer Hotelsiedlung entwickelt: 1000 Gastbetten bei nur 300 Einwohnern. Freischwimmbad, Hallenbad, Tennis, Minigolf, Campingplatz. Wintersüber: Skischule, 6 Schlepplifte, 10 km Loipen. Die Balkonlage von Jungholz hoch über den Tälern der Wertach im W und der Vils im O ist zwar verlockend, mutet uns aber bei unseren Wanderungen insbesondere in das nach Pfronten hinausführende Vilstal oder über die Stubentalalpe, 1284 m, hinab zum Grüntensee respektable Höhenunterschiede zu.

● 73 Maria Rain, 895 m

Ehe wir uns von der Wertach verabschieden — sie verkriecht sich nördl. von Nesselwang in waldiges Schluchtgelände, um erst kurz vor Markt Oberdorf wieder am Tageslicht zu erscheinen (romantisches Ausflugsgelände im Raum Maria Rain — Bachtel — Görisried — Wald) — gehen wir noch schnell über die Brücke nach Maria Rain, 896 m, hinüber, um die interessante, alle Stilmerkmale der Spätgotik, Renaissance und späten Barockzeit harmonisch vereinigende Wallfahrtskirche (von 1496) zu betrachten.

● 74 Nesselwang, 867 m

Die Marktgemeinde überrascht uns zunächst beim Näherkommen mit einem der schönsten Barock-Kirchtürme südl. der Donau (1748ff.). Die dazugehörende Pfarrkirche hingegen ist ein wegen Baufälligkeit ihrer Vorgängerin 1906 errichteter Neubau. Hoch über Nesselwang auf dem Wanker Berg, 1122 m, liegt die besuchenswerte Wallfahrtskirche Maria Trost (1725 geweiht).
Nesselwang (etwa 3000 Einwohner) hat einen guten Namen als Erholungsort (etwa 3000 Gastbetten) in allen Jahreszeiten, insbesondere auch als Wintersportplatz: Freischwimmbad und öffentliches Hallenbad, Wassersport aller Art im benachbarten Grüntensee, Drachenflugschule, Tennisplätze, Minigolf, Reitsport, Arzt und Bergrettungsdienst, Kfz-Werkstatt und Tankstelle, 83 hauptberufliche Land- und Forstwirtschaftsbetriebe. Die Sesselbahn (450 Pers./Std.) hinauf zum Kappelköpfl, 1470 m, vermittelt gemäßigte Bergwanderungen im Edelsberggebiet (R 391) mit abwechslungsreichen Abstiegen ins Vilstal oder nach Pfronten-Kappel, Weißbach oder Röfleuten. Wintersüber: Skischule, außer der Sesselbahn 6 Schlepplifte, 32 km Loipe, Natureisbahn, Rodelbahn.

● 75 Das Ostallgäuer Seengebiet

Entzückend ist das Seengebiet nordöstl. von Nesselwang. Für Kfz durch die vorzügliche, über Seeg nach Roßhaupten / Lechbruck führende Straße erschlossen (so daß wir den Ausgangspunkt für unsere Wanderungen nach Belieben wählen können), ist es mit einem Netz von Fußwegen überzogen, die uns stundenlanges und dutzendfach variables Bummeln von Weiher zu Weiher, durch Wiesen und Waldparzellen und stets ohne fühlbare Steigung ermöglichen. Glanzpunkte: Kögelweiher, 889 m, Attlesee, 874 m, Parkmöglichkeit, und Attleweiher, 900 m — Grundweiher, Trollweiher, Luimooser Weiher und Schwaltenweiher (siehe Farbfoto S. 61), 836 m (Parkmöglichkeit in Batzengschwenden östl. von Rückholz) — Seeger See, 860 m (Parkmöglichkeit vor der Kirche in Seeg, einer der schönsten bayerischen Dorfkirchen, Rokokodekoration, 1703).

• 76 Pfronten, 882 m

Ein großer Schritt südöstl. bringt uns in die zu den bedeutendsten deutschen Luftkurorten zählende Römersiedlung „ad frontes alpium", heute Pfronten genannt, bestehend aus den 13 Dörfern Kappel, Weißbach, Kreuzegg, Meilingen, Ried, Dorf, Rehbichl, Berg, Röfleuten, Halden, Heitlern, Ösch und Steinach, die in einer Höhe zwischen 851 und 883 m liegen.
Etwa 7400 Einwohner, 5300 Gästebetten; Krankenhaus, Ärzte, Zahnärzte. Freischwimmbad und Hallenbad, Tennis, Minigolf und Reitsport, Bergrettungsdienst (0 83 63 / 81 97) und Grenzpolizeistation, Kfz-Werkstätten und Tankstellen, Campingplatz. 123 Bauernhöfe. Pfronten im Winter: Skischule, 14 Schlepplifte, Eisbahn, 65 km Loipen.
Die Breitenbergbahn (Kleinkabinen, 300 Pers./Std.) bringt uns in wenigen Min. zum Hochalphaus, 1457 m, unterm Breitenberg, 1838 m, die anschließende Sesselbahn (320 Pers./Std.) auf den Gipfelgrat, 1679 m. Damit ist der Anschluß an den benachbarten Aggenstein (R 395) und an die beim Brentejoch beginnende Hochgebirgsszene vor die Pfrontener Haustüren gerückt. Bergtüchtige werden den Abstieg zu Fuß vom Breitenberg zur Fallmühle, 928 m, im Steinacher Achental (3 km südwestl. von Pfronten-Steinach) der Rückfahrt mit der Kabinenbahn vorzuziehen.
Das Ortsbild Pfrontens wird vom hohen, fast überschlanken Rokoturm der Nikolauskirche in Berg geprägt (1746/49). Der 50 Jahre ältere Kirchenneubau (ihre Vorgängerin stammte noch aus dem Mittelalter) ist mit stilreiner ländlicher Rokokoausstattung (um 1780) geschmückt.
Sehr zu rühmen sind die Erholungsanlagen bei dem in Meilingens Sonnenhang hineingebauten Pfrontener Alpenbad.

• 77 Rund um Pfronten

Pfrontens Ausflugsmöglichkeiten sind schier unerschöpflich. Wir begnügen uns mit einer kurzgefaßten Auswahl: Im O Steinachs grüßt die Ruine Falkenstein, 1268 m, höchstgelegene Burgruine Deutschlands, seit 1059 Sitz der Augsburger Bischöfe. Die Burg wurde ebenso wie die nördl. benachbarten Burgen Eisenberg und Hohenfreyberg (R 78) 1646 von der Tiroler Landesregierung niedergebrannt, um den Schweden keinen Stützpunkt zu überlassen. Ab Meilingen führt eine bequeme (mit Kfz befahrbare) Straße hinauf,

1½ Std. Die Aussicht auf die südl. gegenüberliegenden Pfrontener Berge, insbesondere den imposanten Aggenstein, wird jeden packen. Ein interessanter, allerdings recht steiler Fußweg bringt uns vom Burg-Ghs südl. unter den Gipfelabstürzen hindurch zum Bahnhof Steinach; 1 Std.
Wollen wir uns ein besonderes, aber zeitraubendes Vergnügen leisten, dann laufen wir den gesamten vom Falkenstein östl. bis zur Hintertür des Füssener Schlosses ziehenden geologisch interessanten Saloberkamm ab. Das Steiglein führt fast stets durch Wald auf der Kammhöhe (zeitweise zugleich Bundesgrenze) mit abwechslungsvollen Blicken ins Vilstal. Hierbei überschreiten wir Einerkopf, 1252 m, Zwölferkopf, 1283 m, Zirmgrat, 1288 m, und Salober, 1174 m, ab hier östl. hinab zum N-Ufer des Alatsees, 865 m, und jenseits wieder bergauf zum Burkenbichlberg, 908 m. Der südl. jenseits des Faulenbachtals aufragende höhere Vilser Berg verwehrt uns die Aussicht hinab zum Lech, der sich hier, von S kommend und scharf östl. umbiegend mit der Vils vereinigt. Bad Faulenbach bleibt rechts unter uns, dann nehmen uns die Parkanlagen westl. des ehedem bischöflich-augsburgischen Schlosses Füssen auf. Ab Falkenstein 3 Std.
Den nördl. Ausflugsbereich teilt sich Pfronten mit Nesselwang (R 74), den nordöstl. mit Füssen (R 79ff.). Im W lockt das vom Tannheimer Tal herkommende Vilstal, das wir bereits von Jungholz (R 72) besuchten. Es ist teilweise dicht bewaldet und an heißen Sommertagen eine Labsal, um so mehr, als der bis zur Vilstalsäge zugelassene Kfz-Verkehr schwach ist. Das Fallmühltal im SW Pfrontens lernten wir schon beim Aufstieg vom Breitenberg kennen. Das meist vorhandene Weideland seitlich der ziemlich stark befahrenen Straße nach Grän im Tannheimer Tal (12 km ab Pfronten / Steinach) ermöglicht seitliches Ausweichen. Paßkontrolle im Zollhaus Enge. Unternehmungslustige können ab Ghs. Fallmühle den Kienbergkamm über die „Himmelreich“ genannte Senke, 1220 m, zur Vilstalsäge hinab schreiten (von Ghs. zu Ghs. 2 Std.).

● 78 Von Pfronten nach Füssen

Außer dem uns bereits bekannten sehr attraktiven, aber etwas mühseligen Höhenweg über den Saloberkamm haben wir, um von Pfronten nach Füssen zu gelangen, zwei vielbefahrene Straßen zur Verfügung: die parallel zur Bahnlinie Kempten — Reutte verlaufende Bundesstraße über Vils (s. R 82) und die am N-Rand des Saloberkamms entlangführende Bezirksstraße über Weißensee, 800 m (Stadtteil von Füssen).

Bei Oberkirch, 815 m, erreichen wir das W-Ufer des 28 m tiefer gelegenen Weißensees. Die im 15. Jh. erbaute, 1617 umgestaltete Kirche ist mit einem barocken Hochaltar (1655) und mit Seitenaltären und Kanzel aus der selben Zeit ausgestattet. Im Füssener Ortsteil Weißensee gefällt uns die stilreine Rokoko-Ausstattung der 1463 erbauten, 1670 umgebauten Pfarrkirche ebenso wie der darunter (unmittelbar am Seeufer) stehende wohlproportionierte Pfarrhof, ehemals Fischhaus der Füssener Äbte. Dank ihrer schönen Lage am Weißensee und auch wegen des landschaftlich abwechslungsreichen Hinterlands im NW und N — etwa die Wallfahrtskirchen Zell und Speiden mit den sich darüber erhebenden Ruinen Eisenberg und Hohenfreyberg, 1418 ff. (ca. 5 km ab Seeufer) oder Hopferau mit seinem reizvollen Hinterland unterm bewaldeten Senkelekamm, 1047 m, (etwa 7 km ab Seeufer) — sind Oberkirch und Dorf Weißensee begehrte Sommerfrischen.

● 79 **Füssen,** 808 m

Die höchstgelegene Stadt Deutschlands läßt beim Herankommen von W nicht ahnen, welch städtebauliche Schönheiten hinter ihren Mauern verborgen sind. Ende 13. Jh. zur Stadt erhoben, war Füssen (lat. fauces = Schlund) schon zur Römerzeit besiedelt. 773 starb hier der aus St. Gallen zugewanderte Mönch Magnus, der das Land zwischen Iller und Lech christianisiert hatte. Nach ihm ist die neben dem „Hohen Schloß" das Stadtbild beherrschende Stadtpfarrkirche (Reste aus dem 10. Jh.) benannt. Hier nur stichwortweise das, was der Besucher keinesfalls versäumen sollte: neben dem Schloß (darinnen ein bedeutendes Museum) und St. Mang die großartigen ehemaligen Klosteranlagen, die spätbarocke Franziskanerkirche, die aus der selben Zeit stammende Hl.-Geist-Spitalkirche und nicht zuletzt die gesamte Altstadt mit den beiden sie vom ehemaligen Kloster bis zum Schrannenplatz durchziehenden Hauptgassen.

Füssen nimmt heute mit seinen Ortsteilen Weißensee und Hopfen im Landkreis Ostallgäu in puncto Fremdenverkehr (noch vor Pfronten) die Spitzenstellung ein: etwa 5500 Gastbetten gibt es in der 15 500 Einwohner zählenden Stadt, Krankenhaus, Ärzte, Zahnärzte, Heimatmuseum, Hallenbad, Freischwimmbäder in den drei Stadtteilen, Angeln, Rudern, Segeln, Surfen, Tennisplätze und Minigolf in Füssen und Hopfen, Reitsport in Hopfen, Segelflugplatz Füssen, Bergrettungsdienst (0 83 62 / 70 11) und Gendarmeriestation Füssen, Camping in Hopfen, Kfz-Werkstatt und Tankstellen in Füssen, sowie ein repräsentatives Kurhaus! Wintersüber: Eisstadion

(Eishockey-Bundesleistungszentrum), 65 km Loipe, 2 Skischlepplifte. Im südl. Stadtteil Bad Faulenbach, versteckt in idyllischem, von bewaldeten Hügeln umrahmtem Tal, hat sich reger Kurbetrieb (Moor-, Mineral-, Kneipp- und Schrothkuren) entwickelt.

● 80 Spaziergänge rund um Füssen

Bad Faulenbach ist Ausgangspunkt für die herrlichen Wanderungen im gleichnamigen Tal bis hinauf zum Alatsee, 865 m, während wir — vom Hohen Schloß ausgehend — den nördl. des Faulenbachs nach W ziehenden und schließlich im Saloberkamm (R 77) seine Fortsetzung findenden bewaldeten Rücken begehen können. Den Übergang ins Vilstal lernen wir erst unter R 82 kennen. Das Füssener Ausflugsgelände südl. und östl. der Stadt liegt jenseits des Lechs, also außerhalb des Arbeitsbereichs dieses Führers. Deshalb sind hier nur stichwortweise Andeutungen möglich: Schwansee mit seinen verschwiegenen Waldhügeln, Alpsee, Hohenschwangau mit seinen beiden weltberühmten Schlössern Hohenschwangau und Neuschwanstein, Schwangau (Bergschule Ostallgäu) mit dem Waltenhofener Forggenseeufer und der zum Tegelberghaus hinaufführenden Kabinenbahn (Drachenflieger-Eldorado), alle zwischen Forggensee und Ammergauer Alpenrand übers Land verstreuten Sommerfrischendörfer über Buching, Bayerniederhofen, Trauchgau bis nach Prem und Lechbruck, dazu die entzückenden, ins Rechtsuferland des Lechs eingestreuten kleinen Seen. Näheres über dieses Gebiet in den in Füssens Buchhandlungen erhältlichen örtlichen Führern, im *AVF Ammergauer Alpen* und im *Kleinen Führer Ostallgäu* (Bergverlag R. Rother).

● 81 Füssen als Seestadt

Daß Füssen in den letzten Jahren zu allen seinen anderen Vorzügen auch den einer Seestadt gewonnen hat, spüren wir, wenn wir die Stadt nach N verlassen. Der zum viertgrößten See Bayerns (Forggensee, 787 m, 12 km lang, 4 km breit) aufgestaute Lech hat aus den unansehnlichen Kiesauen des ehemaligen Wildflußbetts eine allerdings nur bei vollem Wasserstand entzückende voralpine Seelandschaft gezaubert, die sich nahtlos dem bereits vom eiszeitlichen Lechgletscher geschaffenen Urlaubsparadies zwischen Bannwaldsee, 786 m (östl.), Weißensee, 787 m, Hopfensee, 784 m (hier die Sommerfrische Hopfen mit dem weitum gerühmten Kurzentrum Enzensberg), (westl.), Sameistersee, 773 m und Lechbrucker Stausee, 725 m (nördl.), einfügt. Mittendrin — im Raum zwischen Pfronten/Nord, Seeg, Roßhaupten und Füssen/Nord — erwartet uns ein hochkarätiges Wandergebiet, das uns einen ganzen Urlaub lang in Atem halten könnte. Um die Entdeckerfreude nicht zu schmälern, werden hier nur ein paar Glanzpunkte verraten: die aussichtsreichen Höhen des Sulzbergs, 932 m, östl. von Seeg — das bewaldete Geschwisterpaar der Zwieselberge, 1047 m und 1055 m, südwestl. von Roßhaupten — und natürlich alle die Seen, manche zum Baden wie geschaffen. Und wer weder Zeit noch Lust hat, dies alles abzulaufen, kann es (im Anschluß ans Seeger Seengebiet, R 75) auch auf stillen und gar nicht so schlechten Straßen befahren, was dann immer noch einen ungemein inhaltsreichen Ferientag bedeuten würde.

● 82 Vils und das untere Vilstal

Die ergiebigste Art, es kennen zu lernen, haben wir bei unserer Saloberkamm-Wanderung (R 77) erprobt. Zur Abwechslung bleiben wir nun im Talboden, bewundern zunächst, nachdem wir Füssen durch die „Hintertüre" unterm Schloß verlassen haben, den imposanten, sich in die Lechschlucht hinabstürzenden Wasserfall, um dann auf dem Ländenhofweg die Grenze zu überschreiten. An der Vereinigung beider Flüsse vorbei über die Lechbrücke nach Vils, 828 m, der schon 1200 urkundlich erwähnten zweitkleinsten Stadt Tirols mit dem größten Zementwerk Tirols, 2 Std.
Hierher gelangen wir auch vom Salobergrat (R 77) südw. über die gleichnamige Alp, vorbei an der Burgruine Vilseck (urk. 1263) oder (von Füssen kommend) die Ländenscharte links lassend und den Faulenbach bis zum Ursprung im Alatsee verfolgend, auf Fußweg von diesem herunter. Es empfiehlt sich jedoch, sich vor Beginn dieser (wie überhaupt aller) Wanderungen im Bereich der Vilstaler Bundesgrenze bei der Grenzpolizei in Pfronten oder Füssen nach der Zulässigkeit des Grenzübertritts zu erkundigen. Personalausweis sollte man stets mit sich führen.
In Vils finden wir außer der romanischen St. Anna-Kapelle (barocke Ausstattung) die vom Füssener Herkomer erbaute Pfarrkirche (1709) mit wertvoller Ausstattung (Chorgestühl). Vils wird als Sommerfrische, aber auch im Winter gern besucht: Skilift, Bergrettungsdienst (Roland Wörle, 6682 Vils, Obertor 45, Tel. 0 56 77 / 381), Eisbahn. Vils ist Talort für das zum Füssener Jöchl (R 264) hinaufführende, die Vilser Alpe, 1228 m, beherbergende Alptal. Wenn wir von Pfronten kommen (R 76), vermittelt uns Vils den bequemsten Übergang ins Tiroler Lechtal (R 92ff.). Zunächst jedoch widmen wir uns der unmittelbaren Nachbarschaft im S:

12. Zwischen Aggenstein und Lailachspitze

● 83 Das Tannheimer Tal

Hand aufs Herz: wer vermöchte die Frage, welcher der höchste Gipfel in den Tannheimer Bergen sei, auf Anhieb richtig zu beantworten? Es ist die Lailachspitze, mit 2273 m zwar nur der 89zighöchste Berg der Allgäuer Alpen, aber für jeden der nach mühsamer Wanderung durch ihre einsamen Schuttkare einmal oben stand, ein unvergeßliches Erlebnis!
Die Bergwelt des Tannheimer Tals wird durch die östl. des Haldensees entspringende Nesselwängler Ache, durch den Haldensee selbst und die von seinem W-Zipfel über Grän zum Zollhaus Enge führende Straße in eine O- und eine W-Hälfte geteilt. Die klettersportliche Prominenz wendet sich dem O-Teil, der Tannheimer Gruppe zu, während der W-Teil um den Vilsalpsee (Vilser Alpen) mit der Einsteingruppe als Anhängsel vom Bergwanderer bevorzugt wird. Die alles andere als behagliche Lailachspitze führt hierbei dank ihrer *splendid isolation* ein Eigendasein. Auch geologisch unterscheiden sich die beiden Talhälften wie Tag und Nacht: während in der Tannheimer Gruppe der sonst nirgends in den Allgäuer Alpen anzutreffende als Kletterfels ideale weißgraue Wettersteinkalk dominiert, werden die Vilser Alpen vom weichen Juragestein geprägt (Lias-Fleckenmergel, Kössener Schichten und Aptychenkalke), nur rings um Lailach und Einstein regiert dunkelgrauer Hauptdolomit.

● 84 Am Oberlauf der Vils

Der Oberlauf der Vils ist die Lebensader des Tannheimer Tals. Sie entspringt in den Steilhängen des die Vilsalpe halbkreisförmig umschließenden Bergzugs zwischen Geierköpfle und Schäferkopf, um nach Verlassen des Vilsalpsees, 1165 m, nach N zu fließen, wo sich das Flüßchen 1 km nordwestl. von Tannheim mit der aus dem Haldensee, 1124 m, abfließenden Berger Ache vereinigt, um nun nach W vorzudringen. Unterhalb Schattwald wendet sich die Vils nach N, um in weitem, allmählich nach O gezogenen Bogen den N-Teil der Vilser Alpen zu umfließen und 2 km östl. der kleinen Stadt Vils (R 82) nach rund 36 km Lauf, nur knapp 20 km Luftlinie von ihrer Quelle entfernt, in den Lech zu münden.
Das Tannheimer Tal weist von der Wasserscheide östl. des Haldensees, 1150 m, bis zur 15 km entfernten Enge unterhalb Rehbach, 1072 m, von wo ab es Vilstal genannt wird, nur geringes Gefälle

auf. Dieser nahezu gleichmäßigen Höhenlage des Talbodens verdanken die Bewohner des Tannheimer Tals ihr erfrischendes Hochgebirgsklima und die reine Höhenluft. Die Temperatur bei Tag und Nacht kann beträchtliche Unterschiede aufweisen, insbesondere an heißen Sommertagen (Reizklima).
Der besondere Schmuck dieses Tals sind seine Berge und Seen. Das farbenprächtige und abwechslungsreiche Nebeneinander von Fels und Wasser, freundlichem Wiesenland und ernstem Gebirgswald hat diesem Tal nicht zu Unrecht den Ruf verschafft, eines der schönsten Hochtäler in den Ostalpen zu sein. Es ist ein kleines alpines Paradies auf kaum 200 qkm Fläche.
Die 6 im Bereich des Tannheimer Tals liegenden Gebirgsseen sind (nach ihrer Höhenlage eingestuft): die unter der Landsberger Hütte liegende, den Titel „See“ kaum mehr verdienende allmählich verlandende „Lache“, 1770 m, der in eine Weidemulde überm Vilsalpsee eingebettete 0,09 qkm (= 90 000 qm) umfassende Traualpsee, 1631 m, der durch gefährliche Steilabstürze nach unten abgesicherte Albelsee unter der Roten Sitze, 1600 m, der 2 km westl. der Tannheimer Pfarrkirche im Wald versteckte Höfersee, 1186 m, der 1168 m hoch gelegene Vilsalpsee mit rund 0,6 qkm (= 600 000 qm) Fläche, schließlich als größter der 0,7 qkm messende Haldensee, 1124 m. Diesen sechs Naturseen gesellt sich der dem E-Werk zugehörende Vils-Stausee bei Schattwald bei. Die Gipfelhöhen rund ums Tannheimer Tal sind — gemessen an der Lechtaler Nachbarschaft — bescheiden: nächst der bereits vorgestellten Lailachspitze, 2274 m, sind Geißhorn, 2247 m, und Kellenspitze, 2238 m, die höchsten.

● 85 Besiedelung

Die durch die Höhenlage verursachten härteren Lebensbedingungen in unserem Tal waren neben seiner Abgeschiedenheit durch schroffe Bergkämme und Schluchten wohl die Ursache für seine im Verhältnis zum Lechtal oder Iller-/Ostrachtal späte Besiedelung. Vermutlich wurde seit dem 9. Jh. inmitten des damals noch unermeßlichen Waldgebiets im Raum der heutigen Ortschaften Grän und Tannheim von Hindelang/Oberjoch und von Pfronten her, im Nesselwängler Raum von Lechaschau her (übers Tiefjoch, 1717 m) Weideland gerodet, um es sommersüber mit Vieh zu beschicken. Erst zu Beginn des 14. Jh. drangen dann alsbald „im Tann“ seßhaft werdende alemannische Siedler aus dem Ostrachtal und wohl auch von Pfronten her durch die „Enge“ bis hinauf zum Haldensee vor, wobei sie als Standorte zunächst die klimatisch günstigen Sonnenla-

Der Aggenstein vom Lumberger Grat
A = Aggenstein,
B = Breitenberg,
E = Edelsberg,
F = Höhenweg zum Füssener Jöchl,
P = Abstieg nach Pfronten,
PH = Pfrontener Hütte,
S = Seichenkopf.

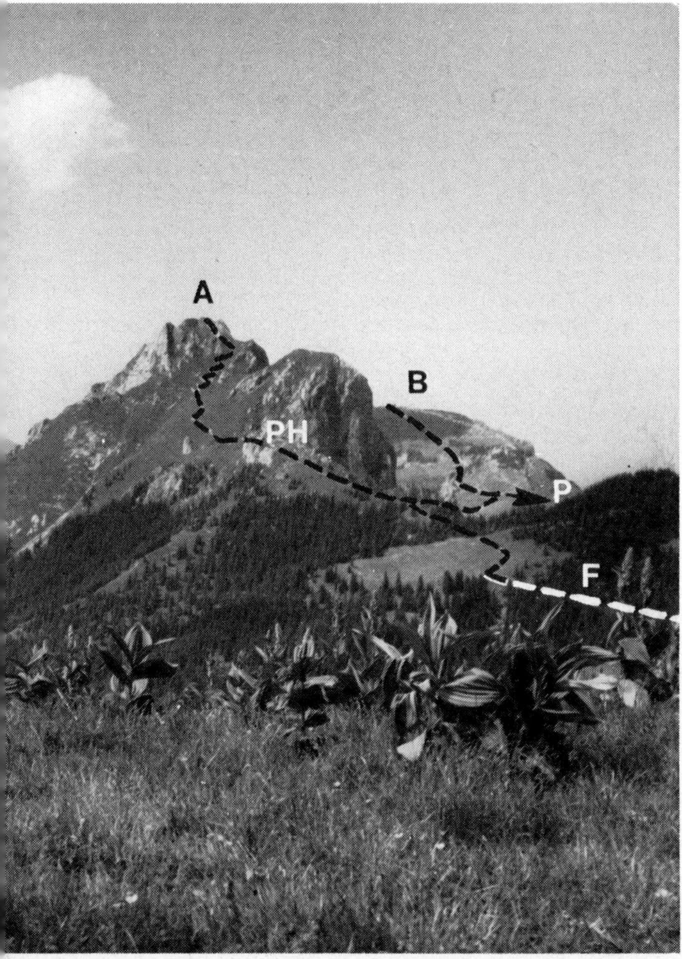
A
B
PH
P
F

gen überm Tannheimer Talboden bevorzugten. Der erste urkundliche Nachweis hierfür stammt aus dem Jahre 1377. Etwa um die gleiche Zeit rückten tirolisch-bajuwarische Siedler aus dem Außerferner Raum von Lechaschau her — wiederum übers Tiefjoch — bis zum Haldensee vor, der bis heute noch die Sprachgrenze zwischen alemannisch und bajuwarisch bildet.
Alles weitere zur Frühgeschichte des Tannheimer Tals findet sich im *Kleinen Führer Tannheimer Tal, 10. Aufl. 1984.* Bergverlag R. Rother, München.

● 86 Die fünf Gemeinden des Tannheimer Tals

Gerichtsbarkeit und Verwaltung liegen in den Händen des Bezirksgerichts und der Bezirkshauptmannschaft Reutte. Arzt (mit Hausapotheke) fürs Tal in Tannheim, Zahnärzte in Weißenbach, Pfronten und Hindelang. Und da der Markt Reutte zugleich wirtschaftlicher und kultureller Mittelpunkt des gesamten „Außerfern" ist, dem auch das Tannheimer Tal zugehört, wählen wir die im Lechtaldorf Weißenbach, 887 m, beginnende Gaichtpaß-Bundesstraße als Eingang in dieses Tal (Postbus Reutte — Tannheimer Tal — Oberjoch — Hindelang — Sonthofen).

● 87 Nesselwängle, 1136 m

Die modern ausgebaute Paßstraße — oder wahlweise der großenteils dem alten Saumweg folgende Fußweg — bringt uns bergauf in das stattliche Straßendorf Nesselwängle, 1136 m, wobei sich uns nach Erreichen der Höhe der bezaubernde Blick auf die Wände der Tannheimer Hauptgruppe, aber auch (nach W) der Einblick in das unter Wäldern verborgene Birkental eröffnet. Unmittelbar rechts über uns liegt hierbei der noch zur Gemeinde Weißenbach gehörende Weiler Gaicht, 1117 m, ihm gegenüber am jenseitigen Talhang der zu Nesselwängle gehörende Weiler Rauth, 1140 m. Nesselwängle selbst, 1136 m, ist ein in allen Jahreszeiten gern besuchter Erholungs-, Bergsport- und Wintersportort; knapp 450 Einwohner, etwa 1070 Gastbetten, Verkehrsamt mit Leihbücherei, Sportcenter, sommersüber Sesselbahn zur Krinnealp, 1550 m, im 2 km entfernten Haldensee, 1124 m, Schwimmbad, Rudern, Segeln, Surfen. Bergrettungsdienst: Arnolf Schuster, 6672 Nesselwängle 8, Tel. 05675/6429. In den unmittelbar überm Ort aufragenden Bergen der Tannheimer Gruppe schier unerschöpfliche Tourenmöglichkeiten aller Schwierigkeitsgrade. Der Talboden der Nesselwängler Ache ist ebenso wie das vom Weißenbach durchflossene Birkental ein Wanderparadies. Im Winter Skischule, 4 Skilifte und Anschluß an die Tannheimer-Tal-Loipe (50 km), Eisbahn, Schlittenfahrten. Das heutige Dorfbild ist aus zwei schweren Schicksalsschlägen erwachsen: den Dorfbränden von 1882 und 1883, die das alte, aus Holzhäusern bestehende Dorf, darunter auch die barocke Pfarrkirche von 1712ff. größtenteils zerstört hatten. Die Weiterfahrt zum Haldensee führt uns durch den unmittelbar am O-Ende gelegenen, noch zu Nesselwängle gehörenden Weiler Haller (Kapelle 1736/7 mit Altar von 1641). 4 km westl. von Nesselwängle nimmt uns der zur Gemeinde Grän gehörende Ortsteil Haldensee, 1130 m, auf (reizvolle Umrundung des Sees auf Kfz-freien Fußwegen).

● 88 **Grän**, 1138 m

1 km nordwestl. vom Dorf Haldensee, bau- und entwicklungsfreudiges Pfarrdorf in sonniger Hügellage, 484 Einwohner, 1760 Gästebetten. Der Ort wird in den warmen Jahreszeiten ebenso gern besucht wie im Winter; er ist vom Durchgangsverkehr verschont. Verkehrsamt, Gendarmerie (fürs ganze Tal), Campingplätze im Ortsteil Haldensee (Sommer) und in Grän selbst (gj.), Doppelsesselbahn (die längste Europas; Förd. 500 Pers./Std.) aufs Füssener Jöchle, 1818 m, Freischwimmbad und öffentl. Hallenbad im Ortsteil Haldensee. Wintersüber großartiges Höhen-Skigebiet ums Füssener Jöchle, Skischule, 7 Schlepplifte, Skikindergarten, Wildfütterung beim Ortsteil Lumberg.
Größter Beachtung wert ist die Gräner Pfarrkirche im schönstgelegenen Friedhof des Tales auf einem Hügel inmitten des Orts.
Grän ist Ausgangspunkt für Bergfahrten und Wanderungen in alle Himmelsrichtungen, insbesondere: in das beim Ortsteil Enge beginnende Tal der nach Pfronten fließenden Steinacher Ache (Fußweg und Kfz-Straße) — in die Bergwelt des Strindenbachtals (R 289) — und ins hochalpine Wandergebiet ums Füssener Jöchle (R 264).

● 89 **Tannheim**, 1097 m

Der urkundlich 1377 erstmals erwähnte Hauptort des Tales 3 km südwestl. von Grän, mit den in die südl. Talweitung gestreuten Außenorten Kienzen, Wiesle, Bichl, Bogen und Schmieden und mit den an den rechtsufrigen Sonnenhang gelehnten Dörflein Kienzerle, Untergschwend, Berg und Innergschwend ist beliebt als Erholungsort, Sommerfrische und Wintersportort; 800 Einwohner.
Tannheim ist Sitz des Fremdenverkehrsverbandes Tannheimer Tal und verfügt über Kath. Pfarramt, Banken, Postamt, Arzt mit Hausapotheke (Zahnarzt in Reutte, Pfronten oder Hindelang), Tankstellen und Kfz-Werkstatt. Das architektonisch glücklich gestaltete

Dorfzentrum schart sich um die stattliche Pfarrkirche (1722/25). Der Gast findet Tennis-Freiplätze, eine Tennishalle, Minigolf, Sportzentrum mit Kegelbahnen, Hallenbad, Sauna, Solarium, Schießstand, Fahrradverleih, 110 km ebene Wanderwege, Bus-Ausflugsfahrten in alle Richtungen, Unterhaltungsabende aller Art, sommersüber Rudern im Vilsalpsee, bei Schlechtwetter Bastelstube, Bauernmalkurs und Leihbücherei. Im Winter Skischule, Skikindergarten, 50 km Tannheimer-Tal-Loipe, hiervon 15 km Rundkurs Vilsalpsee, Wildfütterung am Höfersee, Schlittenfahrten, Eislauf, Tourenskilauf unter Führung, weiträumiges Skiabfahrtsgelände mit 6 Schleppliften (Halbtags- und Tages-, aber auch 3 bis 21-Tage-Skipaß und auch Einzelfahrten) für sämtliche Liftanlagen des Tannheimer Tals (26 000 Pers./Std.). Alljährliches Polarhunde-Schlittenrennen! Bergrettungsdienst: Robert Zoller, 6675 Tannheim — Innergschwend 4, Tel. 0 56 75/63 66. Die besondere Attraktion Tannheims sind die beiden das ganze Jahr hindurch betriebenen Sesselbahnen (I. 1173—1554 m, und II. 1555—1792 m) aufs Neunerköpfl. Das engere Ausflugsgebiet um Tannheim herum ist vielseitig: im S lockt der Vilsalpsee (s. Farbfoto S. 49) mit seinem alpin recht anspruchsvollen Gebirgsrahmen. Die ihm entströmende junge Vils erhält aus dem kurzen Usserntal Zulauf. Das vom Geißhorn herabkommende Tal des Roßbachs wetteifert mit dem benachbarten, vom Zirleseck, 1872 m, abfließenden Älpeletal an stiller Schönheit, der verschwiegene Höfersee, 1185 m, ist selbst für Bequeme ein müheloses Ziel, während der Ausflugsbereich in den steilen nördl. Talflanken höhere Ansprüche stellt.
Von ganz besonderem Reiz sind die Spaziergänge durch die in die S-Hänge des Einsteinmassivs hineingeschmiegten Wiesenhänge nördl. des Flußlaufs Berger Ache/Vils zwischen Grän und Zöblen. Dabei lernen wir die teilweise noch erfreulich urwüchsigen Dörflein (von O nach W) Innergschwend, 1097 m, Berg, 1100 m, und Untergschwend, 1095 m, kennen.

● 90 **Zöblen,** 1087 m

3 km westnordwestl. von Tannheim an die steilen Wiesenhänge der zur Gemeinde gehörenden Weiler Unter- und Oberhalde, 1304 m, gelehnt (letzterer ist die höchstgelegene Dauersiedlung im Tannheimer Tal und mit einer dementsprechend großartigen Aussichtslage gesegnet), hofft wie sein Leidensgenosse Nesselwängle im O, eines Tages von der Ortsdurchfahrt der Bundesstraße befreit zu werden. Hier wie dort allerdings entdeckt der findige Gast Umgehungsfußwege, die ihm ungestörten Genuß der herrlichen Landschaft ermög-

lichen! Zu allen Jahreszeiten gern besuchter Erholungsort mit noch intakter Landwirtschaft. Mit 210 Einwohnern bei 410 Gastbetten ist Zöblen die kleinste Tannheimer Talgemeinde. Kirche (nach Brand 1832 wieder aufgebaut), Verkehrsamt und Gemeindeamt am rechten Vilsufer, Kfz-Werkstatt nebst Tankstelle im Ortsteil Katzensteig am linker Ufer unterhalb der Mündung des vom Zirleseck herabfließenden Pontenbachs prägen das Dorfbild, zu dem auch ein kleines Wildgatter mit Hirschen und Steinböcken gehört. Wintersüber schönes Skigelände am gegenüberliegenden Schattenhang mit 3 Skiliften und Anschluß an den Schattwalder Skizirkus wie an die Tannheimer-Tal-Loipe (50 km), Wildfütterung.

● 91 **Schattwald,** 1080 m

Die grenznächste der 5 Tannheimer Talgemeinden mit ihren 6 Außenorten: Fricken, Wies und Kappl am rechten und Steig, Vilsrein und Rehbach am linken Vilsufer, 1,5 km nordwestl. von Zöblen über der Einmündung des vom Ponten, 2045 m, herabkommenden Stuibenbachs. Knapp 400 Einwohner, etwa 700 Gastbetten, Verkehrsamt, Post, Bank und Tankstelle, wintersüber großartiges Skigelände in den oben genannten Seitentälern mit einem bis knapp 1600 m hinaufreichenden Schlepplift am Kühgundkopf und 2 weiteren Skiliften, Skischule und Skikindergarten, Schlittenfahrten, Anschluß an die Tannheimer-Tal-Loipe (50 km), Wildfütterung.
Die rechtsufrigen Außenorte erfreuen sich ihrer dem Strom der Bundesstraße entrückten Abgeschiedenheit am Sonnenhang. Hier ist die Tannheimer Talsiedlung am bodenständigsten erhalten. Ihre Steilmähder sind ein beredter Beweis für die Schwierigkeiten und Gefahren bei der bäuerlichen Grünlandwirtschaft auch (oder: gerade) im Zeitalter der Maschinen.
Die zwischen Kappl und Wies gelegene Pfarrkirche Schattwalds betreut zugleich die Gemeinden Zöblen und Nesselwängle. Die bis ins Jahr 1500 zurückgehende, 1756 neu aufgebaute und 1863 vergrößterte Kirche entspricht in ihrer Ausstattung dem stilistischen Misch-Stil des 19. Jh. Schattwalds Ausflugsgebiet ist vielseitig. Wegen der Grenznähe seiner westl. Umgebung empfiehlt sich die Beachtung der grenz- und zollpolizeilichen Vorschriften: im S das Gebiet im oberen Stuiben- und Pontental, im N das reizvolle Waldgebirge in den Flanken des Schönkahler, 1689 m, an dessen W-Rand wir im Ortsteil Rehbach, 1072 m, Station machen können. (Vor einem Wechsel von dort aus an der Vils entlang und der Überschreitung der Bundesgrenze Richtung Pfronten vorherige Erkundigung beim Zollamt Vilsrain / Schattwald ratsam).

13. Das alpine Lechtal

● 92 Die linken Seitentäler des Lechs

Die zwischen Hochkrumbach und Reutte dem linken Ufer des Lechs zufließenden Bäche, ihre Täler und Berge gehören zu den Allgäuer Alpen, auch wenn sie politisch als Bestandteile der Bezirkshauptmannschaft Reutte Tiroler, also österreichisches Gebiet sind. Die für den Touristen wichtigsten dieser Täler besuchen wir der Reihe nach, vom Talboden des Lech ausgehend, entgegen seiner Flußrichtung. Die von Seitentälern durchzogenen S- und O-Flanken des Allgäuer Hauptkamms und seiner Nebenkämme sind — ganz grob gesehen — von Warth bis Weißenbach Domäne des bei der Gebirgsbildung (s. I, 3) von S her aufs Allgäuer Muttergestein (Lias-Fleckenmergel) aufgeschobenen Dolomits. Die geradezu dramatische Schönheit dieses Landschaftsbildes bewundern wir insbesondere in der 15 km langen Hornbachkette und in der einsamen, an die Dolomiten erinnernden Roßkargruppe. Postbus Reutte — Warth — Lech. Bergrettungsdienst Außerfern in 6600 Reutte, Kög 57, Tel. 0 56 72 / 35 86 oder 24 71-19.

● 93 Eingang ins alpine Lechtal

An der Ulrichsbrücke, etwas oberhalb des Zusammenflusses von Vils und Lech, betreten wir das alpine Lechtal (1,5 km), um Musau, 818 m, 328 Einwohner, den Talort für das vom Sababach durchflossene Reintal, kennen zu lernen. Das Reintal beginnt unterm Reintaljoch, 1846 m, und wetteifert an eindrucksvoller hochalpiner Schönheit mit dem Hornbachtal (R 97).

● 94 Lechaschau, 846 m

Langgezogenes Straßendorf gegenüber dem rechtsufrigen Markt Reutte (Gerichtsort und Bezirkshauptmannschaft fürs gesamte Außerfern, dem das Tiroler Lechtal zugehört). Reutte selbst und die am rechten Lechufer liegenden Ortschaften können in diesem Führer nicht näher dargestellt werden, da sie außerhalb des Führerbereichs liegen. Näheres hierüber siehe *Kleiner Führer Lechtaler Alpen* und *Alpenvereinsführer Lechtaler Alpen,* Bergverlag R. Rother. Lechaschau, dessen Ursprung bis ins 8. Jh. zurückgeht, bildete bis 1609 mit den heutigen Gemeinden Wängle, Höfen, Weißenbach und Vorderhornbach einen geschlossenen Verwaltungs- und Gerichts-, Wirtschafts- und Seelsorgeverband unter der Bezeichnung „Niedergericht Aschau“ mit dem Gerichtsort Lechaschau und mit der Pfar-

rei Wängle. Das heutige Lechaschau, knapp 1600 Einwohner (knapp 600 Gastbetten), Kfz-Werkstatt, Tennis, Ferien im Bauernhof, Grundschule, ist — durch die Lechbrücke mit dem Bezirks-Hauptort unmittelbar verbunden — ganz auf Reutte ausgerichtet. Die spätmittelalterliche Pfarrkirche wurde 1892 vergrößert und modernisiert. Wintersüber 2 Skilifte, Skischule, 13 km Loipen.
Lechaschau benachbart, jedoch abseits der vielbefahrenen Bundesstraße, liegt das entzückende Dorf Wängle, 883 m, knapp 700 Einwohner, etwa 800 Gastbetten. Skischule, Skilift, 8 km Loipen. Neben Breitenwang (heute Ortsteil von Reutte) ist Wängle die älteste Siedlung im Außerfern. Die bis ins 9. Jh. zurückgehende Pfarrei präsentiert sich mit einem hochbarocken Kirchen-Neubau (1702/04, prächtige Ausstattung).
Lechaschau ist auf stillen Wegen in 1½ Std. (6 km) von Musau zu erreichen.
Wängle wie Lechaschau sind Ausgangspunkte für den nordwestl. in den Wäldern versteckt liegenden Frauensee, 978 m, und seine herrliche, durch Forststraßen erschlossene Umgebung.
Knapp 2 km südl. von Wängle liegt das stattliche Dorf Höfen, 868 m, 1033 Einwohner, etwa 900 Gastbetten, bekannt geworden als Talstation der zum Hahnenkamm hinaufführenden Reuttener Bergbahn (Kabinen), die dem Wanderer und Bergsteiger das weitausgedehnte Alpgelände zwischen Gehrenjoch und Gachtspitze eröffnet. Höfen führt ebenso wie Sonthofen im Oberallgäu die Flachsblüte im Wappen — Sinnbild für die hier jahrhundertelang betriebene Flachsrösterei und -brecherei (Vorgänger der Reuttener Textilfabriken). Der Höfener Flugplatz dient den motorisierten Sportfliegern und den Segelfliegern. Wintersüber: Skischule, 4 Skilifte, Rodeln, 10 km Loipen. Im übrigen: Grundschule, 2 Tankstellen. Das Dorfkirchlein von 1692 ist sehenswert.

● 95 **Weißenbach,** 885 m

Langgezogenes, zu allen Jahreszeiten als Erholungsort gern besuchtes Dorf 4,5 km südwestl. von Höfen, nördl. der Bundesstraße, 1100 Einwohner etwa 900 Gastbetten. Freischwimmbad, Kfz-Werkstatt und Tankstelle, Bergrettungsdienst, Gendarmeriestation, Arzt, Pfarramt. Zur Gemeinde Weißenbach gehört auch das hoch darüber liegende Dörflein Gaicht, 1117 m, am Ostrand des Tannheimer Tals, ein köstliches Refugium der Stille (Reiterhof).
Wintersüber: Skischule, Schlepplift am Ort, Eisbahn und 23 km Loipen. Sehenswerte Pfarrkirche (1734ff., Ausstattung vorwiegend 19. Jh.). Das Ausflugsgebiet von Weißenbach liegt nicht nur in dem

hier mündenden Birkental mit Übergang zur Landsberger Hütte (R 287 f.), sondern auch jenseits des Lechs im Rotlechtal. (S. hierzu *AVF* und *Kleiner Führer Lechtaler Alpen*, Bergverlag R. Rother.)

● 96 **Vorderhornbach,** 974 m

2,5 km oberhalb von Weißenbach wechseln wir das Lechufer über die Johannesbrücke, um vorbei an Forchach, 910 m, und Stanzach, 939 m, hier wieder ans linke Ufer zurückkehrend, nach Vorderhornbach (8,5 km ab Johannesbrücke) zu gelangen. Dieses abseits des großen Straßenverkehrs liegende Sommerfrischendorf ist Ausgangspunkt für zwei Allgäutäler besonderer Prägung: Zunächst für das 5 km unterhalb von Hornbach in den Lech mündende Schwarzwassertal (nicht zu verwechseln mit dem Walser Tal gleichen Namens (R 3). Es ist zwischen die einsame Roßkargruppe (S) und die S-Abstürze des Lailachkammes nebst ihrer Fortsetzung im Allgäuer Jubiläumsweg (N) eingebettet. Sein Hauptquellbereich liegt unter der Hochvogel-N-Wand; wir finden nur in seinen oberen Regionen einige Alphütten, dann aber versinkt das Tal in unergründlichem Hochwald. Im gesamten Talbereich gibt es weder eine Siedlung noch eine Unterkunftshütte.
Wesentlich kontaktfreudiger ist das zweite, unmittelbar östl. von Vorderhornbach in den Lech mündende, vom wasserreichen Hornbach durchströmte Tal gleichen Namens.
Vorderhornbach (etwa 270 Einwohner, etwa 500 Gastbetten), von Kaiser Maximilian I. in seinem Jagdbuch um 1500 rühmlich als „herberg dörfl Hornpach“ erwähnt, erfreut sich hochentwickelter Land- und Forstwirtschaft, aber auch zunehmenden Fremdenverkehrs (Freischwimmbad, Camping, Minigolf, Skischule, 2 Skilifte). Die 1752 erbaute Kirche wurde nach ihrer Zerstörung durch Brand 1945 in den Folgejahren auf den alten Grundmauern neu errichtet. Bergrettungsdienst: Adolf Franzelin, 6642 Stanzach 117, Tel. 0 56 32 / 275. Hauptausflugsziel ist das landschaftlich großartige Hornbachtal.

● 97 **Das Hornbachtal**

Eingerahmt von den S-Abstürzen der wilden Roßkargruppe und des vom Hochvogel bis zu den Krottenspitzen ziehenden Allgäuer Hauptkamms schenkt es uns auf Schritt und Tritt hochalpine Bilder an Großartigkeit, die von keinem anderen der Allgäuer Hochgebirgstäler erreicht wird. Nach 6 km taucht das Kirchlein (1761, spätbarocke Ausstattung) des langgezogenen, hoch in die Hochvogel-S-Hänge hinaufsteigenden Dorfes Hinterhornbach,

1130 m, 93 Einwohner, 180 Gastbetten, vor uns auf. Skilift, 3 km Loipen. Am oberen Dorfrand Kfz-Ende. Prächtiges hochalpines Wandergelände bis in die hintersten Talwinkel. Der Talgrund des von seinen Quellen bis zur Mündung in den Lech rund 16 km langen Tals teilen sich der vom Hornbachjoch (R 357) herabkommende, oberhalb des Dorfs in den Hornbach mündende Jochbach und der mit einem vielfältigen Quellsystem ausgestattete Hornbach selbst. Die Gipfelwelt rings um Hinterhornbach ist, von wenigen Ausnahmen abgesehen (R 516 ff.) dem erfahrenen Bergsteiger vorbehalten. Bergrettungsdienst im Dorf.
Nach Vorderhornbach zurückkehrend nehmen wir noch wahr, daß sich der ins Schwarzwassertal führende linksufrige Forstweg als Kfz-freier Fahrweg bis zur Johannesbrücke fortsetzt.

• 98 **Häselgehr,** 1006 m

Dorthin gelangen wir über den zu Vorderhornbach gehörenden Weiler Martinau, 956 m, hinter dem wir wieder zur Bundesstraße am rechten Lechufer zurückkehren. Sie bringt uns über Elmen, 976 m, Talort des zu den Lechtaler Alpen gehörenden Bschlaber Tals (jenseits der Lechbrücke der Weiler Klimm) und Häternach, Talort des ebenfalls zu den Lechtaler Alpen gehörenden Gramaiser Tals, ans linke Lechufer zurückkehrend, ins lang ausgestreckte Dorf Häselgehr, 1006 m, 8,5 km ab Hinterhornbach. 670 Einwohner, etwa 600 Gastbetten, aufblühender Fremdenverkehr: Freischwimmbad, Minigolf, Reitsport, Jugendherberge, Bergrettungsdienst, Bergsteigerschule, Camping, Kfz-Werkstatt und Tankstelle. Wintersüber: Skischule, 2 Skilifte, Eisbahn, Rodeln, 2 Loipen (15 km).
Pfarrkirche: Neubau 1720, 1803 völlig umgebaut.
Häselgehr ist Talort für das kurze und steile, vom Bretterspitzmassiv, 2608 m, herunterkommende Haglertal (R 404).

• 99 **Elbigenalp,** 1039 m

4,5 km südwestl. von Häselgehr, stattliches, an den Sonnenhang gelehntes und vom Kfz weitgehend verschontes Pfarrdorf, zu allen Jahreszeiten gern besucht (711 Einwohner, etwa 1000 Gastbetten). Arzt, Zahnarzt, Heimatmuseum, Freischwimmbad, Tennis, Reitsport, Bergrettungsdienst, Gendarmeriestation, Bergsteigerschule, Holzschnitzschule. Skischule, 5 Skilifte, Rodeln, 18 km Loipen.
Elbigenalp ist die älteste Pfarrei des Tiroler Lechtals: erster Kirchenbau 1399. Die heutige Pfarrkirche wurde 1664 ff. erbaut,

Innenausstattung spätes 19. Jh. (bis auf die spätbarocken Nebenaltäre). Im ehemaligen Beinhaus (1489) Fresken (um 1498) und ein bemerkenswerter Totentanz (1840). Holzschnitzschule!
Elbigenalp ist Ausgangsort für das aus dem Hermannskar (Krottenkopfgruppe) abfließende Bernhardstal und seine beiderseits köstliche Höhenwanderungen darbietenden (R 406) Flanken, außerdem Talort für die Hermann-von-Barth-Hütte des DAV, (R 295 ff.). Bergrettungsdienst: Erwin Vonier, 6652 Elbigenalp-Griessau 34, Tel. 0 56 34 / 62 12.

● 100 **Bach,** 1066 m

Ein am rechten Lechufer auf Schwemmland des Alperschonbachs angesiedeltes stattliches Dorf, 675 Einwohner, etwa 1000 Gastbetten, Kfz-Werkstatt, Tankstelle, Ausgangsort für das den Lechtaler Alpen zugehörende Madautal.
Nach Bach gelangt man über die zu Elbigenalp gehörenden Außenorte Unter- und Obergiblen (letzteres Heimat des berühmten Landschaftsmalers Josef Anton Koch (1769—1839).
Vor der nach Bach hinüberführenden Lechbrücke zweigt unterhalb der überm linken Ufer stehenden Dorfkirche eine zum Weiler Seesumpf / Benglerwald, 1181 m, hinaufführende Straße ab, die uns zur Talstation, 1216 m, der auf die Alpterrasse, 1768 m, unterhalb der Jöchlespitze, 2226 m, ziehenden Sesselbahn bringt. Sie erschließt das hochalpine Ausflugsgelände hinüber zum Bernhardseck, aber auch den Übergang übers Östl. Mädelejoch (R 360) zur Kemptner Hütte des DAV.
Fußwanderern steht für die gesamte Strecke zwischen Martinau und Bach ein teils am linken, teils am rechten Lechufer führender Kfz-freier Fußweg zur Verfügung.

● 101 **Holzgau,** 1114 m

Der von der Pfarrkirche (Neubau 1858 ff. als Nachfolger der Urkirche von 1401 und der Barockkirche des 17. Jh.) erhöhte Ortskern überrascht uns mit einigen freskenverzierten Bauernhäusern aus dem 18. Jh. Sommers wie winters gern besucht, präsentiert sich das um den Abfluß des Höhenbachtals aus dem Mädelegabelgebiet gescharte Dorf mit 415 Einwohnern und etwa 850 Gastbetten. Der Ort liegt 5,5 km lechaufwärts von Bach. Man erreicht ihn von Bach kommend über Stockach, 1070 m, wo von S her der Sulzlbach in den Lech mündet. Arzt und Heimatmuseum, Freischwimmbad, Minigolf, Bergrettungsdienst und Tankstelle, Skischule, 3 Skilifte, Rodeln und

7 km Loipe. Bergrettungsdienst: Ignaz Korber, 6654 Holzgau 100, Tel. 0 56 33 / 52 60.
Holzgau ist Ausgangspunkt für den Übergang nach Oberstdorf durchs Höhenbachtal und für den Tourenbereich in dessen Talgründen, insbesondere des vom Hohen Licht, 2651 m, herabkommenden Schochenalpbachs. Auf dem Weg dorthin bewundern wir den sich 1 km nördl. von Holzgau durch eine Schlucht des Höhenbachtals zwängenden Simms-Wasserfall, wohl der bedeutendste auf den gesamten Sonnseiten des Lechtals. 4,5 km südwestl. von Holzgau liegt das Reihendorf Hägerau, 1107 m (spätbarocke Fassadenmalereien und ein Kirchlein von 1729 mit spätbarocker Innenausstattung).

● 102 **Steeg,** 1124 m

Der Ort liegt an der Einmündung des aus den Lechtaler Alpen abfließenden Kaiserbachs beiderseits des Lechufers ausgebreitet (660 Einwohner, etwa 1100 Gastbetten) und ist allseits von Gipfeln bis 2553 m Höhe umgeben. Hallenbad, Bergführer, Bergrettungsdienst, 2 Skilifte, Rodeln, Eisbahn und 12 km Loipen. Bergrettungsdienst: Johann Walch, 6655 Steeg, Dickenau 13, Tel. 0 56 33 / 53 38.
Steegs Sonnenbalkon ist der 1350 m hoch in den S-Hängen der Ellbognerspitze, 2553 m, liegende Weiler Oberellenbogen, 1350 m. Im übrigen ist Steeg hauptsächlich auf das weiträumige Ausflugsgelände im Kaisertal ausgerichtet.

● 103 **Lechleiten,** 1539 m

Die Siedlung erfreut sich dank ihrer Südhanglage hoch über der Lechschlucht einer im gesamten Lechtalbereich unübertroffenen Sonnenscheindauer. Sie liegt rund 9 km westnordwestl. von Steeg. Konnten wir uns als Fußwanderer auch zwischen Bach und Steeg noch der Möglichkeit erfreuen, abseits der Bundesstraße auf Kfz-freien Wegen ins hintere Lechtal vorzudringen, ist damit ab Steeg leider ein Ende. Das unwegsame Schluchtgelände beiderseits des Lechs zwischen Steeg und Warth wurde in den letzten Jahren mit einer großzügig ausgebauten, weitgehend lawinensicheren Straße gebändigt. Unterwegs passieren wir noch den Ausgang des Hochalptals, das den Übergang zur Rappenseehütte des DAV vermittelt (R 168 f.), dann aber, rings um Lechleiten, erwartet uns wieder ein Tummelplatz für Wanderer mit mehreren Übergangsmöglichkeiten ins Rappenalptal (R 9) und somit nach Oberstdorf. Kaum 1 km Luftlinie südwestl. von Lechleiten entfernt erwartet uns die tirolisch / Vorarlberger Landesgrenze.

14. Immenstadt und Umgebung

● 104 **Immenstadt,** 729 m

Obwohl an Einwohnerzahl von Sonthofen weit überflügelt, ist und bleibt das auf eine sensationelle Vergangenheit zurückblickende industriereiche Immenstadt, 731 m, fürs ganze Oberallgäu das „Städtle". Eins hat es der jüngeren Nachbarstadt gewiß voraus: die unmittelbare Nachbarschaft zum Großen Alpsee, 724 m, 23 m tief und mit 2,5 qkm größter See im Oberallgäu (vor Grüntensee mit 1,7 qkm und Niedersonthofner See mit 1,5 qkm). Seitdem heißt der aus der Kalzhofener Hügelwelt kommende und die beiden Alpseen östl. durchfließende Bach Konstanzer Ache. Das Stadtbild Immenstadts bestimmt im Zentrum die eindrucksvolle Pfarrkirche, 1626 ff. auf den Fundamenten der 1484 und 1530 abgebrannten Vorgängerinnen neu erbaut, 1704 erneut abgebrannt, 1707 Neubau und 1907/08 wesentlich erweitert. Besondere Kostbarkeit: Madonna aus der Multscher-Schule um 1470. Ev. Stadtpfarrkirche 1861/62. — Zweites wesentliches Baudenkmal Immenstadts ist das in mehreren Epochen erbaute Schloß (ehemals Sitz der Grafen Königsegg), das den Marktplatz beherrscht (1550, 1604 ff., um 1700 und 1746 ff.). Als Spur früherer Adelsherrschaft ist außer den Resten der Ruine Rothenfels, 853 m, 1 km nordwestl. der Stadt, nur die teilrenovierte Ruine Laubenberg-Stein (13. Jh.) 1,5 km nordöstl. der Stadt geblieben.

Das heutige Immenstadt präsentiert sich als Empfangsdame für den Eintritt ins alpine Illertal (etwa 14 000 Einwohner). Im übrigen gibt es so ziemlich alles, was der Gast erwarten kann: Heimatmuseum, Freischwimmbad, Hallenbad, alle Arten von Wassersport, Tennis, Minigolf, 2 Sesselbahnen, Bergrettungsdienst (0 83 23 / 22 22). Gendarmerie, Camping, Kfz-Werkstätten, Tankstellen; Skischulen, 10 Skilifte, Rodeln, 7 Loipen mit insgesamt 60 km, vorwiegend im dafür großartig geeigneten Bergstatt-Gebiet.

● 105 **Immenstadts Wandergebiet**

konzentriert sich nicht allein auf den Raum um den Großen Alpsee im W der Stadt (R 107), sondern umfaßt die ausgedehnte Hügelwelt der „Bergstätte" (R 106), das sich im südl. Stadtrand verlaufende Steigbachtal und seine Randhöhen, aber auch den sich jenseits der Iller um das idyllische Dörfchen Rauhenzell ausbreitenden, aus Flußauen und Wald gemischten Raum.

In Rauhenzell überrascht uns die bis ins 13. Jh. zurückgehende Kirche mit ihrer stilreinen Barockausstattung (um 1700) ebenso wie das 1555 erbaute (als Privateigentum nicht zugängliche) Schloß und dessen Vorgänger, die nur noch in Resten erhaltene Ruine Rauhlaubenberg aus dem 13. Jh.

● 106 Die „Bergstätte"

Das Immenstädter Stadtgebiet ist infolge der am 1. 7. 1972 abgeschlossenen Landkreisreform durch Aufnahme der Bergstättgemeinden nach N hin wesentlich erweitert worden. In diesem östl. von der Kemptner Bundesstraße und nördl. vom Hauchenberg begrenzten Raum finden wir das schönste voralpine Wandergebiet, das sich eine Stadt nur wünschen kann.
Stein, 722 m, Eckarts, 757 m, Akams, 854 m, Missen, 854 m mit interessanter, ins 15. Jh. zurückreichender Pfarrkirche (Chorfresko) und Diepolz, 1037 m, sind samt den dazugehörenden zahlreichen Ortschaften, Weilern und Einöden durch ein Netz gut befahrbarer Straßen und einsamer Spazierwege miteinander verbunden. Abseits der einzigen diesen Raum durchschneidenden Straße überörtlicher Bedeutung nach Isny herrscht wohltuende Verkehrsruhe. Die Dörfer sind freundlich, baulich nicht verschandelt und landschaftlich außerordentlich schön gelegen. Man kann sich nach Belieben vom Kfz unabhängig machen und drauflos marschieren.
Besondere Glanzpunkte sind: Zaumberg, 861 m (Blick hinab zum Alpsee) — Knottenried, 1003 m (Kirche von 1275 / 1475 / 1661, Glocke von 1230) — Diepolz, 1037 m, mit Freundpolz, 1014 m (Kirche von 1275 / 1517), herrlicher freier Blick zur Zugspitze, in die Ammergauer und Allgäuer Alpen; Hauchenberg, 1243 m, ab Kirche Diepolz in ¾ Std. über Wiese und durch Wald; Stoffelberg, 1063 m, ab Freundpolz ostw. über Rieggis, 963 m, 1 Std. — Hier befinden wir uns bereits im Bereich der Großgemeinde Waltenhofen, 721 m (4,5 km südl. vom Stadtrand Kemptens), etwa 8200 Einwohner, 1300 Gastbetten. Der Ortsteil Niedersonthofen, 712 m, lockt uns zu einem Abstecher an den nach ihm benannten, 4 km langen und in der warmen Jahreszeit von Wassersportlern aller Disziplinen bevölkerten See, 704 m (Camping).
In Niedersonthofen selbst bewundern wir die wohl bedeutendste spätgotische Kirche des Landkreises (um 1515). Bemerkenswert: Hochaltar 1694 ff., das Deckenfresko (Frz. Ant. Weiß 1777) und der schöne gotische Taufstein (1475) — Eckarts, 757 m (Kirche von 1275 / 14. Jh. / 1479; schöner Blick ins Illertal) — Akams, 854 m (Kirche von 1275, 16. und 17. Jh.; herrlicher Blick in die Allgäuer Alpen). Im Winter ist das Ganze ein geradezu ideales Langlaufgelände für Ski.

Das voralpine und alpine Ausflugsgelände Immenstadts findet unter Abschn. IV (R 410 ff.) seine Würdigung.

● 107 Das Konstanzer Tal

Der Konstanzer Ache genannte, Großen und Kleinen Alpsee durchfließende und sich am N-Rand der Immenstädter Altstadt entlang zur nahen Mündung in die Iller schlängelnde Bach hat seinen Namen der um 1571 aus Konstanz in den Raum um Thalkirchdorf eingewanderten Kaufmannsfamilie Habisreutinger zu verdanken. Die Quellen dieser Ache haben wir im waldigen Hügelgelände nordöstl. von Oberstaufen zu suchen, wo sie unter den Namen Jugetbach und Tronsberger Bach zutage treten. Der dieses Quellgebiet südl. überragende Staufner Berg, 1032 m, bildet die markante Wasserscheide zwischen Schwarzem Meer (Iller / Donau) und Nordsee (Argen / Weißach / Rhein).
Bei unserer Wanderung ab Immenstadt talauf sind wir nicht auf die vielbefahrene Queralpenstraße angewiesen: am N-Ufer des Alpsees führt ein Fußweg über den Immenstädter Ortsteil Bühl (ehemaliger Wallfahrtsort) mit bemerkenswerter zweistöckiger Pfarrkirche von 1667 / 68 sowie Wallfahrtskapelle (1666 / 1716) mit bis ins 14. Jh. zurückgehenden, allerdings stark restaurierten Fresken zum Dörflein Ratholz, 732 m (überm Ort das Ausflugsgebiet der Hohenschwandalp 1000—1100 m), interessante Kapelle, und weiter durch die zu Thalkirchdorf gehörenden S-Hang-Ortschaften Wiedemannsdorf, Lamprechts und Salmas, alle an die sonnigen Flanken der Salmaser Höhe, 1254 m (R 414), geschmiegt, die zahlreiche Spaziergänge ermöglichen.
Thalkirchdorf selbst, 741 m, jenseits der Ache, empfängt uns als liebenswürdiges Sommerfrischendorf mit einer im Chor noch spätgotischen, im 18. Jh. barock umgebauten Pfarrkirche (Deckenfresken und Stuck bestes Rokoko, Madonna um 1440). Das südl. zum *Prodelkamm*, 1487 m (R 417), hinaufziehende Hinterland von Thalkirchdorf, durch die Ratholzer Sesselbahn bequem zugänglich gemacht, schenkt uns eine Fülle von bis ins Oberstaufner Gebiet reichenden Wandermöglichkeiten in der Höhenzone zwischen 1000 und 1200 m. Dorthin gelangen wir auch auf einer von Thalkirchdorf hinaufführenden Mautstraße mit Kfz. Von der durch diese Straße berührten Moosalpe, 1009 m, können wir bequem über die Hochsiedelalp, 1064 m, zur Hündlealp, 1045 m, hinüber queren, die vom Oberstaufner Ortsteil *Hinterstaufen* aus mit Sesselbahn (720 Pers. / Std.) erreichbar ist und wintersüber wie überhaupt der gesamte N-Hang zwischen Ratholzlift und Hündle ein durch mehrere

Schlepplifte erschlossenes Eldorado für Abfahrts- und Höhenlangläufer darstellt, das den Skiabfahrten im unmittelbaren Immenstädter Stadtbereich vom Mittagberg, 1451 m (Sesselbahnen und Skilifte), und vom Gschwender Horn, 1450 m (Skilifte), kaum nachsteht. Am Hündle haben wir die Wasserscheide erreicht.

15. Die Gegend um Oberstaufen

● 108 **Oberstaufen,** 791 m

bildet mit den vor der Bayerischen Gebietsreform noch selbständige Gemeinden gewesenen Ortschaften Aach, Steibis und Thalkirchdorf einen stattlichen Markt mit etwa 6500 Einwohnern. Bedeutendster Schroth-Kurort der BRD, etwa 7000 Gastbetten. Demgemäß fehlt hier nichts, was man in einem so vielgerühmten Kurort erwarten mag. Das von der Kurverwaltung herausgegebene Urlaubsmagazin berichtet bis ins Einzelne alles Wissenswerte.
Zu allen Jahreszeiten befördern uns eine Kabinenbahn und 2 Sesselbahnen hinauf in voralpine und alpine Regionen, erstere (600 Pers./Std.) aus dem Weißachtal zum Gipfelgrat des Hochgrats, 1832 m (R 314a), letztere (360 Pers./Std.) von Steibis-Ortsrand zum Imberghaus, 1218 m (R 317), und von Hinterstaufen zur Hündlealp, 1045 m (R 107). In diesen drei Ballungsgebieten, aber auch im Wiesenhügelgelände nördl. von Oberstaufen, herrscht dank insgesamt 34 Schleppliften reger Sportbetrieb, ergänzt durch 120 km Loipen im Gemeindebereich. Bergrettungsdienst (0 83 86 / 22 22) und Landpolizeiposten, Kfz-Werkstätten, Tankstellen und ein winterfester Campingplatz.
Trotz Kurort und Wintersportplatz gibt es im Oberstaufner Marktgemeindebezirk immer noch rund 400 hauptberufliche Landwirte mit nicht weniger als 160 Alpwirtschaften, die sich auf die voralpinen Höhenlagen verteilen. Das Ortsbild wird von der stattlichen kath. Pfarrkirche beherrscht, einem Neubau (1859/62) auf den Grundmauern früherer Kirchen. Der mächtige Kirchturm stammt noch aus der gotischen Epoche des Urbaus (um 1389). Moderne ev. Pfarrkirche im Kuranlagenviertel, wo wir auch das allen Ansprüchen von heute genügende Kurhaus finden.

● 109 **Oberstaufens Umgebung**

Das zwischen dem Rindalpenkamm (Hochgrat 1832 m) und dem ihm nördl. vorgelagerten Höhenzug Gschwender Horn — Prodel,

1487 m, eingezwängte waldreiche Weißachtal vermittelt den Übergang ins Immenstädter Steigbachtal (R 306) und die Bekanntschaft mit den Rahmengipfeln (R 308, 372). Unterhalb der Hochgratbahn-Talstation nimmt es das aus einem weitläufigen Alpgelände abfließende Lanzenbachtal auf, dessen Talgrund von Steibis her mit Hilfe der Imberg-Sesselbahn kreuz und quer auf guten Alpwegen erforscht werden kann. Die geräumige, vom Angerbach geteilte Terrasse von Steibis, 861 m, mit den einsamen Weilern Schindelberg und Hagspiel schenkt uns ebenso wie die am Sonnenhang jenseits der Weißach ausgebreitete Buchenegger Flur eine Fülle bequemer Ausflüge, bei denen wir auch den Weißach-Wasserfall besuchen.
Im Raum Aach, 645 m, sind unserer Bewegungsfreiheit durch die Grenznähe Schranken auferlegt. Hier empfiehlt sich vor Ausflügen Erkundigung im Zollamt. Die in Vorarlberg liegende Nachbarschaft wird unter Abschnitt 16 noch vorgestellt (R 113 ff.). In der kleinen Pfarrkirche Schutzmantelmadonna von 1460.
Landschaftlich besonders attraktiv ist der Raum ums (nicht umsonst so genannte) „Paradies“ an der Queralpenstraße mit weitem Blick in die Schweizer Berge hinein.
Das durch seine Einsamkeit geprägte Gegenstück zur Immenstädter „Bergstatt“ ist das von tiefen Tobeln zerschnittene Quellgelände der Oberen Argen, östl. begrenzt durch die von Immenstadt nach Isny, westl. durch die von Oberstaufen nach Harbatshofen / Röthenbach und nördl. durch die von Gestraz nach Maierhöfen führenden Straßen. Wer die Einsamkeit liebt, findet in diesem nur einige Weiler vorzeigenden, gegen das Tal der Konstanzer Ache vom Höhenzug Juget — Salmaser Höhe — Thaler Höhe (R 412 ff.) abgeschirmten, im W-Teil bereits dem Landkreis Lindau zugehörenden Idyll das, was er sucht. Landschaftliche Höhepunkte (außer dem genannten Höhenzug) sind: die Weiler Gerstland und Jungensberg, 875 m, mit Schlegelhalden im W, Schüttentobel und Eistobel im N, das Hintereck, 969 m, im O, der Jugetach-Tobel nebst Geratsried, Benderberg und Fernberg, 1012 m, im Zentrum und die Alpterrassen unter der Thaler Höhe im S.
Bleibt noch der schon ein wenig den warmen Hauch der Lindauer Lüfte atmende NW Oberstaufens zwischen der Oberen Argen und dem ihr zufließenden Röthenbach mit den Höhepunkten Genhofen (3 km nordwestl. von Oberstaufen): die auch äußerlich sehr wirkungsvolle Stephanskirche mit Wandmalereien ab 1567, Altären ab 1510 (Syrlin). — An kunsthistorischer Bedeutung wohl gleichrangig: das östl. jenseits der Eisenbahnlinie liegende Kirchlein im Weiler Zell mit Choraltar (1442 von Hans Strigel d. Ä. mit Seitenaltären

um 1500 — Die freundliche Wiesenhügel-Landschaft um den Hahnschenkelpaß, 892 m: Er bringt uns ins wohlhabende, mit Weiler (R 110) zu einem Markt vereinigte Dorf Simmerberg, 751 m, in dessen Pfarrkirche (1805) wir eine romanische, aus Kalkstein gehauene Madonna (1330) finden. Überm Röthenbachtobel in der Nachbarschaft finden wir die Reste der Ruine Ellhofen unweit des gleichnamigen Dorfs mit seinem markanten Kirchturm (um 1480). Damit verlassen wir den Einzugsbereich der Oberen Argen, nicht ohne uns zuvor noch vom aussichtsreich gelegenen Sommerfrischendorf Oberreute, 860 m, mit seinen 15 über Höhenzüge und Tälchen verstreuten Ortsteilen zu verabschieden (1350 Einwohner, etwa 1300 Gastbetten). Freischwimmbad, Tennis, Minigolf, Reitsport, Kfz-Werkstatt, Tankstelle, Kath. Pfarrkirche 1797/98. Skischule, Schlepplift, Rodeln, 34 km Loipen.

● 110 **Weiler,** 631 m

Von Oberreute führt ein entzückender Höhenweg über die Grenze zum Vorarlberger Ausflugsort Sulzberg, 1015 m, R 126. Hierbei streifen wir das Quellgebiet der in engem Bogen durch den Markt Weiler, 631 m, hindurchfließenden, südöstl. von Scheffau die Grenze überschreitenden und 5,5 km hinter der Grenze in die Bregenzer Ache mündenden Rotach. Weiler, mit Simmerberg (R 109) zum Markt vereinigt, begrüßt uns als ansehnlicher, auffallend pfleglich behandelter Ort, Rheuma-Heilbad, Prießnitzkuren, samt Simmerberg, 4760 Einwohner, Ärzte und Zahnärzte. Neben einem vorzüglich bestückten Heimatmuseum finden wir Freischwimmbad, Tennishalle und Freiplätze, Minigolf, Reiterhof, Jugendherberge, Camping, Kfz-Werkstätten, Tankstellen, Grenzpolizeistation, im Gesamtgebiet des Marktes rund 150 hauptberufliche Landwirte.
Folgen wir dem Lauf der Rotach nach S, dann freuen wir uns besonders an der idyllischen Wald- und Wiesen-Hügellandschaft rund um den Buchenbühl westl. der nach Bregenz führenden Straße. Des Besuchs besonders würdig: Altenburg, Ruhmühle, Leintobel, Lindenau, Bromatsreute, Scheffau, 672 m, dieses mit Pfarrkirche. (17. und 18. Jh.). Unmittelbar unterhalb Scheffau Grenzübergang Neuhaus, 599 m, nächster Weg über Langen (R 127) nach Bregenz R 128.
Ein bei Siebers (Mineralquelle) in die Rotach mündendes Bächlein führt uns hinauf zum Menschenstein, einer natürlichen (Molassefels) Fluchtburg, die schon um 500 v. Chr. den einheimischen Illyrern als Versteck diente.
Rotachaufwärts am linken Ufer zurückwandernd, statten wir der

beachtlichen Pfarrkirche in Weiler (1795 / 96) einen Besuch ab. Die aus Quellen am westl. Rand der Nachbarstadt Lindenberg entspringende Rotach steuert in weitem O-Bogen Weiler an. Auf diesem Wege suchen wir, wenn wir nach Lindenberg, 761 m, streben, den 2 km nördl. von Weiler im Wald versteckten,riesigen erratischen Block auf, den die Eiszeit hier hinterlassen hat.

● 111 **Lindenberg,** 761 m

als Hutstadt bekannt, stellt sich uns, etwa Immenstadt (R 104) vergleichbar, als regsamer Industrieort in landschaftlich bevorzugter Lage vor. Sein Nadenbergviertel (Krankenhaus) könnte ebenso wie der am Stadtrand liegende Waldsee den Neid vieler Großstädte erregen. Rund 10 000 Einwohner, Freischwimmbad, Hallenbad, Ärzte, Zahnärzte, Tennis, Minigolf, Reitsport, Kfz-Werkstätten, Tankstellen, Landpolizeistation. Skischule, Schlepplifte, 25 km Loipen, und last not least das wohl einzige Hutmuseum Deutschlands.
Die alte kath. Pfarrkirche zeigt innen den Übergang von Rokoko zu Klassizismus. Bemerkenswert: Madonna um 1510.
Auch Lindenberg hat (wie Weiler mit Scheffau / Neuhaus) einen Grenzübergang nach Vorarlberg. Er führt über den heilklimatischen Kurort und Kneippkurort Scheidegg (R 112).

● 112 **Scheidegg,** 804 m

Stattliche, mit Kureinrichtungen verschiedener Art versehene Gemeinde in aussichtsreicher Höhenlage, samt Außenort Scheffau 3700 Einwohner, etwa 2700 Gastbetten. Ärzte, Zahnärzte, ev. und kath. Pfarrkirche, letztere wohlgeratenes Beispiel einer stilistisch sauberen klassizistischen Landkirche (1798). Mehr Tradition hat die am SW-Ausgang des Ortes liegende Annakapelle (um 1500) mit interessanter St. Anna selbdritt (Anfang 16. Jh.).
Scheidegg erfreut sich zu allen Jahreszeiten des Zulaufs nicht nur der Kurgäste, sondern auch der unternehmungslustigen Ferienreisenden. Freischwimmbad, Tennishalle mit Freiplätzen, Minigolf, Reitsport, Kfz-Werkstatt und Tankstelle. Skischule, 2 Schlepplifte, Eislauf, Rodeln, 5 Loipen mit insgesamt 40 km. Das Ausflugsgebiet von Scheidegg deckt sich im S mit dem von Weiler (R 110). Der Grenzübergang bei Weienried eröffnet uns das weitgedehnte Landschaftsparadies auf dem Pfänderrücken (R 128). Nördl. der Queralpenstraße teilen sich die Ausflügler Lindenbergs und Scheideggs in das wald- und schluchtenreiche Wandergebiet in den von den Ortschaften Nadenberg, Meckatz / Heimenkirch (2 Brauereien), Opfenbach, Ruhlands (berühmte Madonna in der Sebastianskapelle, um

1480), und Niederstaufen umrissenen Raum. Dieses Gebiet gehört zum Quellbereich der südöstl. von Lindau in den Bodensee mündenden Leiblach. Ihr fließt unweit Niederstaufen der einen Halbkreis bildende Rickenbach zu. Er kommt vom Pfänderrücken nördl. von Lutzenreute und fließt vorbei am Zollamt Diethen-Weienried, dann westw. unter Scheidegg vorbei, um das einsame Dörflein Rickenbach herum und schließlich, den die Queralpenstraße tief unten in der Schlucht begleitenden Rohrachtobel bildend, zur Vereinigung mit der Leiblach.
Jenseits der Leiblach haben wir dann die letzten auf bayerischem Boden liegenden Ausläufer der Allgäuer Alpen hinter uns gelassen.

16. Im Vorarlberger Teil der Allgäuer Alpen

• 113 **Hochtannbergpaß,** 1676 m

An der über den Krumbach führenden Brücke zwischen Lechleiten und Warth hatten wir uns vom Lechtal verabschiedet (R 103). Nun betreten wir mit unserem Einzug in Warth, 1494 m, Vorarlberger Boden. Um 1300 von ausgewanderten Walsern besiedelt, stellt sich uns das über die Sonnenterrasse unterm Warther Horn, 2256 m, hingestreute Dorf heute als zu allen Jahreszeiten gern besuchter Erholungsort vor (240 Einwohner, etwa 1400 Gastbetten). Die nordhängigen, bis in die 2000-m-Zone hinaufreichenden Wiesen tragen ein durch die ganzjährig verkehrende Sesselbahn ergänztes Netz von 15 Skiliften (Skischule, 6 km Loipen, Gendarmeriestation), Bergrettungsdienst A-6767 Warth 19, Tel. 05583/89108 [Ewald Strolz]). Die Pfarrkirche ist ein neoromanischer Neubau von 1893/95, der die spätgotische Kirche von 1590ff. ersetzte. Warth ist ebenso wie Lechleiten und der jenseits des Tobels liegende Weiler Gehren Ausgangspunkt für den Übergang ins Rappenalptal und damit nach Oberstdorf (R 302), aber auch für die Besteigung des die alpine Szene beherrschenden Biberkopfs, mit 2600 m immerhin zehnthöchster Gipfel der Allgäuer Alpen (R 436).
Die Bundesstraße (ehemalige Salzstraße) führt uns vorbei am Weiler Hochkrumbach mit seiner auf einem Hügel, 1701 m, überm Ort thronenden alten Kapelle (seit 1550, Neubau 1681), einem überzeugenden Beweis für die Kultur ihrer in so unwirtlicher Einsamkeit hausenden Erbauer.
Der unter der Kapelle liegende Hochtannbergpaß, 1676 m, weist als besonderen Schmuck den Kalbelesee unmittelbar über der Paßhöhe auf. Hochbedeutsam war dieser Paß ausgangs des 13. und zu

Beginn des 14. Jh. für die Flüchtlingströme der aus dem Oberwallis (Goms) zwischen Brig und Furkapaß ausgewanderten Walliser alemannischen Ursprungs, die es satt hatten, für die pausenlosen Privatfehden der Sittener Bischöfe mit dem Walliser Kleinadel als Kriegsknechte eingespannt zu werden, obwohl sie unter den besonders schwierigen Vegetationsbedingungen in ihrer ersten Flüchtlingsheimat ohnedies genug zu leiden hatten. Am Hochtannbergpaß teilten sich die Züge: Wer nicht den Weg hinüber ins Gebiet um Lech wählte, der zog den beschwerlichen Übergang über den Hochalppaß, 1870 m, hinab ins Bärgunttal vor, womit die Besiedelung des heute nach diesen Wallisern benannten Haupttals eingeleitet war. Der den Hochtannbergpaß überragende Widderstein, 2533 m, und die beiden ihn rahmenden Pässe Hochalp und Gemstel sind Haupttourenziele (vgl. R 429, 347, 349).

● 114 **Rund um Schröcken,** 1269 m

In zahlreichen eleganten Kurven windet sich unsere Straße (wird 1988 neu trassiert), vorbei am aussichtsreichen Weiler Nesseleck, 1496 m, bergab zum Bilderbuchmuster eines Hochgebirgsdorfs namens Schröcken, 1269 m, in dessen engem, rings von Zweitausendern überhöhtem Talboden sich die Quellen der Bregenzer Ache vereinigen. Zu ihnen gehört der vom Kalbelesee abfließende Seebach, der unter den N-Wänden der Braunarlspitze, 2649 m, entspringende Fellbach und der eigentliche, aus den O-Abstürzen der Mohnenfluh, 2542 m, kommende Quellbach der unseren Weg nun bis Bregenz begleitenden Bregenzer Ache.

Dank seiner prächtigen Lage ist Schröcken (rund 220 Einwohner, etwa 500 Gastbetten) ein beliebter Erholungsort, ausgestattet mit Hallenschwimmbad, Tankstelle, für dessen Beliebtheit im Winter einige Skilifte sprechen, unter anderem auch im Gebiet des hoch überm Ort liegenden Körbersees, 1656 m. Bergrettungsdienst A-6888 Schröcken 87, Tel. 0 55 19 282 (Werner Strolz).

Um 1300 herum ebenso wie der Hochtannberg von einwandernden Wallisern besiedelt, schmückt den Talboden heute die 1864/67 als Nachfolgerin der ersten Kirche von 1639 erbaute neoromanische Pfarrkirche. Die Mühen, unter denen die auf den Steilhängen der Ortsteile Unter- und Oberschmiede, Oberboden und Schwand, beheimatete Bauern ebenso wirtschaften müssen wie die Sennen und Hirten der unter den Steilabstürzen des Heiterbergs, 2188 m, eingebetteten Alpflächen, sind schwer vorstellbar.

Die weiterhin lawinensicher und verkehrsmäßig mustergültig ausgebaute Talstraße bringt uns durch enges Schluchtgelände, vorbei an der auf weitem Wiesenboden ausgebreiteten Alpsiedlung Hopfreben 1007 m, (Kapelle 1644), Ausgangsort für den Übergang ins Kleinwalsertal, über den Üntschenpaß, 1854 m (R 348), dann wiederum durch eine enge Schlucht hinaus zum langgestreckten, behaglich in einer Talweitung liegenden stattlichen Dorf Schoppernau (9 km ab Schröcken).

● 115 Schoppernau, 852 m, und **Au,** 719 m

Überragt vom mächtigen Diedamskopf, 2090 m, und von den grasigen Steilabstürzen des Üntscheler, 2135 m, auf der Allgäuseite und vom wilden Gefels zwischen Hochkünzlspitze, 2397 m, und Zitterklapfen, 2403 m, überm linken Ufer der Bregenzer Ache offenbart Schoppernau auf den ersten Blick die schier unübersehbaren Tourenmöglichkeiten rings um seinen Talkessel. 900 Einwohner, etwa 1200 Gastbetten, Freischwimmbad, Tennis, nächste Jugendherberge in Mellau (10 km), Bergsteigerschule, dazu die knapp unter den Gipfel des Diedamskopfs führende Sesselbahn, wintersüber 5 Skilifte, Skischule, Rodeln und 20 km Loipen — um nur anzudeuten, was den Gast hier erwartet, dazu Krankenhaus und Arzt im 2,5 km benachbarten Dorf Au, 719 m, am linken Ach-Ufer (1500 Einwohner, etwa 500 Gastbetten, Freischwimmbad, Tennis, Minigolf, Camping, Tankstellen, Kfz-Werkstätten, Bergsteigerschule. Gendarmeriestation, Grund- und Hauptschule, schließlich am rechten Ufer der Bregenzer Ache im Dorfteil Jaghausen das kath. Pfarramt mit einer beachtlichen Pfarrkirche von 1494, innen vorwiegend barock ausgestattet. Die Schoppernauer Pfarrkirche erfreut sich vorwiegend stilrein spätbarocker Ausstattung und eines das Dorfbild beherrschenden wohlgeformten Zwiebelturms. Schoppernau ist, was seine Allgäuer (also die Rechtsufer-) Flanken betrifft, Ausgangsort für das weitgezogene Wandergebiet zwischen Starzeljoch, 1867 m, und Diedamskopf, 2090 m, sei es in der Alpzone um Neuhornbach, 1650 m, und Mittlere Diedamsalp, 1550 m, sei es in den leicht zugänglichen Gipfelzonen. Bergrettungsdienst A-6886 Schoppernau 274, Tel. 05515/2622 und 05518/2222 (Jodok Moosbrugger) und A-6883 Au/Argenau, Tel. 05515/2315 (Peter Fuchs). (Über die Ausflugsmöglichkeiten im gesamten Linksuferbereich zwischen Schröcken und Schoppernau s. *AVF Bregenzerwaldgebirge* von Walther Flaig, Bergverlag R. Rother).

● 116 Spaziergänge um Au

In Rehmen, 850 m, Ortsteil der jenseits der Bregenzer Ache liegenden Gemeinde Au (vgl. R 115) verlassen wir deren Tal, statten der

Rehmer Filialkirche von 1664 mit schönem Hochaltar (um 1700) einen Besuch ab und wenden uns, das Massiv des Diedamskopfs zur Rechten, am Rehmer Bach entlang nach N. Damit verlassen wir auch die Bundesstraße, unser Marsch bewegt sich bis Sibratsgfäll auf Kfz-freien Alpwegen. (Die hiedurch nötig gewordene Einschränkung unserer Bewegungsfreiheit hat ihre Ursache in der vom DAV, ÖAV und AVS am 13.12.1982 beschlossenen und im November 1983 bekanntgegebenen Neueinteilung der Ostalpen, an die die Führerautoren gebunden sind. Demnach verläuft die Grenze zwischen den Allgäuer Alpen und dem Bregenzerwaldgebirge nunmehr ab Warth bis zum Bodensee entlang des Krumbachs bis hinauf zum Hochtannbergpaß, dann entlang des Seebachs zur Einmündung in die Bregenzer Ache und nun Ach-abwärts bis zur Einmündung des Rehmer Bachs, sodann durch dessen Tal nördl. über die Stoggenalp ins Tal des Osterguntenbachs bis zu dessen Einmündung in die Subersach, nun dieser folgend bis zum Einfluß in die Bregenzer Ache nördl. von Egg und schließlich dieser entlang bis zu ihrer Mündung in den Bodensee westl. des Bregenzer Vororts Vorkloster.)

Vorbemerkung zu R 117—125:
Bergrettungsdienst A-6870 Bezau, Tel. 05514/2235 (Alwin Gobber), speziell zu R 117: Bergrettungsdienst A-6874 Bizau, Tel. 05514/2122 (Xaver Gmeiner).

● 117 Schönenbach-Vorsäß, 1025 m

Nach Überwindung des Stoggersattels, 1415 m, die Enge zwischen den nördl. Ausläufern des Diedamskopfes und dem Bezauer Hirschberg, 1834 m, durchschreitend, gelangen wir in den weiten zur Gemeinde Bezau, 650 m, gehörenden Talkessel von Schönenbach-Vorsäß, einer Anhäufung zahlreicher Alphütten mit Ghs, 3½ Std. ab Rehmen. Idealer Stützpunkt für Bergfahrten im über den Hochgerachsattel (R 117) erreichbaren Ifen- und Walsertaler Schwarzwassergebiet (R 3, 344). Mit dem heimischen Bezau, Zentralort des gesamten Hinteren Bregenzerwaldes und Gerichtsort sind wir hier durch eine mit Kfz befahrbare Mautstraße verbunden. Wir besuchen die 1697 erbaute Kapelle (im barocken Altar einige Figuren um 1500). In Schönenbach stoßen wir auf die vom Hochgerachsattel unterm Hohen Ifen, 2230 m, herabkommende Subersach, der wir nun — wenn auch bisweilen mit durch das Gelände bedingtem Respektsabstand — im wesentlichen, das rechte Ufer wählend, treu bleiben. Nach Überwindung des Hengstig-Hügels, 1121 m, betreten wir die Weideböden der Leugehr-Alpen, wo wir das Ufer wechseln, um das auf sonniger Terrasse unterm Feuerstätterkopf, 1645 m (R 421), ausgebreitete sommers wie winters gern besuchte Dörflein Sibratsgfäll zu besuchen.

● 118 **Sibratsgfäll,** 929 m

Der Ort ist Ausgangspunkt für den Grenzübergang Hirschgund — Rohrmooser Tal (R 118, 340) und für die Mittelgebirgswanderungen in dem das Subersachtal vom Tal der Balderschwanger Bolgenach trennenden Höhenzug. In Sibratsgfäll (374 Einwohner, etwa 500 Gastbetten) beginnt zwar wieder die Möglichkeit, auf Kfz-Straße Richtung Bregenz weiterzufahren. Daneben werden wir uns jedoch — soweit möglich — den Kfz-freien Wegen widmen. Die winterlichen Sibratsgfäller Skihänge erfreuen sich langer Sonnenscheindauer, 3 Schlepplifte erleichtern dem Abfahrtsläufer das Los, 23 km Loipe dienen dem Langläufer.

● 119 **Hittisau,** 790 m

Das Dorf (1650 Einwohner, etwa 1050 Gastbetten) wartet mit Arzt, Bergrettungsdienst, Gendarmeriestation, Tankstelle, Grund- und Berufsschule, mit Freischwimmbad, Tennisplatz, Reiterhof, ebenso auf wie mit Skischule, 6 Skiliften und 42 km Loipen. Der dörfliche Charakter wird durch die im Gemeindegebiet wirkenden 133 hauptberuflichen Landwirte erfreulich gewahrt. Die Hittisauer Pfarrkirche ist ein klassizistischer Neubau von 1842/45 anstelle der Urkirche von 1510. Der Ort liegt auf der freien Höhe zwischen Subersach und Bolgenach, überragt vom 1328 m hohen Hittisberg.

● 120 **Balderschwang,** 1044 m

Der Ort war bis zur Erbauung der nach Obermaiselstein/Fischen/Oberstdorf führenden Riedbergpaß-Straße, 1417 m, wirtschaftlich völlig auf den Bregenzerwald ausgerichtet, von dem aus er auch besiedelt wurde; 12,5 km ab Hittisau. Heute ist Balderschwang mit 560 Einwohnern, die sich auf 12 weit auseinandergezogene Siedlungen verteilen, ein zu allen Jahreszeiten gern besuchter Erholungs- und Wintersportort (1060 Gastbetten). 3 Hotelhallenbäder, Tennis, Skischule, 7 Skilifte, 35 km Loipen, Bergrettungsdienst (0 83 28 / 110). Die günstigen Schneeverhältnisse haben dieser höchstgelegenen Gemeinde Bayerns den rühmenden Beinamen „Bayerisch-Sibirien“ eingebracht.
Balderschwang ist Zentrum eines weitgezogenen Ausflugsgebiets im stark bewaldeten Mittelgebirgsbereich zwischen Riedberger Horn — Siplinger — Stillbergkamm im N und dem Hochschelpen-

Feuerstätterkopf-Massiv im S der Bolgenach (R 421), um aus der Unzahl der seinen Talboden einrahmenden Gipfel (bis 1787 m Höhe) nur die markantesten hervorzuheben.

● 121 **Das Lecknertal**

Wichtigstes Seitental der Bolgenach. Das Sträßlein bringt uns durch den zu Hittisau gehörenden Weiler Reute (Kapelle mit Chor 17. Jh., Hauptaltar von 1660) zum einsam gelegenen Lecknersee, 1027 m (Ghs.). Seine Talweitung ist nördl. von den mit Alphütten reichlich bestückten Sonnseiten des nach W auslaufenden Rindalpenkammes, (R 418) und südl. von den waldreichen N-Flanken des Stillbergkammes (R 423) eingerahmt. Unmittelbar östl. des Lecknersees überschreiten wir die Bundesgrenze (Ausweis!), links geht es hinauf zum Staufner Haus des DAV (R 312 ff.), geradeaus zur Scheidwangalpe, 1317 m, und damit zum Endpunkt der von Sonthofen / Gunzesried heraufführenden Mautstraße (R 44).

● 122 **Riefensberg,** 781 m

In Hittisau teilen sich die Wege: die nach Bregenz führende Hauptstraße führt zunächst nach Krumbach (R 123), die nach Lingenau führende Straße (R 125) führt über Alberschwende nach Dornbirn und die nach N gerichtete Straße endet in Oberstaufen. Die letztere bringt uns über die landschaftlich entzückenden W-Ausläufer des Hochhädrich-Massivs, 1566 m, zunächst den Bolgenach-Stausee links unter uns, dann hoch überm Bolgenachtal zum (6,5 km) Dörflein Riefensberg, (940 Einwohner etwa 600 Gastbetten). Reitsport, Fitneß-Parcours, Jugendherberge, Kfz-Werkstatt, Tankstelle, Camping, Grundschule, Skischule, 9 Skilifte, Rodeln, 34 km Loipen.
Die Pfarrkirche blickt auf lange Tradition zurück — Ursprung 1249, heutige Kirche (Erweiterungsbau der seit 1426 stehenden Vorgängerin) 1818 ff. 2 km nördl. von Riefensberg Grenzübergang nach Aach / Oberstaufen (R 109).

● 123 **Krumbach,** 732 m

Zurückgekehrt nach Hittisau wählen wir nun die am linken Bolgenach-Ufer nach Krumbach, 820 Einwohner (4 km), führende Straße. Auch hier empfängt uns ein 1802 / 03 errichteter klassizistischer Kirchenneubau auf alten Fundamenten von 1490 und 1719 ff. mit barockem Hochaltar (1720 ff.). Fremdenverkehr (etwa 400 Gastbetten), Tennis, Tankstelle, Kneippkurhaus im 4,5 km westl. am Waldrand versteckten Roßbad, 14 km Loipen abseits allen Betriebs.

Fast nahtlos zusammengewachsen mit Krumbach ist die südwestl. auf dem von Bregenzer Ache und Weißach eingerahmten Hochplateau liegende Gemeinde Langenegg.

● 124 **Langenegg,** 695 m

Weit auseinandergezogen und vom Getriebe auf den großen Straßen verschont, schmiegen sich die zahlreichen Einzelgehöfte und Weiler der 817 Einwohner zählenden, noch stark von einer gesunden Landwirtschaft geprägten Gemeinde ins idyllische, mit Waldparzellen geschmückte Wiesenhügelland, das südl. von der bewaldeten Talfurche des Bommerngrabens begrenzt ist. Über ihr thront die spätbarock ausgestattete Pfarrkirche von 1764/75. Kfz-Werkstatt, Skilift und neben Rodeln 8 km Loipen in einsamen Spuren.

● 125 **Lingenau,** 685 m

Knapp 100 m über dem dicht bewaldeten Tobelgelände der Subersach thront das Dorf Lingenau, 1400 Einwohner . Arzt, Zahnarzt, Hallenbad, Jugendgästehaus, Camping, Kfz-Werkstatt, Tankstelle, Skischule, Skilift, 10 km Loipen. Die mittelalterliche Kirche (1465 ff.) wurde nach Brand 1868 ff. durch Neubau ersetzt, neue Innenausstattung 1963. Besonders zu rühmen ist die Anna-Kapelle westl. des Ortes, ein entzückender, 1722 errichteter Zentralbau.
Lingenaus Ausflugsgebiet konzentriert sich auf die Langenegger Terrasse im N und auf das jenseits der Subersacher Ache ausgebreitete, zur Großgemeinde Egg gehörende, vielfach gegliederte stark bewaldete Vorland des Winterstaudenkammes, 1877 m, das im O-Teil um Amagmach herum ein beliebtes Skigebiet vorweist. Die den Übergang vermittelnde 358 m lange Pfeilerbrücke über die Subersach ist ein interessantes Bauwerk von 106 m Höhe und 12 m Breite, 1979—1982 errichtet. Es hat die romantische, gedeckte Holzbrücke in der Tiefe des Gschwend-Tobels aus dem Jahre 1830 abgelöst. Heute dient diese dem Wanderweg zum Flußbad in der Subersach. Ein weiteres interessantes Brückenbauwerk über die schluchtenreiche Bregenzer Ache lernen wir kennen, wenn wir Lingenau auf der nach Alberschwende führenden Straße verlassen, um alsbald über die 1965—1967 errichtete, damals als größte Stahlbeton-Bogenbrücke Europas bezeichnete Brücke Anschluß an die von Dornbirn nach Bezau/Innerer Bregenzerwald führende Bundesstraße zu erlangen (Brückenlänge 370 m, Höhe 90 m, Spannweite 210 m, Breite 10 m.) Trotz der beiden hier genannten Wunder der Technik wollen wir die aus dem Jahr 1931 stammende, westl.

zum Bahnhof hinab und nach Müselbach-Alberschwende führende, heute dem Wanderweg dienende Brücke ebensowenig vergessen, wie die oben erwähnte, gedeckte Holzbrücke über die Subersach.
Nach Krumbach (R 123) zurückkehrend lassen wir die nach Aach führende Straße, die sich unmittelbar vor der Bundesgrenze mit dem uns bekannten, von Riefensberg her kommenden Weg vereinigt, rechts und überschreiten die aus dem Oberstaufner Raum herabkommende Weißach unmittelbar vor dem Einfluß der Bolgenach.

Vorbemerkung zu R 126—134: Bergrettungsdienst A-6900 Bregenz, Tel. 00 55 74 / 32 93 75 (Ottfried Gorbach).

● 126 **Doren,** 711 m, und **Sulzberg,** 1015 m

Der Ort ist eine 200 m über der Weißach-Schlucht liegende langgezogene Straßensiedlung (gegenüber auf der Langenegg-Terrasse das Roßbad R 123) mit 862 Einwohnern, etwa 340 Gastbetten; Tennisplatz, Camping, Tankstelle, Grund- und Hauptschule, winters Skilift, 12 km Loipen, Rodeln). Die Pfarrkirche (1823 ff.) zeigt eine aufs 19. Jh. verteilte Ausstattung neben einigem Modernem.
Doren ist Ausgangspunkt für die über den Sulzberger Rücken verteilten Siedlungen, insbesondere für Sulzberg.
Mit herrlicher Aussicht über weite Gebiete des Bregenzerwaldgebirges hinweg gesegnet, begegnet uns der um die Pfarrkirche gescharte Kern Sulzbergs, den wir auf steiler Bergstraße von Doren aus erreichen, als freundliche Hotelsiedlung, um die sich in lockerem Verband beiderseits der Kammhöhe landwirtschaftliche Weiler und Gehöfte scharen (140 hauptberufliche Landwirte in der Gemeinde). 1520 Einwohner, etwa 600 Gastbetten; 2 Moorschwimmbäder, Tennis, Kfz-Werkstatt, Tankstelle, Skischule, Skilift, Rodeln und eine herrliche Höhenloipe (26 km) runden das Bild eines zu allen Jahreszeiten gern besuchten Ferienorts.
Die stattliche Sulzberger Pfarrkirche hat aus ihrer gotischen Epoche (1427 ff.) den Chor bewahrt, alles Übrige ist Neubau der im gesamten Vorderen Bregenzerwald-Raum baufreudigen Epoche nach den Freiheitskriegen (1828 ff.). Innenausstattung stilgetreu spätes 19. Jh. Interessanter ist die Leonhardskapelle am SW-Rand des Dorfes (1497, stark renoviert. Ausstattung im wesentlichen Mitte 17. Jh.).
Sulzberg ist Grenzort für den Übergang nach Oberreute / Oberstaufen (R 109) und für weiträumige Wanderungen über den sich bis Oberreute ausdehnenden 11 km langen und bis zu 5 km breiten, nach SW spitz zulaufenden Bergrücken.

● 127 **Langen,** 657 m

Wir erreichen den Ort direkt mittels der steilen und kurvenreichen Straße durch die teilweise dicht bewaldeten W-Hänge des Sulzberger Rückens, bis wir den Rotachgrund erreicht haben. Dort treffen wir auf die Fortsetzung der von uns in Doren verlassenen Hauptstraße (weiter, aber bequemer). Diese zieht einen scharfen Bogen um den SW-Ausläufer des Sulzbergrückens (250 m tiefer mündet die Weißach in die Bregenzer Ache, kurz darauf die Rotach), um bei der Vereinigung mit dem Abkürzerweg die von Lindenberg kommende Rotach (R 110f.) zu überschreiten. Zuvor können wir uns noch einen kleinen Abstecher auf selten befahrenem Sträßlein Rotach-aufwärts zum linksufrigen Dörflein Thal, 598 m, einer einsamen Sackgasse (kein Grenzübergang über den dahinter fließenden Eyenbach!) leisten; Ortsteil von Sulzberg, Pfarrkirche 1875ff. mit zeitgemäßer Ausstattung. 9 km hinter Doren erreichen wir dann Langen, 657 m, ein in die Sonnseiten des Hirschbergs, 1095 m, geschmiegtes, aus dem Ortskern und 14 Weilern und Einöden bestehendes Dorf mit knapp 1100 Einwohnern und knapp 120 Gastbetten. Stark landwirtschaftlich geprägt, Kfz-Werkstatt, Tankstelle, Gendarmeriestation, 8 km Loipen.
Pfarrkirche Mitte 19. Jh. mit zeitgemäßer Ausstattung, vom ursprünglichen Barockbau nichts Nennenswertes erhalten.
Langen ist Ausgangsort für den Übergang ins Bayerische am Zollamt Neuhaus (4 km) Richtung Weiler/Queralpenstraße (R 110), zugleich aber auch Start für eine Fülle von Bergwanderungen im waldreichen Hirschberg- und Pfändergebiet (R 131f.).

● 128 **Bregenz,** 400 m

Die nach Überquerung des Wirtatobels (durch ihn führt ein schmaler Fahrweg auf den Pfänderrücken hinauf) quer durch die waldigen S-Abstürze des Pfändermassivs führende Straße — unter uns die Fabriksiedlung Kennelbach mit Pfarrkirche 1890ff. — beschert uns eine Fülle eindrucksvoller Bilder bis zum Eintritt ins Stadtgebiet unter den senkrecht abstürzenden Felsen des mehr als 100 m über uns aufragenden Gebhardsbergs. Durchfahren wir die Stadt ihrer Länge nach in O-W-Richtung über den Campingplatz des westl. Vororts Vorkloster hinaus bis zur letzten in den Bodensee hinausragenden Landzunge, dann stehen wir vor der Mündung der Bregenzer Ache in den See.
Hier nur in Stichworten das für die Information Wichtigste über Bregenz: 26500 Einwohner, 1640 Gastbetten, Krankenhaus,

Landes- und Heimatmuseum, Freischwimm- und Hallenbad, jeder beliebige Wassersport, Yacht- und Motorschiff-Hafen, Verbindung zu Wasser mit allen beliebigen Uferorten der Schweiz, Baden-Württembergs und Bayerns, Bundesbahnhof mit durchgehenden Zügen in die Schweiz, nach Italien, in die BRD, mehrere Campingplätze, Jugendherberge, Regierungsgebäude des Landes Vorarlberg, Landestheater, freischwimmende Seebühne (jährlich Juli und August Bregenzer Festspiele) und — last not least — die Kabinen-Seilbahn auf den Pfänder, 1063 m, den Hausberg der Bregenzer, dessen weitausgedehnte Flächen ihnen und ihren Gästen wintersüber langwährendes Rodel- und Skivergnügen garantieren.
Als kunstgeschichtlich bedeutende Denkmale aus früheren Zeiten seien nur auszugsweise erwähnt: Überbleibsel der 15. v. Chr. beginnenden Römerherrschaft auf dem Gebhardsberg und in der hochinteressanten, hoch über der heutigen Stadt thronenden Altstadt, dort auch der gewaltige Martinsturm (1601) und die an ihn gelehnte Martinskapelle (14. Jh.) — die Galluskirche frühromanischen Ursprungs (1079), um 1380 und 1477 zur heutigen Form erweitert, 1737 vom berühmten Franz Anton Beer großartig barock ausgestattet — die weit draußen im W am See-Ufer gelegene geschichtsträchtige Kirche des Klosters Mehrerau (1097), nach mancherlei Wandlung im Lauf der Jahrhunderte schließlich 1961/64 als Muster einer traditionsbewußten, dennoch betont modernen Kirche neugestaltet.
Niemand, der nach Bregenz kommt, sollte den Besuch der völlig neugestalteten Burganlagen auf dem Gebhardsberg versäumen, dessen Terrasse uns einen großartigen Blick über die tief unten liegende Stadt hinweg auf den Bodensee, auf seine N- und S-Ufer und deren Randhöhen, hinab ins Rheintal und das jenseits ansteigende Appenzeller Bergland mit dem Alpsteingebirge (Säntis, 2504 m), und den links hinter ihm vorlugenden Churfirsten, 2309 m, aber auch (wenn wir einen klaren Föhntag erwischen) weit hinein in die Ostschweizer Bergwelt schenkt.

● 129 Der Vorarlberger Zipfel nördlich Bregenz

Das Pfändermassiv mit seinen Ausläufern ist der am weitesten nach NW vorgeschobene Vorposten des Vorderen Bregenzerwaldes. Dieses landschaftlich reizvolle Gebiet wird im W vom Flüßchen Leiblach begrenzt. Jenseits beginnt der bayerische Landkreis Lindau. Die fruchtbaren Niederungen am Vorarlberger Leiblachufer mit knapp 2 km W-O-Ausdehnung gehen in die dichtbewaldeten, von zahlreichen Bachläufen und Tobeln zerschnittenen Flanken des Pfänderkammes über, der uns nun auf unserer Wanderung nach N zur Bundesgrenze begleitet. 3 km nördl. ab Stadtmitte Bregenz erreichen wir die stattliche Gemeinde Lochau.

● 130 **Lochau,** 414 m

5500 Einwohner, Arzt, Zahnarzt, Kfz-Werkstatt, Tankstelle, Gendarmerie, Reitsport, Minigolf. Kath. Pfarrkirche, Neubau 1849 auf Fundamenten der Vorgängerin von 1728, Innenausstattung vorwiegend klassizistisch. Außerhalb des Ortskerns der Weiler Hofen mit Schloß (Neubau 1584/85 auf Fundament der Vorgängerburg von 1218). Von Lochau führt eine landschaftlich ungemein eindrucksvolle Kfz-Straße hinauf zum Pfänderrücken, ferner eine gut ausgebaute Fahrstraße hinauf nach Eichenberg (4,5 km).

● 131 **Eichenberg,** 796 m

Ein auf aussichtsreicher Terrasse liegendes und als Basis für Wanderungen unterm und auf dem Pfänderrücken besonders geeignetes Dörflein, 270 Einwohner, 200 Gastbetten. Tennis, Hotelhallenbad, Postbus nach Bregenz. Die kleine Pfarrkirche ist ein spätklassizistischer Bau (1836/37) mit entsprechender Einrichtung.
Zur Gemeinde gehört der auf waldiger Höhenstraße erreichbare (über den Ruggbachtobel hinweg nur 1,3 km Luftlinie entfernte), ebenfalls landschaftlich herrlich gelegene Weiler Lutzenreute, 870 m (3 km). Über ihn führt ein aussichtsreiches Höhensträßlein nordöstl. zur Grenzstation Weienried, 6 km, Übergang nach Scheidegg (R 112).

● 132 **Möggers,** 948 m

Höchstgelegenes Pfänderdorf. Urkundlich bereits 1249 erwähnt, präsentiert es sich uns als rein landwirtschaftliche Siedlung (420 Einwohner, etwa 70 Gastbetten, wenige hundert m von der Bundesgrenze entfernt und willkommene Raststation bei jeder Pfänder-Überschreitung, ganz gleich in welcher Richtung. 35 km Loipen. Die überm Dorf auf beherrschender Anhöhe mit prunkvoller Aussicht thronende Pfarrkirche ist ein barocker Neubau (1746) auf den Grundmauern ihrer gotischen Vorgängerin aus dem 15. Jh. 2,7 km nördl. von Möggers die Ruine der Burg Schönstein (um 1255).
Den Rückweg ins Leiblachtal nehmen wir entweder über die vielfach gewundene Rucksteigstraße nach Leutenhofen oder auf idyllischem Waldweg über Lutzenreute — Backenreute (wobei wir die auf das Jahr 1245 zurückgehende Ruine Ruggburg besuchen) nach Hörbranz.

● 133 Hörbranz, 426 m

Mit zahlreichen Weilern weit über die Niederungen des Leiblachtals verstreut, begrüßt uns das stattliche Dorf (5000 Einwohner) an der im Gelände zuweilen noch erkennbaren ehemaligen römischen Heerstraße von Bregenz nach Kempten mit seiner beachtlichen klassizistischen Kirche, 1840ff. als Nachfolgerin der im 15. Jh. erbauten, 1753 barock vergrößerten Urkirche. Innenausstattung vorwiegend klassizistisch und Spätbarock. Hörbranz ist eine gern besuchte, von der Bodenseenähe geprägte Sommerfrische abseits der großen Straßen (von der am S-Rand entlangführenden Autobahn abgesehen), knapp 400 Gastbetten, Arzt, Zahnarzt, Tennis, Minigolf, Campingplatz, Gendarmerie, Kfz-Werkstatt, Tankstelle.

● 134 Hohenweiler, 504 m

Wenn wir von Hörbranz kommen, grüßt uns zur Linken das kleine Heilbad Diezlings unmittelbar an der Leiblach, dann zur Rechten die mächtige Zisterzienserinnenabtei Gwiggen (urkundlich bereits 802 erwähnt) mit der dazu gehörenden 1895/96 erbauten und innen stilgerecht eingerichteten Kirche. Bei Leutenhofen an der Einmündung der Rucksteigstraße (R 132) können wir die Reste einer altrömischen Villa besichtigen, und dann halten wir Einzug im letzten Bregenzerwald-Dorf, das ebenfalls schon 802 als Hohinwilari urkundlich erwähnt ist. 986 Einwohner, vorwiegend Landwirtschaft.

Die 1481 erbaute, 1720 barock und 1859 klassizistisch umgebaute Pfarrkirche wartet mit gotischen Fresken (um 1480) und einem stilreinen Barockaltar (1679) auf. Noch rund 700 m auf Vorarlberger Boden, dann überschreiten wir den in die Leiblach mündenden Rickenbach und damit die Bundesgrenze Richtung Queralpenstraße Oberallgäu. S. hierzu auch das vierbändige Standardwerk über *Vorarlbergs Landes- und Volkskunde, Geschichte, Wirtschaft und Kunst*, Universitätsverlag Wagner, Innsbruck.

III. Schutzhütten und Berggasthäuser

Vorbemerkung: Alpenvereinshütten (DAV, ÖAV) sind in drei Kategorien eingeteilt. Es bedeuten:
Kat. I: Bergsteiger-Stützpunkt, schlichte Ausstattung, einfache Beköstigung;
Kat. II: Wanderstützpunkt in vielbesuchtem Gebiet, bessere Ausstattung und Verköstigung, geeignet für mehrtägigen Sommer- oder Winter-Aufenthalt und für Familienurlaub;
Kat. III: Vorwiegend Ausflugsziel für Tagesgäste, wenig Übernachtungsmöglichkeiten.

Abschnitt 1 (zu R 2—R 8)

● **135** **Schönblick,** 1345 m

Privates Hotel neben der Bergstation der Schönblicksesselbahn, ganzjährig geöffnet, wintersüber mehrere Skilifte, herrliches Skigebiet (R 24).

● **136** **Von Oberstdorf** (R 20ff.)
3 Std., bez.

Über Freibergsee — Hochleite (R 24) auf bez. Weg durch Wald und Bergwiesen (weitaus schönster Anstieg!).

● **137** **Berghaus Söller,** 1390 m

Privates Ghs. etwas oberhalb Schönblick (R 135), ganzj. geöffnet.

● **138** **Kanzelwandbahn-Bergstation,** 1968 m

Gaststätte, keine Unterkunft. Vgl. R 3.

● **139** **Schwarzwasserhütte,** 1651 m

DAV-Sektion Schwaben, Senefelderstr. 1, D-7000 Stuttgart, Tel. 07 11 / 62 46 34, geöffnet Pfingsten — 5. November und 20. Dezember bis Weißer Sonntag. 39 B., 41 M., im Alpweideland unterm Ifen; Kat. II. Weiträumiges Skigelände.

● **140** **Von Hirschegg** (R 4)
3 Std.

Auf Kfz-Straße bis Hotel Auenhütte (R 141), dann auf bequemem Steig durch Alpweide 1½ Std.

● 141 **Hotel Auenhütte,** 1238 m

Privates Ghs., ganzjährig geöffnet, im Talgrund des Schwarzwassertals (R 3).

● 141 a **Von Riezlern**
1½ Std.

4,5 km Kfz-Straße ab Riezlern. Fußweg am Schwarzwasserbach entlang.

● 142 **Ifenhütte,** 1592 m

Privates Berggasthaus, ganzjährig geöffnet, 10 B., 25 M., auf den Böden der Ifenalp überm Hotel Auenhütte. Ab dort Sesselbahn (900 Pers./Std.). Wintersüber vielbesuchter Skizirkus. Skilifte und Sesselbahn „Ifen 2000".

● 143 **Ab Auenhütte** (R 141)
1 Std.

Über Gras steil bergauf oder mit Sesselbahn.

● 144 **Mahdtalhaus,** 1150 m

DAV-Sektion Stuttgart, Rotebühlstr. 59A, D-7000 Stuttgart, Tel. 07 11/62 70 04, ganzjährig geöffnet, ausgenommen November und 2 Wochen nach Ostern, 45 B., auf stillem, von Bergwald eingerahmtem Wiesenland, im Riezlern Ortsteil Inner-Schwende, Kat. II.

● 145 **Von Riezlern**

Auf Kfz-Straße über die neue Breitachbrücke 4,5 km.

● 146 **Fiderepaßhütte,** 2070 m

DAV-Sektion Oberstdorf, Tel. 0 83 22/31 16. Ende Februar bis Ostern und Pfingsten bis Mitte Oktober 20 B., 100 M., wenige Meter nördl. überm Fiderepaß, Materialseilbahn ab Fluchtalpe (Wildental); wintersüber zuweilen lawinengefährlich! Kat. II.

● 147 **Von Oberstdorf / Birgsau** (Parkplatz Fellhornbahn)
4 Std.

Durchs einsame Warmatsgundtal. Bei Benützung der Fellhornbahn bis Mittelstation (1780 m) über Kühgundalp 2½ Std.

● 148 **Von Mittelberg** (R 5) **oder Hirschegg** (R 4)
Je 4 Std.

Durchs Wildental, zuletzt in steilen Serpentinen zur Paßhöhe.

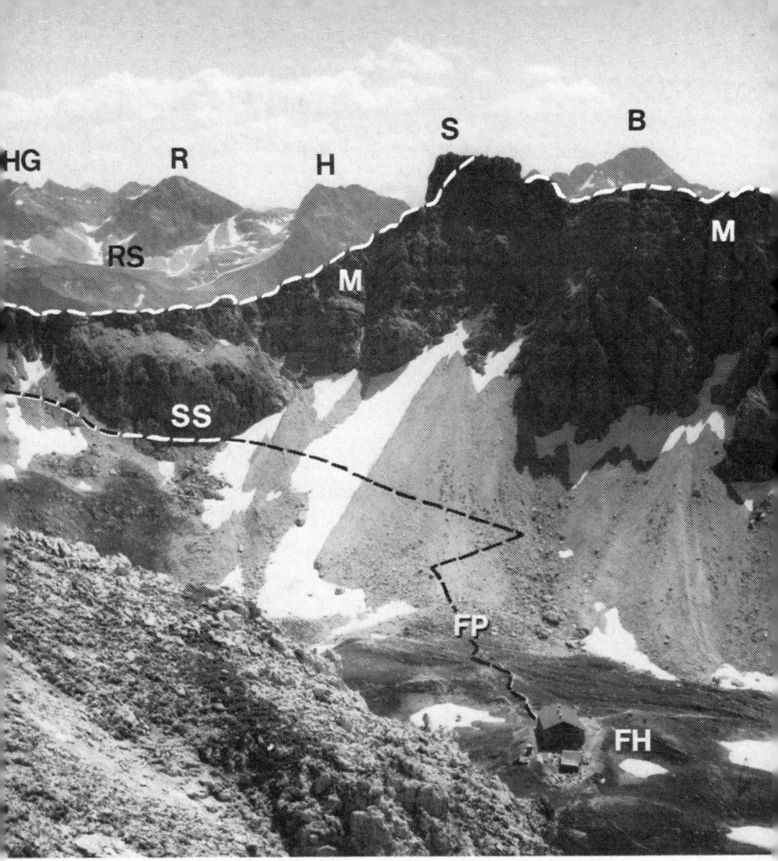

Der Fiderepaß-Rahmen von der Südöstlichen Hammerspitze
FH = Fiderepaßhütte, FP = Fiderepaß, B = Biberkopf, H = Hochrappenkopf, HG = Hochgundspitze, M = Mindelheimer Klettersteig (R 353 a), R = Rappenseekopf, RS = Lage des Rappensees, S = Höchster Schafalpenkopf, SS = Aufstieg zur Saubuckelscharte.

● **149** **Von Riezlern** (R 3)
2 Std.

Unter Benützung der Kanzelwandbahn ab Bergstation, 1968 m, über Kühgundalp (200 m Höhenverlust).

● **150** **Gaststätte Walmendinger-Horn-Bergbahn,** 1999 m

Keine Unterkunft, (vgl. R 5).

● **151** **Obere Gemstelalp,** 1692 m

Im oberen Gemstel-Talboden gelegen; keine Unterkunft. Nur Unterstand bei Schlechtwetter.

● **151 a** **Ab Bödmen**
2 Std.

Vgl. R 6.

● **152** **Widderstein-Hütte,** 2010 m

Private Alpwirtschaft mit Unterkunft. 20 M. im Alpgelände um den Gemstelpaß, 1971 m, unmittelbar unter den Widderstein-S-Abstürzen. Nur Sommerbewirtschaftung.

● **152 a** **Ab Oberer Gemstelalp**
1 Std.

● **153** **Ab Hochkrumbach** (Hochtannbergpaß) (vgl. R 113)
1 Std.

Kürzeste Talverbindung.

● **154** **Starzelalp,** 1680 m

Private Alpwirtschaft, 10 B., 10 M., nur sommersüber geöffnet, unterm Starzeljoch, 1868 m, im obersten Talgrund des Turabachs.

● **154 a** **Von Baad** (R 7)
Knapp 2 Std.

Steilaufstieg durch Wald.

Abschnitt 2 (zu R 9—R 11)

● **155** **Berggasthaus Hochleite,** 1185 m

Privates Gasthaus, ganzjährig geöffnet; auf Bergwiese 250 m überm Freibergsee. Im Winter Skibetrieb.

● **155a** **Ab Parkplatz Freibergsee,** 824 m
1½ Std.

● **156** **Schlappoldalp,** 1706 m

Privater Alpwirtschaftsbetrieb in Nachbarschaft des gleichnamigen Seeleins. Zutritt nur nach vorheriger Vereinbarung.

● **156a** **Ab Parkplatz Fellhornbahn**
2½ Std., ab Mittelstation wenige Min.

● **157** **Von Oberstdorf zu Fuß**
3½ Std.

Ab Parkplatz Freibergsee hinauf zum See, 930 m, und auf bequemem Fahrweg, vorbei an der Skiflugschanze (Sesselbahn 540 Pers./Std.) über die Weiler Schwand, 957 m, und Ringang, 953 m, das Sträßlein Richtung Faistenoy (Talstation der Fellhornbahn) links lassend, nach Überschreitung des Schlappoldbachs in steilen Kehren bergan zur Alp.

● **158** **Bierenwangalpe,** 1630 m

Private Alpwirtschaft, Übernachtungsmöglichkeit nach Vereinbarung, auch im Winter. Schöne Südlage im Alpweidegelände unterm Fellhorn, 2039 m, gutes Skigebiet.

● **159** **Von Oberstdorf**
3½ Std. ab Parkplatz Freibergsee.

Aufstieg am schönsten wie R 157, bei Schlappoldhöfle, 1300 m, jedoch links ab und über Bierenwanghöfle zur Bierenwangalp.

● **160** **Kanzelwandhaus,** 1519 m

Im Besitz des Touristenvereins „Die Naturfreunde", 200 B, ganzjährig geöffnet; Nachbarschaft zur Bierenwangalpe, ringsum viel Bergwald, darüber freie Alpweide. Gutes Skigebiet. Materialseilbahn.

● **161** **Fiderepaßhütte,** 2070 m

Vgl. R 146ff.

● **162** **Mindelheimer Hütte,** 2058 m

DAV-Sektion Mindelheim, über Jochen Krupinski, D-8945 Legau/Landholz. Mitte Juni bis Anfang Oktober, 200 M. Winterraum (12 M.) in der knapp unterhalb stehenden alten Hütte. Herrliche Aussichtslage hoch überm Rappenalptal. Kat. II.

● 163 **Ab Oberstdorf / Birgsau**
6 Std.

Vom Parkplatz Fellhornbahn (R 9) durchs Rappenalptal über Buchenrainalp zur Schwarzen Hütte, 1242 m, 3½ Std. und nun in Steilkehren durch Latschen und Alpweide der Angerer Alpen ans Ziel.

● 164 **Ab Mittelberg** (R 5), 1218 m, **oder Hirschegg** (R 4)
4 Std., nur für Schwindelfreie, Kinder ans Seil, bei Schnee nicht begehbar.

Durchs Wildental zur Fluchtalp, 1390 m (ab hier Materiallift) und nun über steiles Alpgelände zur Hinteren Wildenalp, 1777 m, schließlich immer steiler durch die teilweise gesicherten N-Abstürze der Mindelheimer Köpfln zur Kemptner Scharte, 2108 m, aus der man die Hütte absteigend erreicht.

● 165 **Obere Haldenwanger Alp (Trifthütte),** 1780 m

Privater Alpbetrieb, Benutzbarkeit nur nach Vereinbarung. In unübersichtlichem Weidegelände unterm Haldenwanger Eck, 2002 m, in unmittelbarer Nähe der Bundesgrenze. Hochalpines Skigelände.

● 166 **Ab Hochkrumbach** (R 113)
1¾ Std.

Durch die sonnseitigen Weidehänge unterm Gemstel-Koblat, vorbei an der Hirschgehrenalp zum grasigen Sattel, 2002 m, südl. unterm Haldenwanger Kopf und hinab zur Hütte.

● 167 **Ab Oberstdorf / Birgsau**
Bei Schnee Lawinengefahr!

Wie R 163 zur Schwarzen Hütte und nun, dem Haldenwanger Bach (R 9) treu bleibend, auf Alpweg über die Untere Biberalp, 1310 m, stets im Talgrund bleibend, zum Ziel.

● 168 **Rappenseehütte,** 2091 m

DAV-Sektion Allgäu-Kempten, über Heinrich Geissler, D-8980 Oberstdorf, Oststr. 21, Tel. 0 83 22 / 48 46, bew. Mitte Juni bis Mitte Oktober. 42 B., 310 M. Aussichtsreich auf von einem See geschmückten Wiesenterrasse hoch überm Rappenalptal gelegen. Kat. II. WR (30 M.).

● 169 **Ab Oberstdorf / Birgsau**
4½ Std., bez.

Vom Parkplatz an der Fellhornbahn-Talstation über Einödsbach (R 11, 23) auf steilem bez. AV-Steig über Petersalp und Enzianhütte (R 171).

● **170** **Ab Lechleiten** (R 103)
Besonders lohnend und landschaftlich herrlich, viel bequemer als der unterm Massenauftrieb leidende Aufstieg R 169. 3½ Std., bez.

Über die steilen Grashalden der Lechleitner Alp, 1783 m (Notunterkunft), aufs Salzbüheljoch, 1876 m, und (bez. Alpsteig) in allgemein nordöstl. Richtung nahezu horizontal, hiebei den wilden Körbertobel überquerend und die grasigen Steilhänge des Rappenköpfles umrundend, zuletzt wieder stark ansteigend zum Ziel.

● **171** **Enzianhütte (Linkersalp),** 1770 m

Privates Ghs., als Ausweichquartier bei Überfüllung der Rappenseehütte geeignet, nur sommersüber geöffnet. Aussichtsreiche Lage auf Alpterrasse.

● **171a** **Anstieg** s. R 169, 3½ Std., bez.

● **172** **Waltenbergerhaus,** 2084 m

DAV-Sektion Allgäu-Immenstadt, Rathausplatz 1, 8972 Sonthofen. Mitte Juni bis Ende September, 10 B., 60 M., in prächtiger Lage unter den Abstürzen der Berge der Guten Hoffnung, hoch überm Bacherloch. Kat. I. Wintersüber stark lawinengefährdet, daher kein Winterraum!

● **173** **Ab Oberstdorf / Einödsbach** (R 11, 23)
Bez. AV-Steig, 3 Std. Im oberen Teil Vorsicht mit Kindern!

Abschnitt 3 (zu R 12—R 19)

● **174** **Kemptner Hütte,** 1846 m

DAV-Sektion Allgäu-Kempten (einzige AV-Hütte im Trettachtalbereich), über E. Wagner, D-8961 Durach, Batzerstr. 9, Tel. 08 31 / 2 09 27, Mitte Juni bis Mitte Oktober, 85 B., 220 B. Winterraum 15 M. Auf den oberen Weideböden der Mädelealp unter den Abstürzen des Kratzer, 2424 m, gelegen. Kat. II.

● 175 **Ab Oberstdorf / Spielmannsau** (R 12 ff.)
Bez. AV-Steig, 2½ Std. Wintersüber meist extrem lawinengefährlich.

Der Weg verläuft durch den bei Regen steinschlaggefährdeten Sperrbachtobel.

● 176 **Ab Holzgau (R 101)**
Bez. AV-Steig, 3½ Std.

Durchs Höhenbachtal über die beiden Roßgumpenalpen, die Abzweigung ins Schochenalptal links lassend ins Westliche Mädelejoch, 1973 m, und hinab zur Hütte.

● 177 **Berggasthaus Gerstruben,** 1154 m

Privates Ghs., vorherige Erkundigung ratsam. Näheres vgl. R 16.

● 178 **Oytalhaus,** 1006 m

Privates Ghs., als Stützpunkt für Oytal-Touren geeignet. Näheres vgl. R 18!

● 179 **Käseralp,** 1406 m

Privater Alpbetrieb, sommersüber einfache Übernachtungsmöglichkeit, vorherige Anfrage ratsam. Näheres vgl. R 18.

● 180 **Die Talgasthäuser**

in den Tälern der Stillach und Trettach (Abschnitte B und C), als Stützpunkte für Wanderungen und Bergfahrten in diesem Bereich bestens geeignet, werden hier nicht aufgezählt, da es sich nicht um „Berggasthäuser“ handelt.

● 181 **Das Wildenfeldhüttchen,** 1694 m

auf der Wildenfeld-Terrasse über dem Oytal, unter den W-Abstürzen des Groß-Wilde-Massivs, 40 Min. über der Käseralp (R 179), ist nur als Notunterstand bei Schlechtwetter geeignet.

Abschnitt 4 (zu R 20—R 24)

● 182 **Edmund-Probst-Haus (Nebelhornhaus),** 1920 m

DAV-Sektion Allgäu-Immenstadt, Rathausplatz 1, D-8972 Sonthofen, Tel. 0 83 21 / 27 76 und 0 83 22 / 47 95 (Hüttenwirtin), Mitte Dezember bis Ende Oktober, 60 B., 60 M., unmittelbar neben der Berg-

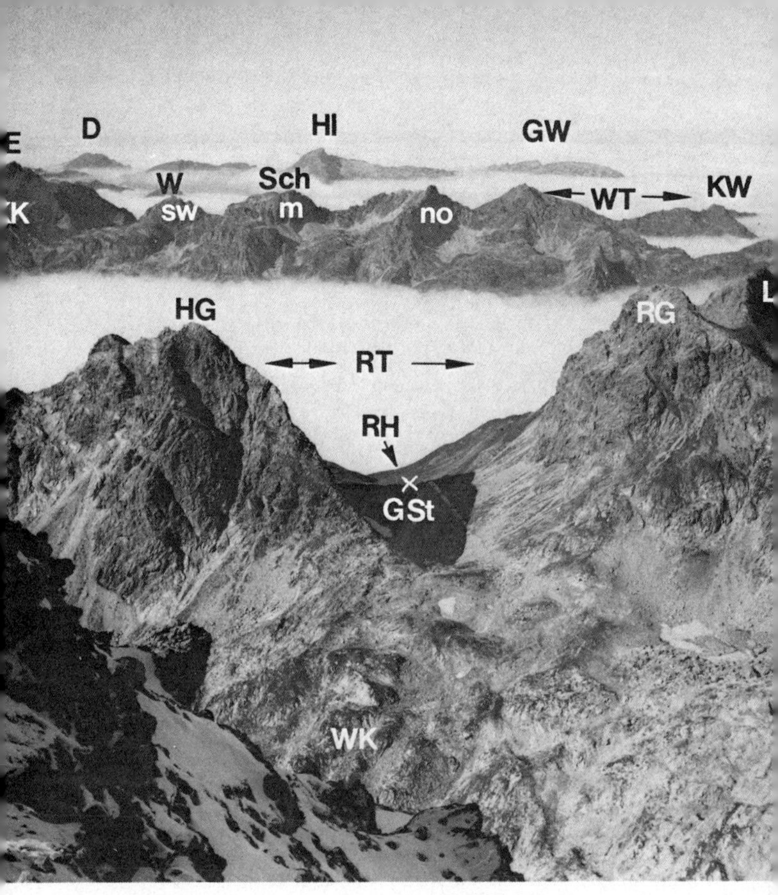

Blick vom Hohen Licht übers Nebelmeer nach Nordwesten
D = Didamskopf, E = Elferkopf, GSt = Große Steinscharte, GW = Gottesackerwände, HG = Hochgundspitze, HI = Hoher Ifen, KK = Kemptner Köpfl, KW = Kanzelwand, L = Linkerskopf, RG = Rotgundspitze, RH = Lage der Rappenseehütte, RT = Rappenalptal, Sch = Schafalpenköpfe, W = Walmendinger Horn, WK = Wiesleskar, WT = Kleines Walsertal.

station der Nebelhornbahn aussichtsreich gelegen, wintersüber großartiges Skigebiet, mehrere Sesselbahnen und Skilifte. Kat. II.

● **183** **Ab Oberstdorf** (R 20ff.)
3 Std., bez.

Auf gut instandgehaltenem Weg zur Vorderen Seealp, Ghs., 1282 m (mehrere Variationen), sodann auf AV-Steig über die Alpböden und steil durch die Latschenregion zum Haus.

● **184** **Ab Oytalhaus** (R 18)
3 Std., bez. Bei Sonne anstrengend! Vorsicht am Seealpsee: der etwas unterhalb des Steigs liegende See lädt zur Rast ein. Sein Abfluß ins Oytal hinab vollzieht sich über mehrere gefährliche Wandstufen, die schon viele Opfer gefordert haben!

Über den teilweise sehr steilen Gleitweg (Vorsicht mit Kindern!) hinauf zum Seealpsee, 1629 m (Unterstandshütte), und auf bez. Alpsteig hinauf zum Nebelhornhaus.

● **185** **Ab Rubi, Reichenbach oder Schöllang** (R 26ff.)
Landschaftlich ungemein abwechslungsreich, 3½ Std. ab Geißalp.

Über die Geißalpe (R 186), sodann auf zeitweise steilem und steinigem mark. Steig hinauf zum Unteren Geißalpsee, 1509 m, weiter zum Oberen See, 1769 m, und übers „Gängele", 1980 m, hinab (knapp 200 m Höhenverlust) durch die Kare Kleiner und Großer Gund, zuletzt wieder ansteigend zum Nebelhornhaus.

Abschnitt 5 (zu R 25—R 32)

● **186** **Geißalpe,** 1149 m

Privates Ghs., guter Stützpunkt für Wanderungen im Geißalpkessel, ganzjährig geöffnet, beliebtes Ausflugsziel ab Oberstdorf.

● **187** **Ab Oberstdorf** (R 20ff.)
1½ Std.

Auf dem bequemem Wallrafweg gemächlich ansteigend, schattig.

● **188** **Ab Rubi, Reichenbach oder Schöllang** (R 26ff.)
Ab Rubi und Reichenbach je 1½ Std., ab Schöllang 2 Std.

Auf teilweise steilen, jedoch gut angelegten Wirtschaftswegen meist durch Wald (schönste Variation: der Geißalpen-Tobelweg ab Reichenbach).

● 189 **Falkenalp,** 1750 m

Private Alphütte im Falkenjoch zwischen Schnippen- und Entschenkopf, nur als Notunterstand verwendbar.

● 189 a **Ab Geißalp** (R 186)
2 Std., steiler Alpweg.

● 190 **Altstädter Hof,** 1249 m

Private Alpwirtschaft, Unterkunft nach Vereinbarung, nur in den warmen Jahreszeiten. Im Alpweidegebiet unterm Sonthofner Hörnle aussichtsreich gelegen.

● 191 **Ab Altstädten**
2½ Std.

Auf bequemem Fahrweg (gegen Maut auch mit Kfz befahrbar, Mautstelle Altstädten, Ghs. Sonne) gemächlich bergan.

● 192 **Sonthofner Hof,** 1150 m

Private Alpwirtschaft wie Altstädter Hof.

● 192 a **Zugänge**

Entweder auf Mautstraße wie R 191 oder (schöner) ab Sonthofen / Binswangen über Margarethen, am Kühberg, 985 m vorbei auf bequemem Alppfad, 2 Std. (attraktiver: ab Imberg durch den Löwenbachtobel, ebenfalls 2 Std.).

● 193 **Strausberghütte (Michael-Schuster-Hütte),** 1220 m

Private Berghütte („Naturfreunde") 18 M., vorherige Anfrage ratsam. Im Moosgebiet unterm Strausbergsattel (32) versteckt gelegen.

● 194 **Ab Sonthofen / Imberg** (R 49)
1½ Std.

Auf bequemem Fahrweg (gegen Maut, zu lösen in Imberg, auch mit Kfz befahrbar bis zur Wegegabel beim Parkplatz), hier rechts ab zur Hütte.

● 195 **Übergang vom Sonthofener Hof** (R 192)
½ Std.

Ab Parkplatz 1 km oberhalb Alphütte auf nahezu ebener Wirtschaftsstraße südöstl., bis ein Fußweg links zur Strausberghütte abzweigt.

Abschnitt 6 (zu R 33—R 43)

● **196** **Grasgehrenhütte,** 1448 m

Privates, im weiten Alpkessel südöstl. unterm Riedberger Horn, 1786 m, gelegenes Ghs., Stützpunkt für Bergwanderungen in der Hörnergruppe, ganzjährig geöffnet. Weitflächiges Skigebiet, mehrere Skilifte.

● **197** **Ab Obermaiselstein** (R 36)
3½ Std.

Auf vorzüglich ausgebauter Kreisstraße bis vors Haus (Parkplatz), Postbusverbindung Obermaiselstein — Balderschwang. Fußgänger können den größten Teil der Strecke hoch überm linken Ufer der Schönberger Ache, vorbei an den Berggasthäusern Wannenkopf und Lenzenberg, auf einem Alpsteig, anschließend auf schmalem Fußweg unmittelbar über der Kreisstraße absolvieren.

● **198** **Wannenkopfhütte,** 1350 m

Privates Berggasthaus am Fußweg Obermaiselstein — Grasgehrenhütte, im begrasten S-Hang des Wannenkopfs, rund 100 m über der Kreisstraße (Parkplatz) gelegen. Vorherige Anfrage ratsam. Gutes Skigelände.

● **198a** **Zugang** zur Hütte wie R 197.

● **199** **Lenzenberghütte,** 1320 m

Privates Berggasthaus südwestl. der Wannenkopfhütte. Siehe R 198.

● **200** **Hörnerhaus,** 1362 m

DAV-Sektion Allgäu-Kempten, Tel. 08326/639 (Hüttenwirt Gütling, Bolsterlang), ganzjährig geöffnet, jedoch Mai und November teilweise geschlossen (Anfrage!). 60 B., 50 M. Auf bewaldetem Vorsprung unterm Bolsterlanger Hörnle, 1583 m, aussichtsreich gelegen, 5 Min. von der Mittelstation der Hörnerbahn entfernt. Ausgezeichnetes Skigelände. Kat. II.

● **201** **Ab Bolsterlang** (R 37, 42)
1½ Std.

Entweder mit der Hörnerbahn bis knapp vors Haus oder zu Fuß auf bequemer Alpstraße oder (schöner) ab Sonderdorf (R 37, 42) über den Grubbichel und steil durch Wald an der Buchloer Skihütte vorbei zum Ziel.

● **202** **Schwabenhaus,** 1500 m

Hütte des Skiclubs Schwaben am bewaldeten S-Hang zwischen Weiher- und Ochsenkopf. Erkundigung ratsam! Gutes Skigebiet.

● **203** **Ab Bolsterlang**
2½ Std.

Zunächst wie R 201, dann zu Fuß oder mit Hörnerbahn (II. Abschnitt) hinauf in den Sattel zwischen Weiherkopf und Bolsterlanger Hörnle, 1540 m, jenseits leicht fallend durch Alpwiesen ans Ziel.

● **204** **Wiesenbaude,** 1170 m

Privates Erholungsheim, auf den Weideflächen der Kahlrückenalpe unterm Rangiswanger Horn aussichtsreich gelegen. Vorherige Erkundigung ratsam! Ganzjährig geöffnet, gutes Skigebiet.

● **205** **Ab Sigiswang** (R 38)
1 Std.

Auf für Kfz gesperrtem Fahrweg bequem durch Wiesen und Alpweide bergauf.

● **206** **Allgäuer Berghof,** 1165 m

Komfortables Berghotel auf dem N-Kamm des Ofterschwanger Horns, 1407 m. Ganzjährig geöffnet, gutes Skigebiet, mehrere Schlepplifte.

● **207** **Ab Ofterschwang, Hüttenberg oder Bettenried** (R 38)
Je 2½ Std.

Auf bequemen Alpwegen, zuweilen durch Wald (je 1 Std.) oder ab Bihlerdorf (R 44) auf privater, gut ausgebauter Straße (Kfz-Maut), oben durch Wald (1½ Std.).

● **208** **Ab Gunzesried** (R 44ff.)

Mit Sesselbahn vors Haus.

● **209** **Skihütte Ober-Eck-Alp,** 1237 m

DAV-Sektion Memmingen. Auf dem N-Kamm des Ofterschwanger Horns oberhalb des Allgäuer Berghofs. Anmarsch wie R 207. Erkundigung ratsam.

Abschnitt 7 (zu R 44—R 46)

● **210** Abschnitt 7 behandelt ein weitgezogenes Bergweide- und Bergwaldgebiet, in dem sich zahlreiche Alpwirtschaften angesiedelt haben. Ein nicht geringer Teil von ihnen besitzt zur Unterkunft geeignete Räume. Die Unterkunftsmöglichkeiten sind jedoch ständigen Schwankungen unterworfen. Hier können nur die wichtigsten, erfahrungsgemäß von Touristen immer wieder gern besuchten Hütten genannt werden. In jedem Falle ist — ohne daß dies bei den einzelnen Hütten besonders vermerkt wäre — vorherige Erkundigung nach Unterkunftsmöglichkeiten ratsam.

● **211** **Scheidewangalpe,** 1317 m

Auf der gleichnamigen, das Gunzesrieder Tal (R 45) im W abschließenden Paßhöhe gelegene private Alpwirtschaft, Kfz-Straße (Maut) ab Gunzesrieder Säge (R 44), Parkplatz. Zu Fuß geruhsamer Bummel durch Weidegelände und Wald.

● **211a** **Zugang**
2½ Std.

● **212** **Hällritzer Alp,** 1445 m

Auf freier Alpfläche östl. unterm Bleicher Horn, 1669 m, gelegene private Alpwirtschaft.

● **212a** **Zugänge:**

Auf guter Kfz-Straße (Maut) ab Gunzesrieder Säge (R 44) erreichbar. Zu Fuß bequem in 2 Std. ab Säge. Schönes Skigebiet. Schöner durchs Ostertal auf einsamem Waldweg ab Parkplatz bei der Grafenalp, 1102 m, bis dorthin mit Kfz fahrbar (Maut), zu Fuß 3 Std.

● **213** **Rappengschwendalp,** 1250 m

Private Alpwirtschaft und Skihütte unter der Hällritzer Alp, vgl. R 212. 1 Std. ab Gunzesrieder Säge.

● 214 Schwarzenbergalp, 1124 m

Private Alpwirtschaft, wintersüber Skihütte für Selbstversorger, DAV-Sekt. Augsburg, am Weg zur Hällritzer Alp (Mautstraße). Ab Säge zu Fuß ¾ Std.

● 215 Ostertalhütte, 1070 m

DAV-Sektion Augsburg, Peutingerstr. 24, D-8900 Augsburg, Tel. 08 21 / 51 67 80, ganzjährig geöffnet, jedoch unbewirtschaftet (nur für Selbstversorger). Hüttenwart Tel. 0 83 21 / 25 09. Kat. II.

● 215a Ab Gunzesrieder Säge (R 44)
½ Std.

Kfz bis unter die Hütte, Parkplatz. Beginn der Mautstraße 2 km oberhalb Gunzesried.

● 216 Angerhütte, 1040 m

Gegenüber dem Ostertalhütten-Parkplatz (R 215) überm rechten Ufer des Ostertalbachs gelegene Hütte der DAV-Sektion Augsburg, ½ Std., unbewirtschaftet, Anfrage bei Sektion.

● 217 Altes Höfle, 950 m

Überm Einfluß des Ostertalbachs in die Gunzesrieder Ache rechtsufrig gelegenes Ski-Bergheim der DAV-Sektion Neu-Ulm, unbewirtschaftet, Anfrage bei Sektion.

● 218 Berghaus Blässe, 1010 m

Privates Gasthaus, 250 m nordwestl. unterm Allgäuer Berghof gelegen.

● 218a Ab Gunzesried
½ Std.

Auf der talein führenden Straße, von der 2,5 km ab Kirche (kurz hinter der Hochbrücke über die Gunzesrieder Ache) ein Fahrweg zur Blässe abzweigt.

● 219 Oberbergalpe, 1340 m

Im S-Hang des Mittagbergs (R 107) gelegene private Alpwirtschaft in aussichtsreicher Lage.

● 219a Ab Reuthe, 931 m
1½ Std.

An der Verbindungsstraße Gunzesried — Ettensberg — Blaichach auf schwer zu findendem steilen Waldsteig, besser mit der Mittag-Sesselbahn ab Immenstadt zur Bergstation, 1451 m, und jenseits hinab zur Alp.

Abschnitt 8 (zu R 7—R 50)

Im Sonthofener Talbecken gibt es begreiflicherweise weder Schutzhütten noch Berggasthäuser.

Abschnitt 9 (zu R 51—R 62)

● **220** **Hornalpe,** 1250 m

Die der Bergstation der Hornalp-Sesselbahn südl. Hindelang benachbarte Hornalpe (privater Alpbetrieb) ist ebensowenig wie die zur Sesselbahn gehörende Berggaststätte auf Unterkunft von Touristen eingerichtet. Letztere dient nur der Einkehr und erstere als Notunterstand bei Schlechtwetter.

● **221** **Hirschbergalp,** 1493 m

Südl. unterm Großen Hirschberg, 1644 m, gelegen, bietet auch dieser private alpwirtschaftliche Betrieb nicht Unterkunft, sondern nur Einkehr und Notunterstand.

● **220 a** **Ab Oberjoch**
Auf bequemer Alpstraße 1 Std.

● **222** **Berggasthaus Iselerplatz,** 1670 m

In unmittelbarer Nachbarschaft zur Bergstation der Iseler-Sesselbahn gelegen, bietet auch dieses Haus keine Touristen-Unterkunft, sondern nur Einkehr und Notunterstand.

● **223** **Zipfelsalpe,** 1526 m

Großer, inmitten der Weideböden der Zipfelsalpe gelegener alpwirtschaftlicher Privatbetrieb, der dem Touristen zwar Einkehr und Notunterstand, aber keine Unterkunft bietet. Nur sommersüber geöffnet.

● **224** **Ab Hinterstein** (R 59)
2 Std.

Auf steilem, landschaftlich entzückenden Steig, vorbei an den in mehreren Stufen niederstürzenden Wasserfällen des Zipfelsbachs zum weiträumigen Alpboden, den die knapp unterm Stuibensattel (Bundesgrenze!) liegende Hütte beherrscht.

● **224a** **Ab Oberjoch**
1 Std. ab Iselerplatz.

Mittels der Iseler-Sesselbahn zum Iselerplatz (R 222) und nun durch Latschen steil bergauf zum Gipfelkamm, der alsbald nach S zur weithin sichtbaren Alphütte absteigend verlassen wird.

● **225** **Willersalp**, 1456 m

Große, für Unterkunft (M.) eingerichtete private Alphütte mit umfangreichem Wirtschaftsbetrieb unter den Abstürzen von Ponten, 2045 m, und Geißhorn, 2249 m. Nur sommersüber geöffnet.

● **226** **Ab Hinterstein** (R 59)
Knapp 2 Std.

Auf steilem Alpsteig, meist durch Bergwald bergauf zum nahezu ebenen Alpboden.

● **227** **Schwarzenberghütte**, 1380 m

DAV-Sektion Illertissen, Pächter Gmeinholzer, Sägestr. 2, D-8975 Fischen 1. Anfang Mai bis Mitte Oktober, wintersüber bei Anmeldung größerer Gruppen. Hochalpines Skigelände (Daumen), 34 M., 20 L. Idyllisch auf einem der schönsten Bergahornböden in den Bayerischen Alpen gelegen (siehe Farbfoto S. 45). Kat. I.

● **228** **Ab Giebelhaus** (R 229)
1 Std.

Auf bequemer für Kfz gesperrter Alpstraße durch herrlichen Bergwald. Ein steiler, am Hinteren Erzberghof (R 229) von der Giebelhausstraße abzweigender Steig fordert mühevollere Leistung, 1 Std., ist dafür jedoch einsam.

● **229** **Giebelhaus**, 1066 m

Vielbesuchtes Berggasthaus am Zusammenfluß von Obertal und Bärgündele im hintersten Ostrachtal, 10 km ab Hinterstein auf guter Fahrstraße (Bus ab Hinterstein, für sonstige Kfz gesperrt). Privatbetrieb, keine Unterkunft, nur Einkehr und Notunterstand.

● 229a **Ab Hinterbach-Hof** (2 km ab Hinterstein-Hinterdorf) 2½ Std.

Fußgänger sind bis zum Hinteren Erzberghof auf die Fahrstraße angewiesen!

● 230 **Laufbichlalp,** 1200 m

Privater Alpbetrieb (Naturfreunde) im Obertal, 2 km oberhalb Giebelhaus (R 229), vorherige Anfrage ratsam!

● 231 **Prinz-Luitpold-Haus,** 1847 m

DAV-Sektion Allgäu-Immenstadt, Rathausplatz 1, D-8972 Sonthofen, Hüttenwirt Uth, Tel. 0 83 21 / 27 76. Anfang Juni bis Ende September, 25 B., 139 M., 44 L. Winterraum 16 L. Kat. II. Hochalpines, nicht selten lawinengefährdetes Skigebiet.

● 232 **Ab Hinterstein** (R 59) 6 Std., bez.

Wie R 229 zum Giebelhaus, sodann auf AV-Steig durchs wildromantische Bärgündeletal, vorbei am Täschle- und am Bärgündele-Wasserfall und den beiden Bärgündele-Alpen hinauf zum stattlichen, auf einer Terrasse (kleiner See) unter den Wänden der Fuchskarspitzen, 2314 m, liegenden AV-Haus.

● 233 **Ab Oberstdorf** (R 20ff.) 5 Std.

Zunächst zur Käseralp (R 18), sodann auf bez. Alpweg hinauf zum Wildenfeldhüttchen, 1695 m (nur Not-Unterstand), und nördl. abknickend hinauf zum Himmelecksattel, 2007 m (Wasserscheide zwischen Oytal und Bärgündele). Jenseits mit beträchtlichem Höhenverlust (tiefste Stelle: 1597 m) durch das Quellgebiet des Bärgündelebachs und langsam wieder ansteigend um die Ausläufer des Wiedemerkopfs, 2165 m, herum zur Hütte. 4 Std. ab Käseralp.

● 234 **Mitterhausalpe,** 1081 m

Privater Alpwirtschaftsbetrieb im mittleren Talboden des Retterschwangtals (R 59ff.). Unterkunft (nur sommersüber) möglich, vorherige Anfrage ratsam.

● 235 **Ab Bad Oberdorf** (R 55) 2½ Std.

Auf gemütlicher Fahrstraße über Bruck und Horn-Ghs. (hier mün-

det der ab Bad Oberdorf / Nordpol hinaufführende steile Waldpfad in unsere Straße) zum fast ebenen Talboden.
Mitterhaus ist der einzige (beschränkt verwendbare) Tourenstützpunkt im geräumigen Retterschwangtal mit zahlreichen hochalpinen Zielen.

Abschnitt 10 (zu R 63—R 70)

● **236** Der Alpenrand zwischen Iller und Wertach weist nur im Grüntenmassiv (R 479f.) alpine Züge auf. Das riesige Waldgebiet ums immerhin 1695 m hohe Wertacher Hörnle hat — etwa den Vogesen vergleichbar — Vorgebirgscharakter, und alles, was nördl. der beiden vorgenannten Bergzüge zwischen Iller und Wertach liegt, ist hügeliges Kulturland. Für Berggasthäuser ist im gesamten Gebiet wenig, für AV-Schutzhütten überhaupt kein Raum.

● **237** **Grüntenhaus,** 1535 m

Privates, der Alpwirtschaft dienendes Ghs. im Weidegelände südöstl. unterm Grüntengipfel, 1738 m. Herrliche Aussicht über das gesamte alpine Illertal und seine Bergwelt. Nur sommersüber geöffnet, Touristen-Unterkunft.

● **238** **Von Kranzegg** (R 66)
2 Std. ab Jörgalp.

Die früher einmal laufende Grünten-Kabinenseilbahn hat seit längerem ihren Fahrbetrieb eingestellt. Der bequemste Aufstieg führt seitdem von Kranzegg (R 66) auf bequemer Fahrstraße (gegen Maut mit Kfz befahrbar!) zur

● **238a** **Zeller-** oder **Jörgalp,** 1180 m

Privates Berggasthaus, Einkehr und Unterkunft (vorherige Anfrage ratsam) und nun beliebig über sanft ansteigende Weideflächen hinauf zur

● **238b** **Grüntenalp,** 1477 m

Private Alphütte (Einkehr, jedoch keine Unterkunft) auf dem langgezogenen Grünten-Ost-Kamm. Diesem folgend auf mark. immer steiler werdenden Steig zum Gipfelaufbau des Grünten und zuletzt über Felsstufen (Vorsicht mit Kindern!) auf dessen Hauptgipfel mit eindrucksvollem Denkmal für gefallene Gebirgsjäger beider Weltkriege. Bei klarem Herbstwetter Sicht tief in die Schweizer Berge

hinein, hinüber zum Schwarzwald und in die unermeßliche Gebirgsrunde im S und SO.
Abstieg über den weniger tief liegenden W-Gipfel zum Grüntenhaus.

● **239** **Ab Burgberg** (R 67)
2½ Std., bez.

Der konventionelle Aufstieg zum Grüntenhaus (Gesamtsteigung 729 m) führt auf bez., am obersten Ortsende Burgbergs beginnenden, fast pausenlos durch steilen Bergwald führenden Steig.

● **240** **Ab Rettenberg** (R 66)
2½ Std., Trittsicherheit und Schwindelfreiheit erforderlich.

Ab Rettenberg führt der teilweise sehr steile „Berkmannweg“ durch die N-Abstürze des Massivs unmittelbar zum Grüntenhaus. Er fordert Trittsicherheit und Bergerfahrung. Das gleiche gilt von dem ab Rettenberg über die Kammeregg-Alpen zum O-Rücken des Grünten und damit zur Vereinigung mit R 238 führenden Steig.

● **241** **Vordere Kölle** (Willersalp), 1200 m

Private Alpwirtschaft am Richtung Wertach auslaufenden Grünten-O-Kamm, touristisch ohne Bedeutung, Einkehr, Unterkunft fraglich, 1 Std. ab Wanderparkplatz an der Bezirksstraße 2,5 km südwestl. vom Ortsausgang Wertach.

● **242** **Berggasthaus Alpenblick**, 990 m

Privates Ghs. (Unterkunft und Einkehr) an der von Burgberg nach Wertach führenden, die Burgberger Starzlach begleitenden, ab Alpenblick für Kfz gesperrten Forststraße. Parkplatz.

● **242 a** **Ab Burgberg** (R 67)
Knapp 1 Std.

● **243** **Ab Wertach** (R 68 f.)
3½ Std.

Südwestl. vom Ortsausgang auf Fußweg entlang der Wertacher Starzlach (linksufrig) zur kaum ausgeprägten Wasserscheide Lech / Iller, dann am linken Ufer der hier entspringenden, nach W abfließenden Burgberger Starzlach zur Forsthütte Dreiangel, kurz nach dieser auf das rechte Ufer überwechselnd und allmählich ansteigend zum „Alpenblick“ hinauf.

Das Ausflugsgebiet von Jungholz und Unterjoch von Norden
D = Großer Daumen, G = Gängele, H = Großer Hirschberg, Ho = Hotzenberg, I = Iseler, J = Jochschrofen, Ju = Jungholz, R = Rotspitze, RT = Retterschwangtal, S = Spieser, U = Unterjoch.

Abschnitt 11 (zu R 71—R 82)

● **244** Der weite voralpine Raum zwischen den Flüssen Wertach und Lech hat nur im Sorgschrofen und im Breitenberg alpines Gepräge.

Im Wertacher Raum

● **245** **Alpengasthof Reuter Wanne,** etwa 1100 m

Privates Berggasthaus im bewaldeten Sonnenhang des Reuter-Wannen-W-Kammes, auf 2 km-Mautstraße (Abzweigung von der

Queralpenstraße 3 km südl. Wertach unmittelbar vor der Abzweigung nach Jungholz) erreichbar. Ganzjährig geöffnet.

● **245a** **Ab Wertach** (R 68f.)
1½ Std.

● **246** **Buronhütte,** 1250 m

Am N-Hang der Reuter Wanne, 1542 m, privates Berggasthaus. Ganzjährig geöffnet. Vorzügliches Skigebiet.

● **246a** **Von Wertach** (R 68)
1 Std. ab Hinterreute.

Anfahrt über Wertach nach Hinterreute, 969 m. Ab hier zu Fuß.

● **247** **Haslacher Alp,** 1100 m

Private Alpwirtschaft, Einkehr. Wegen Unterkunft vorherige Anfrage ratsam. Lage: am N-Hang der Reuter Wanne, Skigebiet.

● **248** **Ab Nesselwang oder Wertach** (R 74 und R 68)
¾ Std. ab Reichenbach.

Auf der Grüntenseestraße bis Ghs. Reichenbach (1,5 km ab Ortsausgang Nesselwang), dann auf Alpsträßlein zur Hütte.

● **249** **Ab Jungholz** (R 72)
1½ Std.

Nordöstl. über die Stubenthalalp, 1281 m.

Im Nesselwanger Raum

● **250** **Sportheim Böck,** 1483 m,

in unmittelbarer Nachbarschaft der Alpspitz-Sesselbahn, privates Berggasthaus, ganzjährig geöffnet, gutes Skigebiet.

● **250a** **Ab Nesselwang**
2 Std. zu Fuß.

● **251** **Kappeler Alp,** 1340 m

Privates Berggasthaus, ganzjährig geöffnet. Wegen Unterkunft Anfrage ratsam.

● **251a** **Ab Nesselwang oder Pfronten / Kappl**
Je 2 Std. auf bequemen Steigen.

Im Pfrontener Raum

● 252 **Ostlerhütte,** 1838 m

Auf dem Gipfel des Pfrontener Breitenbergs gelegenes privates Berggasthaus, 15 B., 48 M., Himmelfahrt bis 2. November sowie 20. Dezember bis nach Ostern. Gutes Skigebiet, Skilifte.

● 253 **Ab Pfronten-Steinach** (R 76ff.)
Zu Fuß 3½ Std., mit der Bahn ½ Std.

Mit der Breitenbergbahn (Kleinkabinen) zur Hochalpe, 1457 m (Bergstation), ab hier Sesselbahn zum Gipfelkamm, 1679 m, sodann zu Fuß auf den höchsten Punkt.

● 254 **Ab Fallmühle** (R 76f.)
3½ Std., sehr lohnend, bez.

Auf steilem Steig, meist durch Wald, in köstlicher Einsamkeit. Nach Erreichen der Kammhöhe aussichtsreiche Gratwanderung bis zur Ostlerhütte.

● 255 **Hotel Hochalpe,** 1457 m

Neben der Bergstation der Breitenbergbahn, vgl. R 253.

● 256 **Bärenmoosalpe,** 1284 m

Private Alpwirtschaft, sommersüber Einkehr. Wegen Unterkunft vorherige Anfrage ratsam. Die Alp liegt oberhalb des „Himmelreich" genannten Sattels (R 77).

● 257 **Ab Fallmühle** (R 76)
1 Std.

Lohnend in Verbindung mit dem Abstieg ins Vilstal (Vilstalsäge, 910 m) oder umgekehrt. Beide Talorte sind gleich weit vom Ortsrand von Pfronten entfernt (je 3 km).

● 258 **Falkenstein-Berggasthaus,** 1268 m

Auf dem Falkensteingipfel hoch über dem Vilstal neben der Burgruine thronendes Ghs., ganzjährig geöffnet, wegen Unterkunft jedoch Anfrage ratsam.

● 258a **Ab Pfronten / Meilingen**
1½ Std.

Anfahrt auf Mautstraße bis zum Parkplatz knapp unterhalb des Gipfels. Zu Fuß ab Pfronten / Meilingen nach Belieben auf der Fahrstraße oder — schöner, jedoch steiler Waldweg — südl. um den Falkenstein herum und in Steilkehren über Schrofen zum Ghs.

Abschnitt 12 („zu R 83—R 91)

Tannheimer Gruppe

● 259 **Pfrontner Hütte,** 1792 m

DAV-Sektion Ludwigsburg, D-7140 Ludwigsburg, Postfach 304, Hüttenwirt Gehring, A-6677 Zöblen bei Tannheim, Tirol, Tel. 0 56 75 / 66 85. Pfingsten bis Mitte Oktober, 20 B., 80 M. WR 8 M. Aussichtsreiche Balkonlage unterm Gipfel des Aggenstein, 1987 m, Kat. II.

● 260 **Ab Pfronten / Steinach** (R 76 ff.)
Bei Bahnbenützung 1 Std., zu Fuß 2½ Std.

Bei Benützung der Breitenbergbahn bequemster Aufstieg: Ab Bergstation (1457 m) auf bez. AV-Steig zur Diensthütte der Grenzpolizei (¾ Std.) und nun in Steilkehren („Böser Tritt") hinauf zur auf österreichischem Boden liegenden Hütte (1 Std.). Wer die Bergbahn meiden will, findet einen abwechslungsreichen Fußweg ab Steinach durch die Reichenbachklamm. Er vereinigt sich an der Diensthütte mit dem Hochalpweg.

● 261 **Ab Grän** (R 88)
2 Std.

Nördl. zum Parkplatz „Pfrontner Hütte" und nun, der Trasse des zur Hütte hinaufführenden Materiallifts folgend, steil durch Wald, zuletzt über Steilgras ans Ziel.

● 262 **Vilser Alpe,** 1228 m

Privates, neu ausgebautes Berggasthaus auf dem Alpboden des Kühbachtals, 60 B., sommersüber (sonst Wochenende) bewirtschaftet, vorherige Anfrage wegen Unterkunft ratsam. Beliebtes Skigebiet. Standort für Bergfahrten im W- und NO-Kamm der Tannheimer Gruppe.

● 263 **Ab Vils** (R 82)
1½ Std.

Auf bequemer Straße, meist durch Wald (Alpstrudel-Wasserfall).

● 264 Bergstation Füssener Jöchl, 1816 m

Nur Einkehr, keine Unterkunft.

● 265 Otto-Mayr-Hütte, 1530 m

DAV-Sektion D-8900 Augsburg, Peutingerstr. 24, Tel. 08 21 / 51 67 80. Hüttenwirt Erl, Brandschrofenweg 4, D-8958 Füssen, Tel. 0 83 62 / 64 85. Ende Mai bis Ende Oktober, außerdem Weihnachten, Ostern, Pfingsten. 23 B., 34 M., 15 L. Kat. II. Auf waldumgebener Blöße oberhalb des Hinteren Reintalbodens gelegen, idealer Standort für Wanderungen und Bergfahrten im Reintalbereich.

● 266 Ab Musau (R 93) im Lechtal (herkömmlicher Talort)
3 Std., bez.

Auf AV-Steig steil hinauf zur „Achsel", wo man auf den für Holz- und Alpwirtschafts-Kfz befahrbaren Wirtschaftsweg ins Reintal (Talort: Roßschläg-Bärenfalle; großer Parkplatz) trifft. Nun bequem auf diesem zur Hütte.

● 267 Ab Frauensee (R 94)
3½ Std., bez.

Auf bez. Forstweg nordwestl., bis man auf den von Roßschläg heraufkommenden Wirtschaftsweg (R 266) trifft.

● 268 Ab Füssener Jöchl (R 88)
¾ Std.

Benützung der von Grän aufs Jöchl führenden Sesselbahn bequemster Hüttenanstieg. Ab Jöchl südöstl. in wenigen Min. zum Reintaljöchl 1846 m und auf AV-Steig hinab zur Hütte.

● 269 Willi-Merkl-Gedächtnis-Hütte, 1550 m

In unmittelbarer Nachbarschaft zur Otto-Mayr-Hütte stehende Selbstversorgerhütte des DAV-Sektion Friedberg, Hergottruhstr. 1, D-8904 Friedberg, Tel. 08 21 / 60 33 26, 30 M. Nur mit Schlüssel!

● 270 Neue Füssener Hütte, 1535 m

Ebenfalls in unmittelbarer Nachbarschaft zur Otto-Mayr-Hütte, von dieser aus bewirtschaftet, 61 M. Alle Daten wie R 265.

● 271 Musauer Alp, 1267 m

Privater Berggasthof mit Alpwirtschaft, Ostern bis 20. Oktober, 28 B., 50 M. im Vorderen Reintalboden am Weg zur Otto-Mayr-Hütte, 1 knappe Std. unter dieser. Alle sonstigen Daten wie R 265 ff.

• 272 Gimpelhaus, 1685 m

Privates „Berghotel“ in aussichtsreicher Lage unter den SO-Abstürzen der Roten Flüh. Ostern bis Anfang November sowie 26. Dezember bis 6. Januar, 50 B., 250 M.

• 273 Ab Nesselwängle
Knapp 2 Std., bez.

Auf Steig in zahlreichen Steilserpentinen durch Bergwald (bei Nässe unangenehm schmierig). Materialbahn.

• 274 Tannheimer Hütte, 1713 m

Ein im Gegensatz zum betriebsamen Gimpelhaus ruhiges Idyll in herrlicher Aussichtslage. DAV-Sektion Allgäu-Kempten, Mitte Mai bis Mitte Oktober, 30 M., Kat. I. Tel. 0 56 75 / 64 26. Besonders zu rühmen: erste biologische Kläranlage einer AV-Hütte!

• 275 Ab Nesselwängle (R 87)
¼ Std.

Wie R 272 zum Gimpelhaus und an diesem vorbei nahezu eben ans Ziel.

• 276 Ab Nesselwängle
2½ Std. Lohnender als R 275.

Vom nordöstl. Ortsausgang durchs Walzbachtal (bez. Steig) zunächst über Steilwiesen, dann links haltend durch steilen Bergwald zum Verbindungssteig Tannheimer Hütte — Sabachjoch. Hier links nahezu eben zur Hütte.

• 277 Ab Höfen / Lechtal
Schönster Anstieg, 1½ Std. ab Bergstation. Bergerfahrung nötig. Botanisch unvergleichlich interessant.

Mit der Reuttener Bergbahn zur Bergstation, dann nordwestl. übers Tiefjoch (uralter Einwanderungsweg der ersten Nesselwängler, vgl. R 1), 1723 m; hier jenseits hinab zur Schneetaler Alp, 1650 m, ab hier auf zuweilen verwachsenem Alpsteig nordwestl. zum Anschluß an R 276 und weiter wie dort zur Hütte.

• 278 Hahnenkamm-Gebiet, 1600—1900 m

Diese etwa 3,5 km in N-S-Richtung ausgedehnte, vielfach gewellte Alpterrasse ist seit Erbauung der Reuttener Bergbahn als alpines Wandergelände und Stützpunkt für Bergfahrten im S-Kamm der

Tannheimer Gruppe immer mehr erschlossen worden. Das Ghs. der Bergstation, 1742 m, bietet nur Einkehr, keine Unterkunft. Die drei größten Alpbetriebe, Höfener Alp, Lechaschauer Alp und Gehrenalp, 1611 m, bieten Einkehr, gelegentlich auch Unterkunft; vorherige Anfrage ist jedoch ratsam. Das gleiche gilt auch für die bei der Höfener Alp liegende Cillyhütte. Nahe der Bergstation der Alpenblumengarten Hahnenkamm und der „Alpenrosen-Rundweg“ mit 6 km Länge.

Die Vilser Alpen

• 279 **Haldenseehaus,** 1150 m

Im Talboden der Nesselwängler Ache unterhält die DAV-Sektion Hohenstaufen diese im Ortsteil Schmitte der Gemeinde Nesselwängle (R 87) gelegene Talherberge (Tel. 07161/52879 — D-7324 Rechberghausen, Zeppelinstr. 3.), Anmeldung erforderlich (36 B., 38 M.).

• 280 **Haus Schattwald,** 1100 m

Eine weitere Talherberge (im äußersten W des Tannheimer Tals) befindet sich im Ortsteil Fricken der Gemeinde Schattwald (R 91). Sie gehört der DAV-Sektion Geislingen/Steige, Anmeldung Tel. 07331/64340, Spitzbergenstraße 9, D-7347 Bad Überkingen/Oberböhringen, 23 B., 40 M.

• 281 **Krinnealp,** 1528 m

Mit Sesselbahn (375 Pers./Std.) ab Nesselwängle, Ortsteil Schmitte erreichbare private Alpwirtschaft auf Weideterrasse unter den N-Abstürzen der Krinnespitze, 2002 m. Einkehr und 21 L.

• 281 a **Ab Nesselwängle**

1½ Std. auf steilem Waldweg.

• 282 **Nesselwängler Ödenalp,** 1672 m

Der Krinnealp (R 281) westl. benachbarter privater Alpbetrieb (½ Std.), Einkehr, Unterkunft fraglich.

• 283 **Gräner Ödenalp,** 1731 m

20 Min. über der Nesselwängler Ödenalp im Sattel zwischen Litnisschrofen und Krinnespitze gelegen, im übrigen wie R 282. Das gleiche gilt von der vierten, sich um den attraktiven Aussichtsgipfel Krinnespitze scharenden privaten Alphütte, der

● 284 **Rauther Alpe,** 1457 m

Das zu R 282 Gesagte gilt auch hier. Bequem auf guter Alpstraße (R 87) erreichbar.

● 284 a **Ab Rauth**
1 Std.

Besonders lohnend ist die Wanderung auf dem die vier Alpen verbindenden Rundweg.

● 285 **Usseralp,** 1633 m

Die im obersten Talboden des kurzen Ussertals gelegene private Alphütte bietet Einkehr, keine Unterkunft.

● 285 a **Ab Tannheim / Schmieden**
2 Std.

Auf steilem Alpweg, oder (bequemer) mittels der Neunerkopfbahn (R 89), von deren Bergstation, 1864 m, südl. ausholend auf einem Alpsteig abwärts gehend, ½ Std.

● 286 **Windblässe,** 1486 m **und Gundhütte,** etwa 1800 m

Die beiden Neunerkopfbahn-Stationen bieten zwar Einkehr, jedoch keine Unterkunft.

● 287 **Landsberger Hütte,** 1810 m

Einzige AV-Hütte in den Vilser Alpen, auf aussichtsreichem Felsriegel über dem Traualpsee gelegen, DAV-Sektion Landsberg a. L., D-8910, Ferstlstr. 13 (Hüttenwirt A-6600 Reutte, Tel. 0 56 72 / 3 90 44, Hütte 0 56 75 / 62 82), Pfingsten bis Mitte Oktober, 30 B., 140 M. WR 16 M. Kat. II. Umfassendes Tourengebiet in den Vilser Alpen. Hochalpines Skigebiet.

● 288 **Ab Vilsalpsee** (R 84, 89)
2½ Std., bez.

Vom Parkplatz auf AV-Weg, teilweise steil, über den Traualpsee, 1631 m, ans Ziel. Materialbahn.

● 289 **Ab Haldensee** (R 84)
4½ Std.

Auf Alpwegen durchs Strindenbachtal (Wasserfall) zur Strindenscharte 1870 m, (3 Std.), wo der die Hütte berührende Saalfelder Höhenweg (R 383) beginnt. Weiter wie dort.

● 290 **Ab Nesselwängle / Rauth** (R 87)
5—6 Std., teilweise Seilsicherungen.

Auf dem „Dillingerweg" des DAV durchs einsame Birkental (Vorsicht bei Querung des von den Krinnespitzmähdern herabkommenden Krottentaltobels, Drahtseilsicherungen) in den Talgrund, hier steil durch schütteren Bergwald, später Latschen zur Terrasse der „Gappenfelder Notlend" (einziger Zirbenbestand in den Allgäuer Alpen) und in das unter der Lachenspitze eingebettete Östl. Lachenjoch, etwa 1925 m. Jenseits hinab über Weidegras zur Hütte.

● 291 **Untere Roßalp**, 1397 m, **Obere Roßalp**, 1685 m, und **Tannheimer Älpele-Alp**, 1529 m

beschließen den Reigen der alpinen Stützpunkte in den Vilser Alpen.
Die beiden erstgenannten erreichen wir ab Tannheim durchs Roßalptal, 1 bzw. 2 Std., die letztgenannte auf bez. Steig auch ab P. Vilsalpsee (R 84), 1½ Std. Am lohnendsten ist die Umrundung des Schnurschrofen-massivs, indem wir den ab Oberer Roßalp zum Zirleseck, 1872 m, führenden Steig weiter verfolgen, bis wir im obersten Talgrund des Älpelebachs auf den von dort heraufkommenden Alpweg treffen. Ihm folgen wir nun bergab zur Tannheimer Älpelealp, 1529 m, von wo aus uns eine bequeme Alpstraße talab nach Tannheim zurückbringt. Insgesamt 4—5 Std.

Abschnitt 13 (zu R 92—R 103)

● **292** Die zwischen Vils (R 77) und Weißenbach (R 95) im linksufrigen Einzugsbereich des Lech vorhandenen alpinen Stützpunkte wurden in Abschnitt 12 (s. R 259—291) bereits erörtert. Zwischen Weißenbach und Vorderhornbach sind die linksufrigen Lechtalflanken abweisend und unbesiedelt. Erst von Vorderhornbach ab darf der Bergwanderer wieder mit alpinen Standorten lechaufwärts rechnen.

● 293 **Kaufbeurer Haus**, 2007 m

Im Urbeleskar inmitten eines hochalpinen Rahmens gelegene unbewirtschaftete, Pfingsten bis Anfang September bewartete Alpenvereinshütte der Sektion Allgäu-Immenstadt (Rathausplatz 1, D-8972 Sonthofen, Tel. 0 83 21 / 27 76) (Anfrage wegen des Hüttenschlüssels). 7 B., 22 M., 5 L. Idealer Stützpunkt für hochalpine Unternehmungen in der Östl. Hornbachgruppe; Kat. I.

● 294 Ab Hinterhornbach (R 97)
3 Std., bez.

AV-Steig zunächst steil durch Wald, dann über Weideböden bergan.

● 295 Hermann-von-Barth-Hütte, 2131 m

Im Wolfebnerkar unter den Abstürzen der gleichnamigen Spitze aussichtsreich gelegene Unterkunft der DAV-Sektion Düsseldorf (Jordanstr. 3, D-4000 Düsseldorf 30, Tel. 02 11 / 44 47 10), Pächter Vonier, Elbigenalp / Griesau 34, A 6652, Tel. 0 56 34 / 212 oder 225. 1. Juli bis 30. September, 50 M., Kat. II.

● 296 Ab Elbigenalp
4 Std.

Auf bequemem AV-Steig, zunächst durch Wald, dann über Weidegelände. Materiallift ab Kögelehütte (unterwegs).

● 297 Weitere Hüttenanstiege:

im Zuge der unter Teil IV (Übergänge und Höhenwege) geschilderten Höhenwege (R 403—407).

● 298 Bernhardseck-Hütte, 1802 m

Privates Berggasthaus in herrlicher Lage auf dem Bernhards-Rücken (R 100) mit umfassender Aussicht auf die gegenüberliegenden Lechtaler Alpen. Nur während der warmen Jahreszeit.

● 299 Ab Elbigenalp-Westausgang (R 99)
2½ Std., bez.

Bequemer Steig. Anmarsch von oben: auf Höhenweg R 406.

● 300 Bergstation der Jöchlespitzbahn, 1768 m

Die ab Ortsteil Benglerwald der Gemeinde Bach (R 100) verkehrende Sesselbahn unterhält bei der Bergstation ein Ghs., das der Einkehr, nicht jedoch der Unterkunft dient. Stützpunkt für Bergwanderungen im Bereich der südl. Krottenkopfgruppe.

● 301 Holzbauer Höhenbachtal

Das bei Holzgau in den Lech mündende Höhenbachtal (R 101) bietet in der Vorderen Schochenalp, 1329 m, und in der Oberen Roßgumpenalp, 1690 m, Einkehr und Notunterstand beim Aufstieg zur Kemptner Hütte (R 174ff.). Mit Unterkunft ist kaum zu rechnen. Das gleiche gilt von der im Schochenalptal (westl. Seitental des Höhenbachtals) gelegenen Hinteren Schochenalp, 1832 m, Zwischenstation auf dem selten begangenen Steig von Holzgau zur Rappenseehütte über die Kleine Steinscharte (vgl. R 355).

● **302** **Holzgauer Haus,** 1512 m

Privates Berggasthaus, ganzjährig geöffnet, in unmittelbarer Nähe des Weilers Lechleiten, 1539 m (R 103), ist ebenso wie das benachbarte

Berg-Hotel Sonnfluh, 1465 m

in Gehren — beide gehören der Gemeinde Steeg (R 102) an — und die 250 m über Lechleiten liegende

Lechleitner Alp, 1782 m

und das in

Lechleiten, 1539 m,

selbst liegende Dorf-Ghs. idealer Stützpunkt für Wanderungen und Bergfahrten im Grenzbereich zwischen Biberkopf und Haldenwanger Eck (R 352, 355, 436), nicht zuletzt aber auch für den Übergang aus dem oberen Lechtal in den Oberstdorfer Raum (vgl. R 113 und 302).
Zufahrt für alle vier: auf guten Verbindungswegen ab Bundesstraße Lechtal-Hochtannberg (R 103, 113).

Abschnitt 14 (zu R 104—R 107)

● **303** Das in diesem Abschnitt gewürdigte Gebiet gehört vorwiegend dem Allgäuer Gebirgsvorland an. Nur ein kleiner Teil (rund ums Immenstädter Horn und am Prodelkamm) hat voralpinen Charakter. Für Berggasthäuser ist hier wenig Raum und AV-Schutzhütten fehlen völlig.

● **304** Die **Mittag-Bergstation,** 1451 m,

der Immenstädter Sesselbahn (650 Pers./Std.) bietet Einkehr, jedoch keine Unterkunft. Die südöstl. darunter gelegene Alpe Oberberg gehört zum Gunzesrieder Gebiet (R 219).

● 305 Almagmach-Hotel, 1130 m

Im bewaldeten Talgrund des Steigbachtals oberhalb Immenstadt gelegen, privat, ganzjährig geöffnet, vorherige Anfrage wegen Unterkunft ratsam. 4 km ab Immenstadt-Friedhof, bequemer Fahrweg, Kfz-Sperre.

● 306 Alpwirtschaften im Steigbach-Talgrund

Die privaten Alpwirtschaften dienen sommers wie winters (in den oberen Regionen gutes Skigebiet) der Einkehr und Unterkunft. Vorherige Anfrage wegen Unterbringungsmöglichkeit ist in jedem Falle ratsam. Hervorzuheben sind: Mittelbergalp, 1368 m auf der Wasserscheide zwischen Schwarzem Meer (Steigbachtal) und Nordsee (Weißachtal); Gundalp, 1502 m, am Stuiben-N-Kamm; Sonneck-Bergheim, 1356 m auf der Seifenmoosalp. Alle drei sind unmittelbar von Almagmach (R 305) aus oder über den bei der Hölzkapelle von der Almagmachstraße abzweigenden bequemen Fahrweg zu erreichen (je 1 Std., Gundalp 1½ Std.).

● 307 Kemptner Naturfreundehaus, 1445 m

Geräumiges Berggasthaus der „Naturfreunde", ganzjährig geöffnet, vorzügliches Skigebiet, wintersüber Schlepplifte ab Bühl / Rieder (R 107).

● 307 a Ab Immenstadt
3½ Std., bez.

Schönster Aufstieg ab Immenstadt / Friedhof auf steilem Waldpfad zum Immenstädter Horn, 1490 m, dann südwestl. hinab (200 m Höhenverlust) in den Sattel zwischen Horn und Rotkopf, jenseits schließlich wieder bergauf ans Ziel.

● 308 Ab Rieder (R 307)
Je 2½ Std.

Auf Alpwegen westl. ums Gschwender Horn, 1450 m, herum, oder auf dem zur Seifenmoosalp (R 306) führenden Fahrweg, von dort dann 20 Min. nordöstl. zu den Naturfreunden.

● 309 Speziell für skifahrende AV-Mitglieder gibt es in diesem Raum 2 AV-Skihütten: das Rabennest, 1085 m, der Sektion Neu-Ulm, nordwestl. unterm Immenstädter Horn, ¾ Std. ab Rieder, und die Starkartsgundalp-Skihütte, 1210 m, in den W-Hängen des Gschwender Horns (Sektion Landsberg a. L.).

● **310** Unter dem durch die Skilifte von Ratholz und Thalkirchdorf, sowie durch die Hündle-Sesselbahn ab Hinterstaufen erschlossenen Prodelkamm befinden sich mehrere private Alphütten, die wintersüber als Stützpunkte für Skiläufer — meist nur Einkehr, keine Unterkunft — in Frage kommen.

Abschnitt 15 (zu R 108—R 112)

● **311** In diesem Raum haben wir es mit dem Einzugsgebiet der Weissach, der Rotach und der Oberen Argen zu tun, soweit es auf Bayerischem Boden liegt. Allein das Obere Weißachtal, Ehrenschwangtal genannt, erfreut sich in den N-Hängen zwischen Stuiben und Hochhädrich eines voralpinen Rahmens. Nur hier ist Raum für eine einzige AV-Schutzhütte und für einige Berggasthäuser.

● **312** **Staufner Haus,** 1600 m

DAV-Sektion Oberstaufen-Lindenberg, Tel. 0 83 86 / 21 46 Hüttenwirt: Peter Vetter, 8974 Oberstaufen-Steibis. Tel. 0 83 86 / 82 55, ganzjährig geöffnet (ausgenommen Anfang November bis Mitte Dezember), 11 B., 60 M. Kat. II. 108 m unter der Bergstation der Hochgrat-Seilbahn. Skigebiet! Mehrere Skilifte!

● **313** **Ab Steibis** (R 108)
4 Std., bez.

Auf Fahrstraße zum Ghs. Lanzenbach, 826 m, am linken Weißachufer, dann auf bequemem Alpweg über die Untere Lauchalp, (Parkplatz 1000 m), zur Schilperealp, 1100 m, (Parkplatz) — bis hierher mit Kfz gegen Maut — und nun auf bez. Steig, zuletzt steiler bergauf ans Ziel, 1½ Std. ab Schilpere.

● **314** **Ab Weißach,** 662 m
5—6 Std., schöner, jedoch länger als R 313.

Auf Wiesenweg zum schön gelegenen Weiler Buchenegg, 851 m, 1½ Std., dann — zunächst ansteigend, später steil hinab in die Weißachschlucht (Wasserfall) und jenseits hinauf zum Ghs. Brunold, 1,5 km vor Lanzenbach und weiter wie R 313.

● **314a** Am bequemsten: Mit der Kabinenseilbahn auf die Hochgratschulter P. 1708. Talstation Eibele-Alp 854 m, 5 km ab Steibis auf guter Fahrstraße. Parkplatz. Bei der Bergstation Einkehr, jedoch keine Unterkunft.

● **315 Im Ehrenschwangtal** befinden sich einige private Alpwirtschaftsbetriebe, bei denen wohl mit Einkehr, nicht jedoch mit Unterkunft gerechnet werden kann. Bemerkenswert ist die unweit der Talstation der Hochgratbahn stehende Rochuskapelle neben der Simatsgrundalp von 1649 (Madonna erst Ende 19. Jh.).

● **316 Im Lanzenbachtal**

Im vielfach verästelten und teilweise walddurchsetzten Lanzenbachtal zwischen dem nach W absinkenden Rindalpenkamm und dem ihm nördl. vorgelagerten Fluh-/Imbergmassiv befinden sich zahlreiche private, teilweise zu Ghs. umgebaute Alpwirtschaften, von denen manche — soweit sie nicht verpachtet sind — dem Touristen Einkehr und auch Unterkunft bieten. Näheres bei den Verkehrsvereinen Oberstaufen und Steibis zu erfragen.

● **317** **Ansbacher Skihütte,** 1218 m

im Sattel zwischen dem Imbergkamm, 1325 m und der Fluh, 1391 m, DAV-Sektion Ansbach, Selbstversorger, nur nach Anmeldung beim Hüttenwart, E. Seemann, Heidingsfelderweg 2, D-8800

Ansbach, Tel. 0981/87964. 15 M. Günstiger Stützpunkt für Wanderungen im Lanzenbach-Talkessel, gutes Skigebiet für Anfänger und Langläufer.

● **317a** **Ab Steibis (R 108)**
1½ Std., bei Benützung der Imberg-Sesselbahn oder der Mautstraße 10—30 Min.

Abschnitt 16 (zu R 113—R 134)

● **318** **Berggasthaus Adler, Hochkrumbach,** 1666 m

Privates Berggasthaus auf dem Hochtannbergpaß (R 113), ganzjährig geöffnet, 50 B. unmittelbar an der über den Paß führenden Bundesstraße inmitten der Weideflächen gelegen. Günstiger Ausgangspunkt für Bergfahrten im Widdersteinbereich (R 429f.). Vorzügliches Skigelände, nicht selten aber Lawinengefahr! Zufahrt auf der modern ausgebauten und mit zahlreichen Lawinensicherungen versehenen Bundesstraße von O aus dem Lechtal und Arlberg/Flexenpaß-Raum, von W aus dem Bregenzerwald. Camping.

● **319** **Berggasthaus Nesslegg,** 1496 m,

in unmittelbarer Nähe der vom Hochtannberg nach Schröcken hinabführenden Bundesstraße auf aussichtsreichem Alpweidebalkon gelegen, ganzjährig geöffnet.

● **320** **Berggasthaus Neuhornbach,** 1650 m

Privates Ghs. (wintersüber Skihütte) auf aussichtsreicher Alpterrasse unter den S-Hängen des Falzerkopfs, 1968 m. 50 B., 40 M. Anfang Juli bis Ende September, dann ab 20. Dezember bis über Ostern. H. Madlener, A-6886 Schoppernau, Tel. 05515/87105. Materiallift, Ausgangsort für Bergwanderungen im Didamskopf-Schwarzwasser-Gebiet. Weiträumiges Skigelände.

● **321** **Ab Schoppernau** (R 115)
3 Std.

Auf steilem Alpweg über die Stockenden-Bodenalp, 1433 m, und Falzalp 1640 m.

● **322** **Ab Baad / Kleinwalsertal** (R 7)
3 Std.

Übers Starzeljoch, 1867 m, und die Alt-Hornbachalp.

● 323 **Mit der Diedamskopfbahn** (R 115)
Je 1½ Std.

Nach Belieben zur Mittel-, 1545 m, oder Bergstation, 2015 m, und von dort steigend oder fallend über die Breiten- und Falzalp.

● 324 **Diedamskopfbahn-Mittelstation,** 1545 m

In der daneben liegenden Alpe Mitteldiedams Einkehr, jedoch keine Unterkunft.

● 325 **Schönenbach-Vorsäß,** 1025 m

Im weit ausgedehnten Talboden der Subersach liegendes Alpdorf mit zahlreichen Heu- und Wohnhütten nebst Kapelle und drei kleinen Ghs., die beschränkt einfache Unterkunft bieten. Idealer Stützpunkt für Bergfahrten im Ifengebiet und für Wanderungen zwischen Sibratsgfäll (R 118) und Schoppernau (R 115). Nur sommersüber.

● 326 **Ab Schoppernau-Westausgang oder Au / Rehmen** (R 116)
4 Std., einsam.

Durchs Tal des Rehmer Bachs hinauf zum Stogger Sattel, 1400 m. Jenseits über die Osterguntenalp, 1321 m, ins gleichnamige Tal und durch dieses hinab nch Schönenbach.

● 327 **Ab Sibratsgfäll,** 929 m (R 118)
5½ Std.

Südl. hinab zur Rubach, jenseits hinauf zur Bilgerialpe, 937 m und — zuletzt durch Wald — über die Subersach, jenseits südl. weiter und über den Hengstig-Sattel, 1121 m, hinab nach Schönenbach.

● 328 **Waldrast,** 1031 m

Unter der „Sausteig“ genannten, wenig ausgeprägten Paßhöhe, 1050 m, zwischen Hittisau (R 119) und Sibratsgfäll (R 118) liegt dieses gemütliche Berggasthaus (52 B.) neben dem Berggasthaus Mennel (30 B.), 1020 m. Gute ganzjährig geöffnete Stützpunkte für Bergwanderungen im Raum Feuerstätterkopf — Stillbergkamm. Weiträumiges Skigebiet.

● 329 **Alpengasthof Güntle** (Burglhütte), 1400 m

Im Weidegelände nordöstl. unterm Feuerstätterkopf gelegenes Berggasthaus, nur sommersüber, Zugang auf Wirtschaftsweg ab

Balderschwang / Gschwend knapp 4 km, 4 B., 10 M., etwas für Liebhaber der Einsamkeit. Stützpunkt für Bergwanderungen im Feuerstätter- und Hochschelpengebiet.

● 330 **Bodenseehütte,** 1153 m

1,5 km südl. von Balderschwang / Gschwend an der Straße liegendes Berggasthaus unter den W-Hängen des Gelbhansekopfs, 1440 m, Stützpunkt im Hochschelpen- und Feuerstättergebiet.

● 330 a **Obere Mittelalpe,** 1374 m

Auf sonniger Alpterrasse unterm SW-Hang des Riedberger Horns gelegene private Alpwirtschaft mit von der DAV-Sektion Memmingen gepachteten Räumen (18 B., 52 M., ganzjährig geöffnet, Selbstversorger). Anmeldung bei Sektion, Postfach 1749, D-8940 Memmingen, Tel. 0 83 31 / 52 58.

● 330 b **Ab Riedbergpaß** (R 36)
½ Std.

● 331 **Berggasthaus Rindberg,** 1010 m

Oberhalb der von Hittisau (R 119) nach Hirschgund (R 118) — Grenzübergang — führenden Straße in den Sonnenhang des Feuerstätterkopfs gebettetes Ghs., Stützpunkt für Bergwanderungen im Raum Feuerstätterkopf / Gottesackerwände, ganzjährig geöffnet.

● 332 **Berggasthaus Höfle,** 1027 m

Am Lecknersee gelegenes kleines Ghs., 6 B., bewirtschaftet Juni — Anfang Oktober, Ausgangspunkt für Wanderungen im Lecknertal und für Bergfahrten auf den beiderseitigen Randhöhen des Stillbergkamms, 1530 m und der westl. Rindalpen. 7 km gute Fahrstraße (Maut) ab Hittisau über Reute, (vgl. R 121).

● 333 **Alpengasthof Hochhäderich,** 1535 m

Knapp unterm Gipfel des Hochhäderich, 1566 m, in herrlicher Aussichtslage stehendes privates Berggasthaus 12 B., 25 M., ganzjährig geöffnet, Wirt: Anton Bilgeri, A-6952 Hittisau, Hochhäderich-Haus. Gutes Skigebiet, Skilift.

● 334 **Ab Hittisau / Gfäll**
3 Std.

Alpweg über die Alpen Gschwend, Lad und Gehren (bis dorthin Kfz-frei, Parkplatz) 1354 m, ab Gehren ½ Std.

● 334a Ab Steibis (R 108)
1 Std.

Wie R 317a zur Ansbacher Skihütte; ab hier Mautstraße zur Hörmoosalp (20 Min. mit Kfz), sodann über Weidegelände des Hochhädrich-NW-Kamms.

● 335 Alpengasthof Kojen, 1215 m

In sonniger Lage südöstl. unterm Kojen, 1300 m, erbautes privates Ghs. (18 B., 16 M.), Wirtin: Christa Dorn, A-6952 Riefensberg / Kojen über Hittisau. Ausgangsort für Wanderungen und Bergfahrten im waldreichen Gebiet zwischen Hochhäderich und Fluh (R 317). Straßenzufahrt.

● 336 Ab Riefensberg (R 122)
2 Std.

Über Elmauen zum „Steinernen Tor“ und durch dieses hinab zur Moosalp, dann südwestl. ans Ziel.

● 337 Ab Hittisau-Gfäll
2 Std.

Über Au, hier rechts abzweigend auf gutem Alpweg über Schloß — Zimmeregg nordöstl. nach Kojen.

● 338 Die Pfänder-Berggasthäuser

sind auf den gesamten, sich auf eine Länge von rund 11 km von S nach N erstreckenden Pfänderkamm (vgl. R 129ff., 425) mit seinen Haupterhebungen Pfändergipfel, 1063 m; Hochberg, 1069 m; Trögerhöhe, 1042 m, und Daxenberg, 1024 m, verteilt. Beginnend mit den Gasthäusern auf der die aussichtsreiche Ortschaft Fluh, 743 m, tragenden S-Terrasse über das unmittelbar neben der Bergstation der Pfänderbahn liegende Pfänderhotel bis zu den im N gelegenen Ghs. in Möggers, 948 m (vgl. R 132), und Rucksteig, 680 m, nicht zu vergessen die beliebten Ghs. auf den W-Terrassen von Eichenberg (vgl. R 131) und Lutzenreute (vgl. R 131) wird der Wanderer über den Pfänderrücken ohne rechtzeitige Voranmeldung in allen Jahreszeiten kaum mit Unterkunft rechnen können. Es dürfte also empfehlenswert sein, sich über den Verkehrsverein Bregenz rechtzeitig des gewünschten Quartiers zu versichern.
Die technischen Daten der Pfänder-Kabinenseilbahn: 2 Großkabinen für 40 Pers. im Pendelverkehr, 5 Min. Fahrzeit, 440 Pers. / Std., Talstation 414 m, Bergstation 1022 m, 5 Min. südl. vom Gipfel.

IV. Übergänge, Höhenwege

● **339 Vorbemerkung:** Die einheimischen Bergführer (nicht selten zugleich Skilehrer) sind in der Regel den örtlichen Bergsteiger- und Skischulen angeschlossen. Dort ist der Tourist am besten beraten. Der alte Grundsatz, daß die Wahl eines autorisierten, d.h. staatlich geprüften Bergführers die zuverlässigste (und die billigste) Lebensversicherung ist, gilt wie eh und je. Sicherheit und Rechtsansprüche gewähren nur die autorisierten Führer.

Abschnitt 1

● **340 Der Fellhornkamm**

Söllereck, 1706 m, — Schlappoldkopf, 1968 m, — Fellhorn, 2037 m, — Kanzelwand, 2059 m, Aufstieg 5 Std., Abstieg 2 Std. A.

Eine der botanischen Köstlichkeiten in den Allgäuer Alpen. Es gibt drei Möglichkeiten, den Fellhornkamm zu erobern: die ganz Faulen fahren von jenseits (R 169) mit der Fellhornbahn auf den Gipfel.
Die weniger Faulen benützen hierzu die Kanzelwandbahn, nach kurzem Höhenverlust haben sie nur noch 200 m Gegenanstieg.
Wir jedoch bummeln von Riezlern auf bequemem Steig hinauf nach Ober-Westegg, 1239 m, um nun nur noch unmerklich steigend die schönen Alpweiden hinüber nach Schrattenwang und zum Berggasthaus Söller, 1402 m, oberhalb Hotel Schönblick, R 24, Sesselbahn, zu durchwandern (1½ Std.). Dann folgt als einziger Steilaufstieg des Tages das durch Wald und Weideland führende Wegstück zum Söllereck, 1706 m, wo uns der prächtige Blick auf die Oberstdorfer Berge überrascht. Die gemächliche Kammwanderung zum Schlappoldeck — hier zweigt der nicht ungefährliche Nebengrat der Söllerköpfe links ab — und zum Schlappoldkopf, 1968 m (1 Std.), ist dann nur noch reines Vergnügen. In weiteren 20 Min. stehen wir auf dem Fellhorn, 2037 m, und damit auf dem höchsten Punkt des weiträumigen, durch Kabinenbahn und Skilifte erschlossenen Skigebiets zwischen Schlappold-, Bierenwang- und Warmatsgundalpen. Wer es nicht liebt, die Rast zwischen technischen Anlagen und inmitten Menschenansammlungen zu verbringen, tut gut daran, der südöstl. gegenüberliegenden Kanzelwand, 2059 m, zuzustreben. Das kostet 1 Std. und über 200 m Höhenverlust, da wir die

Mulde der Oberen Riezler Alp, 1808 m, durchschreiten müssen. Die 250 m Gegenanstieg werden durch ganz leichte Kletterei am Gipfelaufbau belohnt. Damit haben wir uns einen attraktiveren Gipfel mit einer dem Walmendinger und dem Nebelhorn etwa ebenbürtigen Aussicht und mit weniger Menschen eingehandelt.
Abstieg nach Riezlern entweder über die Riezler Alpen (steil, unschön) oder über die Zwerenalpen (weniger steil), beides 1½ Std., oder über die Kuhgehrenalp, 2½ Std., besonders schön. Wenn man meint, genug gelaufen zu sein, ist die Abfahrt mit der Kanzelwandbahn möglich.

● **341** **Ochsenhofer Scharte,** 1851 m — **Walmendinger Horn,** 1999 m
Aufstieg 3 Std., Abstieg 2 Std., A.

Ab Schwarzwasserhütte (R 139f.) auf bequemem Steig hinauf zur Scharte, ¾ Std., dann ostw. über den begrünten Kamm auf die Ochsenhofer Köpfe, 1950 und 1960 m. Der Übergang zum Lüchlekopf, 1900 m (im Bedarfsfall weichen wir in die S-Flanken aus), kostet 150 m Höhenverlust und Gegenanstieg. Jenseits geraten wir in das von der Technik erfaßte Skigebiet der Muttolbergalp. Das darüber liegende Walmendinger Horn packen wir nicht frontal an (der splittrige W-Grat ist ausgesetzt), sondern über seine SW-Flanke, wo wir alsbald auf den von der Bergbahn hergestellten Gipfelweg und (bei schönem Wetter) beachtliche Menschenmassen treffen. Die Aussicht — insbesondere in den Bregenzer Wald — ist großartig.
Abstieg durch die begraste Steinmulde östl. des Gipfels zur Oberen Walmendinger Alp und auf Alpterrassen 250 m überm Talboden recht gemütlich zur weithin sichtbaren AV-Hütte.

● **342** **Steinmandl,** 1991 m — **Grünhorn,** 2042 m
Kammwanderung, Aufstieg 3 Std., Abstieg 1 Std., B, (an einigen Stellen Vorsicht!).

Ab Schwarzwasserhütte (R 139f.) steigen wir über den aussichtsreichen O-Rücken auf das Steinmandl, 1991 m (1¼ Std.), von dort schöner Blick hinab zur Bregenzer Ache. Der zum Grünhorn, 2042 m, führende Verbindungsgrat wartet mit einigen unschwierig zu überkletternden Felsköpfen auf (Kinder ans Seil), 1½ Std.
Abstieg über den grasigen O-Grat zur Ochsenhofer Scharte (R 341) oder über den schrofigen S-Grat zum Starzeljoch, 1867 m, je 20 Min. und problemlos. Beide Jöcher verbindet ein horizontaler Steig, womit der Heimweg zur Hütte auch für die S-Grat-Absteiger eröffnet ist.

● 343 **Starzeljoch,** 1867 m — **Diedamskopf,** 2090 m — **Gerachsattel,** 1752 m

Höhenweg, Aufstieg 3 Std., Abstieg 1½ Std., A. An den Diedamskopf-Abstürzen ist Vorsicht geboten!

Ab Schwarzwasserhütte (R 139f.) aufs Starzeljoch, 1867 m. Nun westw. über die leicht gewellten Weideflächen der Althornbachalpe, stets die südl. aufragenden steilen Grasflanken des Üntscheler im Blickfeld, zur gemütlichen Neuhornbachhütte, 1710 m, oberhalb Schoppernau. Dann umgehen wir das nördl. über uns liegende Massiv des Falzerkopfs, 1968 m, in weitem Rechtsbogen, der uns schließlich über die Breitenalp, 1662 m, nach N in den zwischen Diedamskopf (links) und Falzerkopf (rechts) eingeschnittenen Sattel, 1800 m, führt, 2 Std. Haben wir noch Zeit, werden wir uns den als Aussichtsberg berühmten, durch eine Sesselbahn ab Niedernau bei Schoppernau erschlossenen Diedamskopf, 2090 m, nicht entgehen lassen. Der Aufstieg stets am Rande der schauerlichen zur Subersach abstürzenden Wände ist interessant, kostet jedoch mit Abstieg zusätzlich 1½ Std. Aus dem Sattel, 1800 m, queren wir schließlich südöstl. zum Gerachsattel, 1752 m, hinab (¾ Std.), um in weiteren 20 Min. an der Schwarzwasserhütte zu landen.

● 344 **Der Ifen-Höhenweg übers Gottesackerplateau,** 1963 m

Gipfelanstieg auf den Hohen Ifen. Aufstieg 3 Std., Abstieg 4 Std., höchster Punkt 2230 m, B, mit Kindern Vorsicht bei der Überwindung der Ifen-Abstürze! Ans kurze Seil nehmen! Kein Wasser. Kompaß dringend anzuraten.

Ab Schwarzwasserhütte (R 139f.) zum Hohen Ifen auf bez. Steig über die Gras- und Schuttflächen der Ifersgundalp in weitem Bogen an den Fuß der S-Mauer. Durch eine Bresche gewinnen wir über Steilgras, Trümmer und Schutt das sanft geneigte Gipfeldach der ungeheuren Schrattenkalk-Platte und über dieses den überm senkrechten W-Absturz aufragenden Gipfel. Die N-Mauer überwinden wir auf zuweilen luftigem Steig (Drahtseil) durch eine breite schrofige, zum Gottesacker hinableitende Schlucht, deren Einstieg markiert ist (bei Nebel Orientierung nicht verlieren!); interessanter Abstecher aufs Hahnenköpfle, 2030 m. Die Überschreitung des in N-S-Richtung 3 km, in W-O-Richtung 4 km messenden Karrenfeldes (Kompaß!) führt uns alle Eigenarten einer verkarsteten Hochfläche vor Augen, die in den Alpen nur noch im Steinernen Meer, in der Übergossenen Alm und in der Hochfläche am Krippenstein Parallelen hat. Wir halten uns Richtung N, dann NO auf die markante in die Oberen Gottesackerwände eingeschnittene Scharte, 1963 m,

2 Std. Jenseits über Schutt hinab zum Windecksattel, 1752 m, den gemsenreichen Torkopf zur Rechten. Am Sattel weist der Pfad ostw. bergab ins tiefer unten bewaldete Mahdtal. Hierbei passieren wir unterhalb der Mahdtalalp, 1500 m, das 96 m tiefe Hölloch (äußerste Vorsicht!). Bei Innerschwende empfängt uns die Weite des vielfältigen Talbodens von Riezlern (2 Std.). Wer die Übernachtung in der Schwarzwasserhütte meiden will, wählt am besten die Auffahrt mit der Sesselbahn ab Auenhütte (R 141) zur Ifenalpe, 1586 m. Ab hier auf bez. Steig zur Ifen-N-Mauer und durch die Scharte aufs Gipfelplateau. 2½ Std. ab Ifenalp.

● 345 **Übergang Kleinwalsertal — Gatterkopf-Schartl,** 1659 m **— Rohrmoos**
Aufstieg 3 Std., Abstieg 3 Std., B.

Ab Riezlern (R 3) gemächlich jenseits der Breitach über die Weiler Inner- und Außerschwende zur Unteren Gatteralp und hier links etwas abenteuerlich durch den verschwiegenen Gattertobel hinauf zu den verkarsteten Böden der längst verfallenen Oberen Gatteralp. Hier treffen wir auf den von den Gottesackerwänden (links) nach Rohrmoos (rechts) führenden Steig, den wir steil hinauf zum Schartl am Gatterkopf, 1659 m, verfolgen (3 Std.). Jenseits in zahlreichen Kehren hinab ins Rohrmooser Tal, ¾ Std., wo wir den von Sibratsgfäll / Hirschgund (Zollgrenzübergang), 4 Std., nach Rohrmoos führenden Karrenweg antreffen. Er bringt uns in knapp ½ Std. zum behaglichen Rohrmooser Gasthaus, 1070 m.
Rückweg entweder auf Jagdsteig zum wenig ausgeprägten Hörnlepaß, 1282 m (1 Std.) — viel nasse Waldwiese —, dann durch Streuwiesen sanft bergab zur Unteren Gatteralp und nach Riezlern (2 Std.) oder talaus auf Mautstraße nach Tiefenbach. Ab hier Bus nach Oberstdorf.

● 346 **Übergang Wildental — Fiderepaß,** 2070 m **— Warmatsgundtal — Birgsau**
Aufstieg 3½ Std., Abstieg 3 Std., A.

Sowohl von Hirschegg als auch von Mittelberg führen gute Wege in das unter den drei Schafalpenköpfen entspringende Wildental. Jeden, der die drei „Walser Kerle“ vom Tal aus sah, wird die Sehnsucht nicht loslassen, auch einmal dort oben gestanden zu sein. Der Karrenweg endet an der Talstation Fluchtalp, der zur Fiderepaßhütte hinaufführenden Materialseilbahn (Rucksacktransport, Weggabel, 1 Std.). Rechts geht's steil hinauf zur Mindelheimer Hütte, links über Weidegelände auf die Vordere Wildenalp, 1674 m, im

Rücken die düsteren, vom Elferkopf abstürzenden Mergelwände. Der Schuttschinder unterm Fiderepaß macht uns ein wenig zu schaffen. Die schmucke, seinen Namen tragende AV-Hütte liegt nicht in der Paßsenke, sondern nördl. davon, 37 m höher. Jenseits auf bez. Steig durch Schutt und Weideböden hinab zur Kühgundalp, 1744 m, und — den bequemen Weg zur Kanzelwandbahn-Bergstation (R 138) und zur Fellhornbahn-Mittelstation (R 9) links lassend, steil hinab in den inneren Talboden des waldreichen Warmatsgundtals, durch das uns ein gemütlicher Alp- und Forstweg talaus in die Birgsau (R 9 ff.) bringt.
Bei Überschreitung des Fiderepasses aus der Birgsau hinüber ins Wildental wird man sich, um rasch die Alpzone zu erreichen, der Fellhornbahn bis zur Mittelstation bedienen.

● 347 Höhenweg Mindelheimer Hütte (R 162 ff.) — **Schafalpen-Geißhorn,** 2366 m — **Widdersteinhütte,** 2010 m — **Hochalppaß,** 1920 m
Aufstieg 3½ Std., Talabstieg je nach Wahl, B.

Zur Mindelheimer Hütte wie R 162 ff. Ein harmloser, nahezu horizontal verlaufender Höhenweg führt uns ab Hütte westw. unter den Wänden des (schwierigen) Angererkopfs hindurch, dann scharf links abbiegend, die abenteuerlichen Türme des Geißhorn-NNO-Grats zur Rechten, an den Fuß des begrasten S-Kamms unseres Gipfels, der uns ohne Schwierigkeit durch einen einzigartigen botanischen Garten mit allen alpinen Kostbarkeiten auf die einsame Spitze führt, 2 Std.
Abstieg über den S-Kamm — nun schon im Bannkreis des gewaltigen, selten erstiegenen Widderstein-O-Grats — auf bez. Steig westw. zur Oberen Gemstelalp, 1692 m, 300 m Höhenverlust! Wer es nicht vorzieht, den Abstieg ins Gemsteltal zu wählen, um über die Unteren Gemstelalpen Bödmen / Mittelberg zu erreichen (2 Std.), wählt den am Gemstelpaß vorbei zur Widdersteinhütte, 2010 m (R 152) hinaufführenden Steig unter den eindrucksvollen Abstürzen des Widderstein-O-Grats. Nun leicht fallend hinüber zum Hochalppaß, 1920 m, 70 m unterm Hochalppaß-Seelein. Sind wir noch unternehmungslustig, verbinden wir diesen Paß mit einem Besuch der westl. gelegenen Höferspitze, 1934 m (s. Farbfoto S. 265), die wir mit ¾ Std. Mehraufwand über ihren schmalen, ungewöhnlich blumenreichen W-Grat erreichen. Ab Hochalppaß dann auf bequemem Alpweg hinab ins Bärgunttal (R 113) und talaus nach Baad (R 7). Postbusverbindung.

● 348 **Die Baader Bergumrahmung: Starzeljoch**, 1867 m — **Hochstarzel**, 1974 m — **Unspitze**, 1926 m — **Güntlispitze**, 2064 m — **Üntscheler**, 2139 m — **Hintere Üntschenspitze**, 2014 m — **Üntschenpaß**, 1857 m

Von Paß zu Paß 2½ Std., Aufstieg 3 Std., Abstieg 2 Std., C, für Kinder an den kritischen Stellen Seilsicherung ratsam. Einer der schönsten Höhenwege in den Allgäuer Alpen. Trittsicherheit und Schwindelfreiheit erforderlich.

Erleichtert wird diese Tour durch Übernachtungsgelegenheit in der Starzelalp (R 154). Das Starzeljoch (R 154) erreichen wir entweder auf dem etwas eintönigen Turatalweg ab Baad, 2½ Std., oder — viel schöner, wenn auch etwas weiter — von Hirschegg und Mittelberg auf dem die S-Hänge des Walmendinger Horns einige hundert m überm Talboden in ganz sanfter Steigung durchziehenden, die Lüchle- und Starzelalp berührenden Steig (A, 3—4 Std.).
Bequeme werden es vorziehen, mit Hilfe der Walmendinger-Horn- oder der Stutzalp-Sesselbahn auf knapp 2000 m Höhe hinaufzufahren, um in leichtem Gefälle über Muttelbergalp und die beiden Stierhöfe die Starzelalp und das gleichnamige Joch zu gewinnen. (A, 2 Std.).
Hier beginnt der durch bescheidene Pfadspuren gekennzeichnete Höhenweg. Er führt durch einen einzigartigen alpin-botanischen Garten mit ständiger Aussicht über die 1000 m tiefer fließende Bregenzer Ache hinweg zu den höchsten Gipfeln des Bregenzerwaldes. Die pausenlos auf der scharfen Gratschneide laufenden Pfadspuren verlangen völlige Trittsicherheit und Schwindelfreiheit. Sie führen uns auf die Hochstarzel, 1974 m, wo nach O ein Nebengrat zur weit in den Baader Talkessel vorgeschobenen Unspitze, 1926 m (1 Std. Mehraufwand) abzweigt. Durchs Derrajoch geht's auf die Güntlispitze, 2064 m (aus dem Joch Abstieg durchs gleichnamige Tal nach Baad). Sie entläßt einen den Üntscheler, 2139 m, tragenden Seitenkamm nach W. Dieser schön geformte, steil nach Schoppernau abstürzende Grasgipfel verlangt ab Güntli mit — durch Zwischenabstieg ins Häfnerjoch veranlaßten — Höhenverlust von 80 m 1 Std. Mehrzeit. Der Hauptgrat bringt uns — immer gleich luftig — zur Hinteren Üntschenspitze, 2014 m. Beim Abstieg zum Üntschenpaß, 1857 m, dem schnellsten Übergang zwischen Kleinem Walsertal und Bregenzer Wald, wird er allmählich zahmer, um schließlich in harmlose Rasenhänge auszulaufen. Abstieg über Weideböden und durch Wald ins Bärgunttal, das wir bei der Unteren Bärguntalp (Einkehr) erreichen. Von hier bis Baad 2,5 km bergab.

● 349 Übergänge von überörtlicher Bedeutung

Die unter Abschnitt 1 (R 340 bis R 348) geschilderten Höhenwege berühren im Zuge ihrer Begehung zahlreiche Übergänge von Tal zu Tal, von denen die folgenden überörtliche touristische Bedeutung haben (alle A):

Zu R 343: Der *Gerachsattel,* 1752 m, als Übergang vom Kleinwalsertal / Schwarzwassertal nach Schönenbach (4½ Std. ab Auenhütte) und damit nach Bezau, Bizau, Sibratsgfäll und Schoppernau im Bregenzerwaldgebirge.

Zu R 343 und 348: Das *Starzeljoch,* 1867 m, als Übergang vom Kleinwalsertal nach Schoppernau im Bregenzerwaldgebirge (4½ Std. ab Baad).

Zu R 344: Der *Windecksattel,* 1752 m, als Übergang vom Kleinwalsertal (Riezlern / Mahdtal) ins Hirschgunder Tal und damit nach Sibratsgfäll im Vorderen Bregenzerwald (5 Std. ab Riezlern); *Hirschgund* ist gleichzeitig Übergang vom Rohrmooser Tal (R 118) in den Vorderen Bregenzerwald (3½ Std. ab Rohrmoos).

Zu R 347: Der *Gemstelpaß,* 1977 m, als Übergang vom Kleinwalsertal zum Hochtannbergpaß (R 349) und damit in den Hinteren Bregenzerwald oder ins Arlberg / Flexenpaß-Gebiet (3½ Std. ab Bödmen / Mittelberg). Der *Hochalppaß,* 1920 m, als Übergang vom Kleinwalsertal zum Hochtannbergpaß (R 349) (s. Farbfoto S. 265) usw. (3 Std. ab Baad).

Zu R 348: Der *Üntschenpaß,* 1857 m, als Übergang vom Kleinwalsertal nach Hopfreben im Inneren Bregenzerwaldgebirge (3½ Std. ab Baad).

Abschnitt 2

● 350 Der Heilbronner Weg

Höchster Punkt: Steinschartenkopf, 2515 m. Von Hütte zu Hütte — gleich in welcher Richtung — etwa 8 Std., C, Kinder gehören bei einigen Passagen ans Seil.

Dieser Höhenweg ist mit dem Begriff Allgäuer Alpen untrennbar verbunden und für unzählige Begeher der Höhepunkt ihres Allgäu-Urlaubs. Man sollte den Höhenweg nur bei sicherem Wetter begehen: Regen verwandelt sich bei solcher Höhenlage auch während des Sommers rasch in Schnee! Dann wird der Gang über seine schmalen Grate und durch die steilen Felsflanken gefährlich. Als einzigen Schutz vor dem Unwetter gibt es während der rund 8 Std. Marschdauer nur das, was man bei sich trägt, und nur einen einzigen Notabstieg. Die rein technischen Anforderungen hingegen sind wesentlich geringer als auf den übrigen drei Allgäuer Klettersteigen.

Wer Wert auf eine ins Einzelne gehende Beschreibung legt, wird den im Bergverlag Rother erschienenen Sonderführer „Heilbronner Weg mit anschließenden Höhenwegen und Klettersteigen" zur Hand nehmen. Hier kann aus Raumgründen nur eine gedrängte Darstellung folgen:

Der Start an der Rappenseehütte hat den Vorteil, daß man den Höhenweg mit 250 m Höhenvorsprung beginnt; der Start an der Kemptner Hütte beschert nachmittags die schöneren Gegenlichtmotive. Durch die Birgsau ansteigend, wählen wir die Rappenseehütte als Ausgangspunkt:

Wenn wir von der Rappenseehütte aufbrechen, erwartet uns im Heilbronner Weg eine 7—8 stündige Hochgebirgswanderung auf bez., wo nötig gesichertem Klettersteig über einige Dolomitgipfel im zentralen Teil des Allgäuer Hauptkamms durch Schuttkare, grasdurchsetzte Steilflanken und über einen vom Zahn der Zeit ziemlich übel zernagten Minigletscher.

Durch die über dem AV-Haus liegende Große Steinscharte, 2263 m, und das anschließende, oft bis in den Sommer hinein schneebedeckte Schuttkar Wiesles, erreichen wir die felsige NW-Flanke des Hohen Lichts, die wir, einem Drahtseil folgend, bis zur Wegteilung am P. 2440 erklettern, 1½ Std. Rechts geht's in leichter Schrofenkletterei auf's Hohe Licht, 2652 m, hinauf, ¾ Std. Den Umweg lohnt eine prächtige Aussicht von den Hohen Tauern bis zu den Glarner und Urner Alpen. Links beginnt der eigentliche Höhenweg mit der bei Schnee- oder Eisbelag heiklen Querung der felsigen Steilabstürze des Hohen Lichts auf Geröllbändern. Wir quetschen uns durch den engen Felsspalt des „Heilbronner Törls" und gelangen über plattiges Gestein zur Kleinen Steinscharte, 2541 m, ¾ Std., aus der ein Steig durchs Schochenalptal nach Holzgau (Tirol) hinabführt.

Kurz vor der Scharte links aufwärts und hart unterhalb der Gratschneide über glatte Platten ihrer Ostflanke zu einer eisernen Leiter, die uns den Aufstieg auf die Grathöhe und den damit erreichten Gipfel des Steinschartenkopfs, 2615 m, erleichtert, ½ Std. Bald verlassen wir den Gipfelgrat, um die durch Drahtseile entschärften O-Abstürze des links über uns liegenden Wilden Manns, 2578 m, bergab Richtung Socktalscharte, 2446 m, zu queren (besondere Vorsicht mit Kindern!), ¾ Std. Den nun folgenden Bockkarkopf,

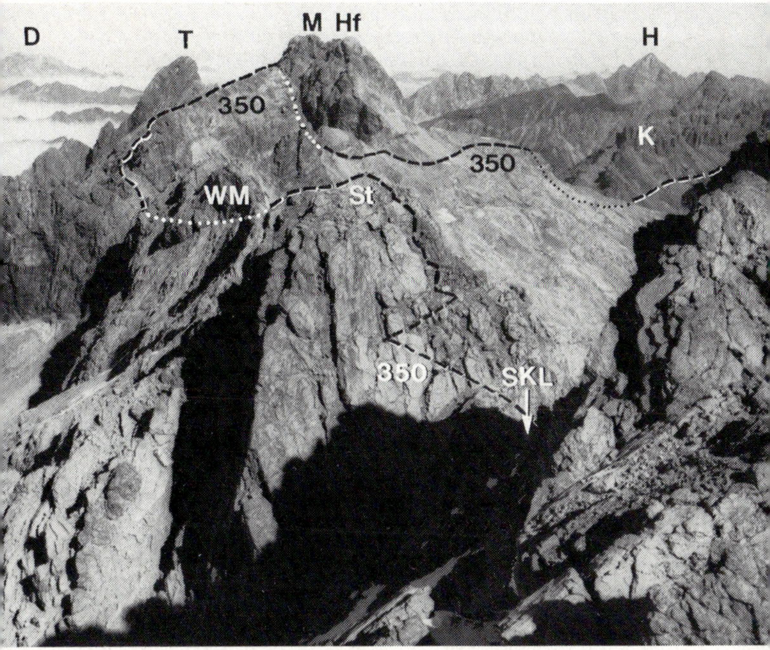

Die Gipfel des Heilbronner Wegs vom Hohen Licht
B = Bockkarkopf, D = Daumen, H = Hochvogel, Hf = Hochfrottspitze, K = Kratzer, M = Mädelegabel, SKL = Kleine Steinscharte, St = Steinschartenkopf, T = Trettachspitze, WM = Wilder Mann, 350 = Heilbronner Weg (Teilstück).

2609 m, 1¼ Std., überschreiten wir auf interessantem, ebenfalls gesichertem Kletterpfad. Jenseits gelangen wir in die Östl. Bockkarscharte, 2522 m, ½ Std., an der alle Schwierigkeiten hinter uns liegen.
Was nun folgt ist nur noch ein Spaziergang über Schutt und Schnee, die Wände von Hochfrottspitze und Mädelegabel zur Linken, hinab

zum winzigen Schwarzmilzseelein, 2250 m, ½ Std. Die S-Flanken des zertrümmerten Kratzermassivs mit sanftem Gefälle ostw. querend wenden wir uns um den Fußpunkt seiner O-Abstürze, P. 2096, 1 Std., herum nach N (das Westl. Mädelejoch bleibt rechts unter uns) und bummeln über Blockwerk und Weideböden zur Kemptner Hütte hinab, 20 Min.

Notabstieg: Ab Socktalscharte auf Steigspuren nordw. durchs Hintere Bockkar zum Waltenbergerhaus, 2084 m, 1 Std., oben steil, bei Vereisung heikel, oder — besser — ab Östlicher Bockkarscharte auf bez. Steig durchs Vordere Bockkar zum Waltenbergerhaus, ½ Std. Notabstieg nach S (Tirol) nicht ratsam: das Gelände ist unübersichtlich und wartet mit Felsabbrüchen auf.

Die Abkürzung des Höhenwegs durch Abstieg ab Bockkarscharte zum Waltenbergerhaus hat den Vorteil, daß man zum Ausgangsort im Tal (Einödsbach / Birgsau) zurückkehrt, während der bis zur Kemptner Hütte Durchlaufende in die Spielmannsau absteigen muß und sein möglicherweise in der Birgsau hinterstelltes Kfz nur mit Mühe erreichen kann.

Da der Heilbronner Weg vormittags an Schönwettertagen von Hunderten ehrgeiziger Bergwanderer berannt wird, ziehen es ganz Schlaue vor, ihn erst nachmittags zu begehen. Dies hat den Vorteil, daß man nur noch Begegnungs- aber keinen Überholverkehr mehr hat. Man kann nach Belieben umkehren und — bei ausreichender Bergerfahrung — sogar den Sonnenuntergang vom Hohen Licht aus genießen (wenn man für den Abstieg eine Taschenlampe besitzt). All dies in der Gewißheit, sich vor dem morgendlichen Abmarsch sein Lager in der Hütte gesichert zu haben (eine Gewißheit, die allerdings nur AV-Mitgliedern zuteil werden kann).

● **351** **Der Wildengund-Höhenweg: Mädelekar,** um 2000 m — **Wildengundkopf,** 2237 m — **Spätengundkopf,** 1990 m — **Schmalhorn,** 1953 m

Ab Waltenbergerhaus Aufstieg 2½ Std., Abstieg 2 Std. A—B.

Ab Hütte auf bez. Steig einige hundert Schritte nordw., bis wir nach rechts umknickend mit geringem Höhenverlust das großartige Mädelekar unter den W-Wänden von Hochfrott-Mädelegabel und Trettachspitze betreten, um es in weitem Bogen zu queren. Dann führt uns der Steig zu den grünen Hängen unter dem felsigen N-Vorbau der Trettachspitze und — gemächlich ansteigend — in nördl. Richtung auf den Wildengundkopf, 2238 m, eindrucksvoller Tiefblick in die wilde Trettachrinne hinab. Der Trettachspitze stehen wir un-

mittelbar gegenüber. Abstieg über den zum Spätengundkopf, 1891 m, hinabführenden Steig und dort scharf links abbiegend über steile Schafweide hinunter zur Hinteren Einödsbergalp, 1538 m. Nach unserer Wahl können wir hier südwestw. (rechts steil) nach Einödsbach oder nordw. (weniger steil) nach Birgsau absteigen. In umgekehrter Richtung (als Hüttenaufstieg zum Waltenbergerhaus) wegen der Grasschinderei hinauf zum Wildengundkopf eine Plage, aber landschaftlich außerordentlich schön, 4 Std.
Leidenschaftliche Gipfelsammler werden am Spätengundkopf nicht links abbiegen, sondern nordw. über die Senke Einödsberg-Egg, 1900 m, zum bis oben hin begrünten Schmalhorn, 1954 m, einem Eldorado für Bergschafe, vordringen, um dann über die verfallene Vordere Einödsbergalp, 1645 m, zur Hinteren Einödsbergalp abzusteigen. Diese Stunde Mehraufwand lohnt sich. Vor dem Abstieg in die Spielmannsau wird dringend gewarnt!
Die Fortsetzung des im Himmelschrofen ob Oberstdorf auslaufenden Wildgundgrats in nördl. Richtung wäre ein tagfüllendes Programm für sich mit mancherlei nicht immer einfacher Schrofenkletterei in völliger Einsamkeit und ohne einen Tropfen Wasser. II, nichts für Kinder, 6—8 Std.

• 352 **Der Höhenweg Rappenseehütte — Schrofenpaß,** 1685 m — **Mindelheimer Hütte,** 2020 m

6 Std., A—B.

Hartnäckige Höhenwanderer, die sich zum Ziel gesetzt haben, einen größeren Teil des Allgäuer Hauptkamms zu absolvieren, könnten — von O her an der Rappenseehütte angelangt — die Mindelheimer Hütte ohne besonderen Höhenverlust erreichen. Der beide Hütten miteinander verbindende Höhenweg gehört zu den schönsten in den Nördlichen Kalkalpen. Ab Rappenseehütte auf dem Aufstiegsweg zunächst hinab zur Weggabel P. 1919, hier links und über die Böden der Oberen Rappenalp mit sanftem Gefälle durch die mergeligen W-Hänge des Rappenköpfls in den wildromantischen, botanisch sehr interessanten Mutzentobel. Jenseits führt der bez. Steig über die Weideböden der Biberalp südwestw. zur Bundesgrenze bei P. 1876 (Salzbüheljoch). Nun westw. durch Latschenfelder um den Grüner herum zum Schrofenpaß, 1685 m (niedrigste Einsattelung im Allgäuer Hauptkamm zwischen Hirschgund und Bschießer).
Die in die Felsen gesprengte Steiganlage hinab zum Haldenwanger Bach (P. 1522, üblicher Verbindungssteig zwischen Rappensee- und Mindelheimer Hütte) rechts lassend, folgen wir auf zeitweise

schwer auffindbaren Steigspuren dem „Rauhgern-Rücken" genannten Grenzkamm durch unübersichtliche Latschenfelder, um mit scharfem Rechtsknick über den knapp 1900 m hohen Haldenwanger Sattel den Haldenwanger Kopf, 2002 m, zu erreichen. Dieser uralte Alpweg ist teilweise verwachsen und nicht bez. Im Kampf mit Latschen nicht Erfahrenen wird er hart zusetzen. Nun über Weideflächen nach N, bis wir auf den von der Gemstelalp (links) zur Mindelheimer Hütte (rechts) leitenden bez. Steig stoßen. Er führt uns um den S-Fuß des Geißhorns herum (R 347) zum Ziel. Der nicht annähernd so schöne Abkürzer über P. 1522 kostet 200 m Höhenverlust und über 500 m Aufstieg durch steile S-Hänge!

● 353 Die Taufersberg-Terrasse und ihr Höhenweg

Höchster Punkt 2020 m, Aufstieg 5½ Std., A. Schönste Möglichkeit des Aufstiegs zur Mindelheimer Hütte, die dem Nichteingeweihten verborgen bleibt.

Wir meiden, von Birgsau ausgehend (R 9f.) den Talhatscher von Oberstdorf durchs Stillach- und Rappenalpental zur Schwarzenhütte, 1262 m, und den sich daran anschließenden Latschenschinder zur Oberen Angereralp, 1907 m, und gehen von Birgsau hinüber zur Gundsbachalp, wo wir die steil durch Gebüsch und lockeren Wald zum Kar Griesgund, 1402 m, hinaufleitenden Steigspuren bei einiger Aufmerksamkeit entdecken. Ab Griesgund südw. über Gras und durch Latschen hinauf zum winzigen Guggerseelein, 1709 m, einem der Glanzpunkte der Allgäuer Alpen. Hier öffnet sich der herrliche Blick auf die Gipfel des Allgäuer Hauptkamms (Weghälfte, 2¾ Std.). Mühelos querend gelangen wir zur Vorderen Taufersbergalp, 1728 m. Der nun folgende, nahezu horizontal verlaufende Marsch durch die steilen Grashänge unter dem Roßgundkopf (Vorsicht mit Kindern!) ist besonders eindrucksvoll, weil er durch die Geburtsstätte der gewaltigsten Lawinen in den Allgäuer Alpen führt. Ins Rappenalptal hinabführende Abzweiger lassen wir links liegen. Den das Roßgundkar westl. abschließenden Felsriegel überwinden wir in etwa 1800 m Höhe auf einem Gamswechsel. Damit haben wir den Hinteren Taufersberg unterm Saubuckelkar erobert. Hier vereinigt sich unser Weg mit dem von der Fiderepaßhütte (R 146) über die Saubuckelscharte (unter P. 2210) herabkommenden „Krumbacher Höhenweg". Stets den jenseits des Rappenalptals aufragenden Allgäuer Hauptkamm im Blickfeld, wandern wir unter den Abstürzen der drei Schafalpenköpfe (R 442), vorbei an der Oberen Angereralp, 1907 m, zur Mindelheimer Hütte (R 162f.). (Siehe Farbfoto S. 241.)

Auf dem Mindelheimer Klettersteig
(Standort: Gipfelgrat des Mittleren Schafalpenkopfs)
HS = Höchster Schafalpenkopf, K = Krottenspitze, M = Mädelegabel, T = Trettachspitze.

● 353 a Der Mindelheimer Klettersteig

Die den Taufersberg überragenden drei Schafalpenköpfe tragen den Mindelheimer Klettersteig. Die an seine Überschreitung gestellten Anforderungen gehen weit über das hinaus, was den Touristen bei der Begehung der anspruchsvollsten Höhenwege erwartet. Aus

diesem Grund wurde von der Aufnahme des Mindelheimer Klettersteiges in diesen Abschnitt abgesehen.
Wer sich dennoch für ihn interessiert, findet alles nötige entweder im *Alpenvereinsführer Allgäuer Alpen* oder im *Kleinen Führer Heilbronner Weg mit anschließenden Höhenwegen und Klettersteigen der Allgäuer Alpen*, die beide im Bergverlag R. Rother erschienen sind.

● **354** **Der Himmelschrofen-Höhenweg**
Höchster Punkt: Hintere Ringersgundalp, bei 1581 m, Mitnahme des Vorderen Wildgundkopfs 1986 m, Aufstieg 3½ Std., Abstieg ins Trettachtal 1½ Std., B. Verlangt Orientierungsvermögen.

Dort, wo der von Loretto ausgehende alte (östl.) Birgsauweg auf die neuerbaute Asphaltstraße trifft, steht neben einem Gatter die Zimmeroy-Rastbank mit kleinem Parkplatz. Hier beginnt ein zunächst kaum erkennbarer, nach kurzem Bummel nordostw. am Waldrand entlang rechts in eine kleine Blöße einbiegender und gleich darauf im Wald verschwindender südwestw. ansteigender Steig. Nach wenigen Min. Weggabel: hier nicht rechts, sondern links hinauf zum Burgstall, 925 m, ehedem Burg der Heimenhofener Lehnsherren des Bischofs von Augsburg. Oberhalb des an den Himmelschrofen-Hang angelehnten Häuschens verlieren sich Pfadspuren im Wald. Sie führen in südl. Richtung recht steil an die Felsen heran und in geschickter Anlage über sie bergauf. Bei P. 1454, 2 Std., treten wir auf freie Grasflächen, die uns bei der nun folgenden Querung zur südl. gelegenen verfallenen Vorderen, 1563 m und Hinteren, 1581 m, Ringersgundalp, 1½ Std., mit steilen Schutthalden abwechselnd immer wieder begegnen. Der freie Blick über das Trettachtal hinweg in die Bergwelt der Spielmannsau ist bezaubernd. Hauptattraktion: die stolze Höfats. Wer Lust und Kraft übrig hat, kann den Vorderen Wildgundkopf, 1986 m (1½ Std. ab Hinterer Ringersgundalp), mitnehmen (I, auch mit trittsicheren Kindern): Schutt, Gras und Schrofen halten sich die Waage, die Aussicht ist umfassend und erhält ihren besonderen Reiz dadurch, daß man von oben her zwei der wichtigsten Täler der Allgäuer Alpen bis in ihren letzten Winkel einsehen kann.
Abstieg ab Hinterer Ringersgundalp auf steilem Alpweg zur Trettachbrücke unterhalb Ghs. Spielmannsau, ¾ Std. Heimweg nach Oberstdorf auf der Fahrstraße über Christlessee, 2 Std. Rückkehr zum Parkplatz, indem wir am Golfplatz links abzweigen, um über Wiesen zum Burgstall zu gehen.

● 355 Übergänge von überörtlicher Bedeutung

Auch die unter Abschnitt 2 (R 350—354) geschilderten Höhenwege berühren mehrere Übergänge von Tal zu Tal, von denen die folgenden überörtliche touristische Bedeutung haben:

Zu R 350: Die *Große Steinscharte,* 2263 m, als Übergang von Oberstdorf / Rappenalptal durch das Hochalptal nach Steeg und damit ins obere Lechtal (3 Std. ab Rappenseehütte).
Die *Kleine Steinscharte,* 2541 m, als Übergang von Oberstdorf / Rappenalpental durchs Schochenalpental und Höhenbachtal nach Holzgau und damit ins Obere und Mittlere Lechtal (4½ Std. ab Rappenseehütte).

Zu R 352: Das *Salzbüheljoch,* 1876 m, als Übergang von Oberstdorf / Rappenseehütte nach Lechleiten und damit ins Obere Lechtal und in die Räume Hochtannbergpaß, Flexen und Arlberg (3 Std. ab Rappenseehütte).
Der *Schrofenpaß,* 1685 m, als Übergang von Oberstdorf / Rappenalpental nach Lechleiten-Warth (4½ Std. ab Parkplatz Faistenoy (R 157).
Der *Haldenwanger Sattel,* knapp 1900 m, als Übergang von Oberstdorf / Rappenalpental zum Hochtannbergpaß und damit in den Inneren Bregenzerwald (5½ Std. ab Parkplatz Faistenoy, R 157). Alle A.

Abschnitt 3

● 356 Der Heilbronner Weg (vgl. R 350)

Daß man den Heilbronner Weg ganz nach Belieben auch von O nach W begehen kann, wurde in R 350 erwähnt. Der Zeitbedarf erhöht sich infolge der um 250 m geringeren Höhenlage der Kemptner Hütte als Ausgangspunkt um etwa 1 Std. Bei frühem Aufbruch ist wegen der im Rücken stehenden Sonne der Beleuchtungseffekt ungünstig, bei mittäglichem Aufbruch hingegen wegen des wachsenden Gegenlichts günstig. Gefahren und Schwierigkeiten bleiben sich gleich. Die Route ist durch Markierung und Sicherungen vorgezeichnet.

● 357 Höhenweg Kemptner Hütte — Kreuzeck, 2374 m — **Rauheck,** 2384 m — **Eissee,** 1829 m — **Himmelecksattel,** 1980 m

6 Std., A (einige Stellen B). Kaum Trinkwasser!

Der Rundgang um die Spielmannsau führt ab Kemptner Hütte zum Großen Wilden auf der Bundesgrenze, von da bis zum Zeiger auf dem durch seine alpine Flora berühmt gewordenen, zum Nebelhorn leitenden Nebenkamm. Zunächst laufen wir in weitem Bogen die begrünten Hänge des obersten Sperrbach-Talgrunds aus und folgen dem sanft ansteigenden Pfad zum Fürschießersattel, 2207 m, 1¼ Std. Jenseits mit 80 m Höhenverlust hinab ins Märzlekar, dessen meist unter Schnee liegenden Schutt wir nahezu horizontal zum breiten Sattel P. 2201, ½ Std., queren. Schöner Blick ins ostw. zum Lech abfließende malerische Hornbachtal, dessen Quelle zu unseren Füßen „auf der March" entspringt.
Nun beginnt der reizvollste Teil dieses unter allen Höhenwegen der Allgäuer Alpen wegen seiner Blumenfülle und wegen der ständig wechselnden Ausblicke in verschiedene Täler wohl eindrucksvollsten, nämlich der Gang über den breiten Rücken aufs Kreuzeck, 2375 m (Tiefblick ins Traufbach-, dann ins Dietersbachtal), und Rauheck, 2385 m (Tiefblick ins Dietersbach-, dann ins Oytal), stets aber auch jenseits ins Hornbachtal, 1 Std. Imposant ist die Aussicht auf die rückwärts immer höher hinaufwachsende Krottenkopfgruppe. Da die Beibehaltung des Grenzkamms ab Rauheck zu gefährlich wäre, wendet sich der Steig nordwestw. der nun unmittelbar gegenüber aufragenden Höfats zu. Bei P. 2044 verlassen wir ihn jedoch nach rechts (geradeaus geht's zum Höfats-Älpele, 1779 m), steigen zum Eissee, 1829 m, und weiter — den obersten Talgrund des Oybachs querend — zu dem vom Hornbachjoch herabfließenden Schartenbach, 1683 m, ab (1¼ Std.). Nach kurzem Gegenanstieg halten wir uns — stets parallel zur Bundesgrenze unter den W-Wänden des Kleinen und Großen Wilden — an der Wildenfeldhütte, 1695 m, vorbei ziemlich auf gleicher Höhe, bis wir um den N-Sporn des Großen Wilden herum mit Rechtsknick zum Himmelecksattel, 1980 m, 1½ Std., aufsteigen können. Hier genießen wir den herrlichen Blick auf die Höfats und ihr Vorgebirge, vergessen aber auch nicht, die uns völlig neue Welt des obersten Ostrachtals im O.

Notabstiege: Infolge der meist steil abstürzenden Talflanken nicht dicht gesät. Ab Rauheck übers Höfatsälpele, 1770 m, um links ins Dietersbach- (schneller) oder rechts ins Oytal, also nach Oberstdorf (bequemer) abzusteigen — oder ab Wildenfeld ins Oytal und ab Himmeleck zum Giebelhaus und nach Hinterstein.

● **358** **Höhenweg Himmelecksattel,** 1980 m — **Laufbachereck-sattel,** 2160 m — **Edmund-Probst-Haus,** 1928 m
3½ Std., HP 2160 m, A, einige Stellen B.

Ab Himmelecksattel erreichen wir, die gewaltigen O-Abstürze des Schneck zur Linken, nach einem Höhenverlust von 230 m über blumenreiche Matten das Laufbacher Eck, 2178 m, wo wir den botanisch besonders interessanten, aus Hornstein aufgebauten Schneck-Salober-Grat überschreiten, 1¼ Std. Zweiter Höhepunkt unserer Reise ist die durch ein alpin-botanisches Paradies führende Fortsetzung des Höhenwegs unterm Schochenkamm (Vorsicht mit Kindern!) und vorbei an den beiden Seeköpfen und am Zeiger, 1994 m, zum Edmund-Probst-Haus unterm Nebelhorn, 1920 m.
Angesichts der gewaltigen Marschleistung bei R 357 wird den meisten der Appetit auf zusätzliche Gipfel vergangen sein. Einen sollte man trotzdem nicht versäumen mitzunehmen: den vom Höhenweg in wenigen Min. erreichbaren Schochen, 2101 m, ein wahrliches Freiluftmuseum der Geologie und Botanik.

● 359 Höhenweg Kemptner Hütte — Hermann-von-Barth-Hütte

Dieser Höhenweg wird in Abschnitt 13 (R 403) vorgestellt, da er sich fast ausschließlich auf Lechtaler Boden bewegt.

● 360 Übergänge von überörtlicher Bedeutung.

Von den in Abschnitt 3 geschilderten Höhenwegen teilweise berührt, verdienen folgende Übergänge von überörtlicher Bedeutung gesonderter Würdigung:

Zu R 356: Das *Obere (Westliche) Mädelejoch,* 1968 m, als Übergang von Oberstdorf / Kemptner Hütte ins Höhenbachtal / Holzgau und damit ins Obere Lechtal, (3 Std. ab Kemptner Hütte).
Das *Östliche Mädelejoch,* 2033 m, als Übergang ins Bernhardstal (R 99) und nach Elbigenalp (Mittleres Lechtal) oder als Übergang zur Lechtaler Bergbahn und nach Bach (Mittleres Lechtal, 4 Std. ab Kemptner Hütte).

Zu R 357: Der *Märzlesattel,* 2201 m, als Übergang von Oberstdorf / Kemptner Hütte ins Hornbachtal und damit ins Untere Lechtal (4½ Std. ab Kemptner Hütte bis Hinterhornbach, R 97).
Das *Hornbachjoch,* 2022 m, als Übergang von Oberstdorf / Oytal ins Hornbachtal und damit ins Untere Lechtal (5½ Std.).
Der *Himmelecksattel,* 1980 m, als Übergang von Oberstdorf / Oytal ins Bärgündeletal und damit nach Hinterstein / Hindelang (7 Std. ab Oytalhaus bis Hinterstein). Alle A.

Abschnitt 4

● 361 **Höhenweg Nebelhorn,** 2224 m — **Geißalpenhorn,** 1953 m — **Rubihorn,** 1957 m
Von Gipfel zu Gipfel 2 Std., B. Kinder sollten bei der Überschreitung des Geißalpenhorns angeseilt werden. Trittsicherheit erforderlich.

Eine prächtige und nahezu mühelose Höhenwanderung beschert uns die Auffahrt mit der Nebelhornbahn zum Edmund-Probst-Haus, wenn wir uns hier nach W wenden, um die Kare Großer und Kleiner Gund zum grünen Geißfuß, 1980 m, zu queren.
Hochalpine Variante: Vom Edmund-Probst-Haus auf den Nebelhorngipfel, 2224 m, und nun auf dem über den Gundkopf, 2062 m, zum Geißfuß führenden schrofigen Grat, der Trittsicherheit verlangt (Mehraufwand ½ Std., auch mit Kindern, die man jedoch ans Seil nehmen sollte).
Das östl. Teilstück vom Geißfuß zum Geißalpenhorn wechselt von Rasenteppichen (Lawinenverbauung) in steiles Geschröf. Ernster wird's beim Abstieg vom Geißalpenhorn zum Niederecksattel wegen eines frischen Felsabbruchs. Die etwa 10 m hohe Kletterstelle ist durch eine in die senkrecht abstürzende N-Wand führende Leiter entschärft. Ab Niedereck-Sattel auf bequemem Steig hinüber aufs Rubihorn mit umfassender Aussicht und prächtigem Tiefblick in den Oberstdorfer Talkessel.

Abstieg entweder steil und unangenehm auf bez. Steig (oben viel Schotter) zum Unteren Geißalpsee (R 24), 1 Std., oder zwar steil, jedoch stets mit Blick auf den südl. Talrahmen Oberstdorfs zur Vorderen Seealp, 1282 m (Mittelstation der Nebelhornbahn, R 19).

● **362 Übergang von überörtlicher Bedeutung**

Zeigersattel, 1982 m, zwischen Nebelhorn, 2224 m, und Großem Seekopf, 2084 m, als Übergang von Oberstdorf Edmund-Probst-Haus (R 182) durchs Wengen- und Ostrachtal nach Hinterstein (R 59), ab Edmund-Probst-Haus bis Giebelhaus (R 62) 2 Std. A.

Abschnitt 5

● 363 **Der Sonnenkopf-Höhenweg**
Höchster Punkt 1833 m, Aufstieg ab Altstädter Hof 3 Std., Abstieg beliebig, 1½—2 Std., A.

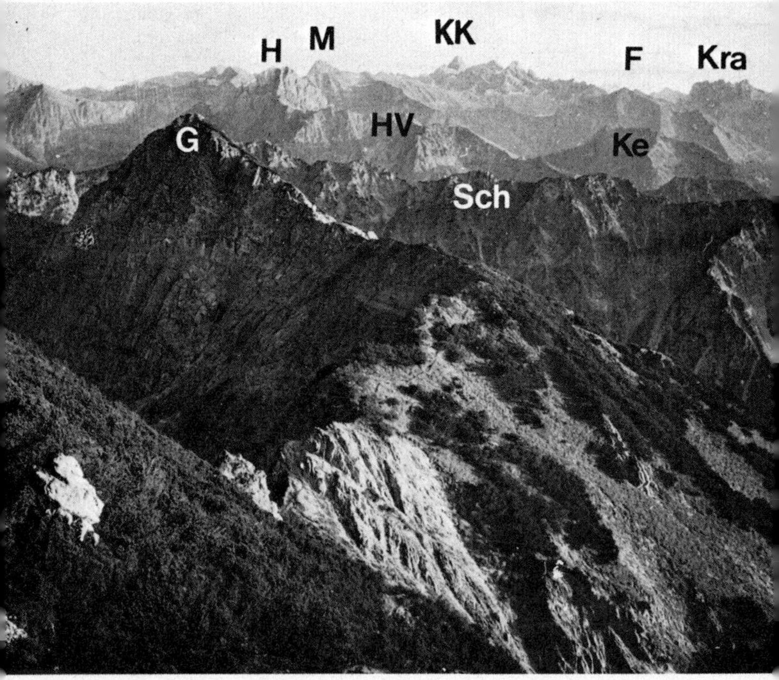

Blick vom Rubihorn nach Süden
F = Fürschießer, G = Geißalpenhorn, H = Höfats, HV = Höfats-Vorgebirge, Ke = Kegelköpfe, KK = Großer Krottenkopf, Kra = Kratzer, M = Marchspitze, Sch = Schattenberg.

Günstigster Ausgangspunkt: Altstädter Hof, 1249 m, mit Kfz gegen Maut erreichbar, Parkplatz. Auf bequemer Forststraße durch Wald hinauf zum Hühnermoos zwischen Gernkopf, 1586 m (links) und Sonnenkopf (rechts). Nun auf steilem Alpsteig in stets südl. Richtung zur immer freier werdenden Kammhöhe, das hochalpine Retterschwangtal unter den imposanten Abstürzen des Daumenmassivs zur Linken. Der Reihe nach überschreiten wir so den Son-

nenkopf, 1712 m, den Heidelbeerkopf, 1767 m (bequemer umgeht man seinen Gipfelaufbau in der W-Flanke), und den Schnippenkopf, 1833 m. Nach S über die Falkenalp zum gleichnamigen Sattel, 1688 m, und nun westw. hinunter durch Alpweiden und Wald zur Geißalp, 1149 m (R 24).
Wer sich mit dem Sonnenkopf zufrieden gibt, wählt Abstieg nach W, um über Alpweide und durch Wald dem nach Schöllang (R 28, Postbus) hinabführenden Alpweg zu folgen. Wer mit Kfz zum Altsrädter Hof auffuhr, tut gut daran, in den Aufstieg-Spuren dorthin abzusteigen, da eine weglose Querung durch die tobelreichen W-Flanken des Sonnenkopfmassivs profunde Ortskenntnis voraussetzt.

● 364 Der Imberger-Horn-Höhenweg
Höchster Punkt 1656 m, Aufstieg ab Sonthofen / Imberg, 880 m (R 49), 3 Std., Abstieg 2 Std., A.

Günstigster Ausgangspunkt: Imberg. Auf bequemer Alpstraße hinauf zum Parkplatz fürs Strausberg-Naturfreundehaus, 1220 m, (Kfz gegen Maut zugelassen), zu Fuß 1½ Std. Nun dem Alpweg zur verfallenen Strausbergalp, 1227 m (daneben kleine Einkehr-Hütte), folgend an den bewaldeten S-Grat des Imberger Horns heran. Er führt uns auf ordentlichem, mit kleinen Felseinlagen geschmücktem Steig zum Gipfel mit prächtigem Tiefblick ins Ostrachtal. Abstieg auf bez. Steig nordw. hinab zum Verbindungsweg Hornalpe (Bergstation der Hindelanger Sesselbahn) — Zwölferkopf, 1355 m — Parkplatz — Imberg.

● 365 Den bequemsten Übergang von überörtlicher Bedeutung in diesem Abschnitt vermittelt der *Strausbergsattel,* 1250 m. Imberg — Mitterhaus 3 Std., A. Er vermittelt uns einen bequemen und trotzdem alpinen Übergang aus dem Sonthofener Raum (R 47 ff.) ins Retterschwangtal und damit nach Hinterstein. Wie R 364 zur Strausbergalp, hier jedoch südw. auf den grasigen Sattel zwischen Imberger Horn und Gernkopf mit herrlichem Blick in die Gipfelwelt des Retterschwangtals. Ab Sattel auf schmalem Steig durch steile Bergwiesen hinab zur Mitterhausalp, 1081 m, und talwärts wie R 59 f.

● 366 Anspruchsvollere Varianten zu R 365:

a) Ab Geißalpe übers *Falkenjoch,* 1888 m, zur Alpe „Bei den Ställen“, 1128 m, im hinteren Retterschwangtal und durch dieses zur Mitterhausalpe und weiter wie R 59 f. 3½ Std., A.

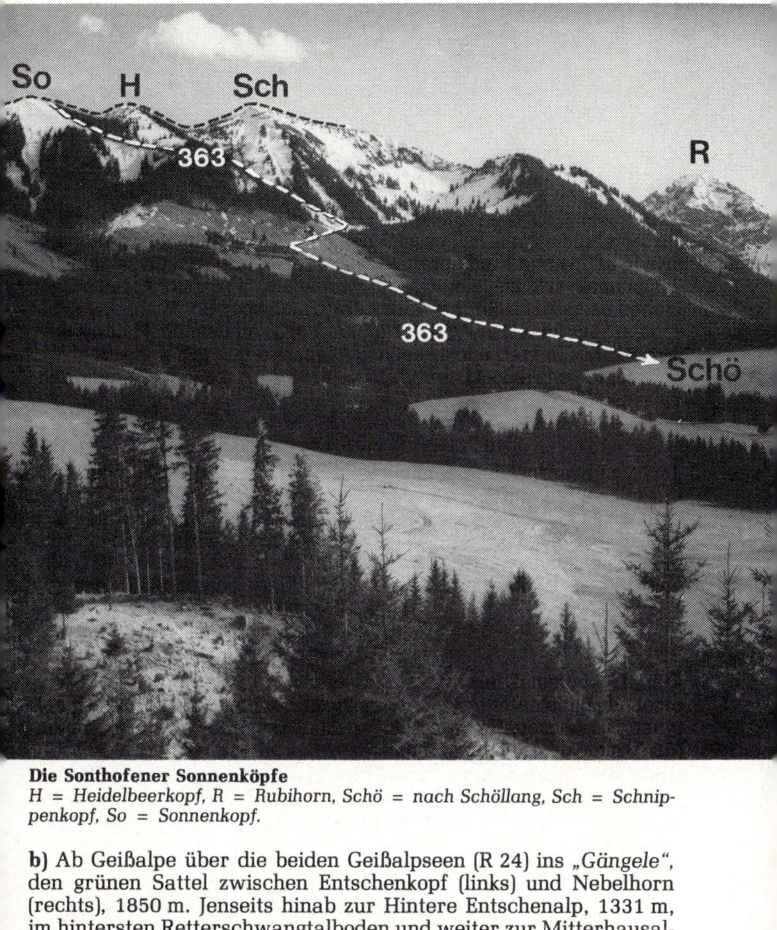

Die Sonthofener Sonnenköpfe
H = Heidelbeerkopf, R = Rubihorn, Schö = nach Schöllang, Sch = Schnippenkopf, So = Sonnenkopf.

b) Ab Geißalpe über die beiden Geißalpseen (R 24) ins *„Gängele"*, den grünen Sattel zwischen Entschenkopf (links) und Nebelhorn (rechts), 1850 m. Jenseits hinab zur Hintere Entschenalp, 1331 m, im hintersten Retterschwangtalboden und weiter zur Mitterhausalpe, 4½ Std., A.

Abschnitt 6

● 367 Höhenweg „Hörnergruppe" über Riedberger Horn, 1786 m — **Großen Ochsenkopf,** 1662 m, **und die „Vorderen Hörner" zum „Allgäuer Berghof"**
5 Std., A.

Mit Postbus, zu Fuß oder mit eigenem Kfz ab Obermaiselstein (R 36) zur Grasgehrenalp (R 36), dem besten Ausgangspunkt fürs Riedberger Horn. Etwas vollmundig als Deutschlands schönster Skigipfel gepriesen, erweist es sich in der schneefreien Zeit als bequem über Gras erreichbarer Aussichtsgipfel von hohen Graden. 1½ Std. Abstieg auf Alppfad durch die oberen Weidegründe des Obermaiselsteiner Bolgenachtals in den breiten Ochsenkopfsattel, 1551 m, und (rechts unter uns das „Schwabenhaus" (R 202) auf den gleichnamigen Gipfel, 1662 m, und über diesen hinab zum Weiherkopfsattel, 1525 m, womit wir in den Bereich der Hörnerbahn (R 37) gerückt sind.
Die nun vor uns liegende Vordere Hörnertour, stets im Angesicht des knapp 1000 m tiefer liegenden Illertals zur Rechten und der das Gunzesrieder Tal säumenden Nagelfluhberge zur Linken, läßt uns vorausahnen, welche skiläuferischen Freuden uns bei Wiederkehr im Winter erwarten. Während der anderen Jahreszeiten herrscht hier oben gemäßigte Stille. Und gerade sie erfreut uns, wenn wir über die gewellten, mit üppiger Flora geschmückten Weideböden von Weiherkopf, 1665m, Rangiswangerhorn, 1615 m, Sigiswanger Horn, 1527 m, und Ofterschwanger Horn, 1407 m, nach N zum Hüttenberger Eck, 1007 m, hinabbummeln, die Wanderung nach Belieben durch Abstieg zur Sonnenterrasse der Hörnergemeinden (östl.) oder in die Wälder des Oster- und Gunzesrieder Tals (westl.) beendend. Landschaftlich fast noch schöner ist die N-S-Überschreitung, die man mit der Sesselbahn Gunzesried — Allgäuer Berghof einleiten mag, was knapp 1 Std. Vorteil einbringt.
Eine über 2 oder mehr Kfz verfügende Wandergemeinschaft kann sich die ärgerliche Bindung an den Postbus-Fahrplan im Gunzesrieder Tal oder in den Hörnergemeinden durch Verteilung der Fahrzeuge ersparen.

● 368 Höhenweg rund um den Besler, 1680 m
Aufstieg ab Obermaiselstein (R 36) 3 Std., Abstieg durchs Gutswiesertal zurück 3½ Std., B. Äußerste Vorsicht am Gipfelkreuz!

Bei dem wie eine Insel aus dem Gewoge der Moränenhügel herausragenden Besler, 1680 m, bedarf es keiner blühenden Phantasie, um zu erkennen, daß wir es hier mit einem kleinen Verwandten der großen Ifen-Familie (vgl. R 344) zu tun haben. Die Besteigung lohnt sich! Wer meint, er könne sich's bequem machen und mit Kfz knapp unter den Gipfel fahren, wird enttäuscht sein. Zwar hat man am Ränkertobelparkplatz an der Paßstraße Obermaiselstein — Balderschwang 1400 m Höhe erreicht, der weglose Aufstieg mit zunächst 60 m Höhenverlust über die Schönbergalp und dann durch die aus begrastem Schutt bestehenden N-Hänge des Massivs zum Einstieg in die Gipfelrinne ist jedoch wenig schön.
Viel lohnender ist's, ab Obermaiselstein durch Wiesen, später auf einem gemütlichen Reitweg sanft ansteigend durch schattigen Wald zur Kammhöhe westl. des Geißwiedenkopfs, 1545 m — knapp unterhalb die Obere Gundalpe — zu gelangen. Den nun unmittelbar vor uns mit senkrechtem Abbruch aufragenden Gipfel nehmen wir nur dann durch die steilgestufte Verschneidung knapp neben der senkrechten NO-Kante (C), wenn wir erfahrene Kletterer und völlig schwindelfrei sind (Kinder selbstverständlich ans Seil!). Normalerweise umgehen wir den N-Wand-Aufbau auf einem in die Einsenkung westl. des Gipfels führenden Steiglein, das uns über den Gipfelkamm zum Gipfelkreuz.
Abstieg nach S aus der soeben erwähnten Einsenkung durch Steilgras und Wald auf gutem Steig zur Freyburger Alp, um anschließend das stille Kfz-freie Gutswieser Tal den Lochbach abwärts zum Hirschsprung zu durchwandern, wo sich uns der Blick auf das zu unseren Füßen liegende Obermaiselstein eröffnet.

● **369** Den einzigen **Übergang von überörtlicher Bedeutung** stellt die Kreisstraße über den Riedbergpaß dar. Postbus Fischen — Obermaiselstein — Balderschwang. Höchster Punkt 1400 m, bei winterlichem Skibetrieb manchmal nur mit Ketten befahrbar, angesichts des Rummels permanente Parkplatzsorgen!
Als Übergang für Fußwanderer beliebig zu variieren und bei einigem Improvisationsgeschick voller schöner Landschafterlebnisse! Obermaiselstein — Balderschwang je nach Routenwahl 14—20 km, A:
S-Route durchs Gutswieser Tal (R 368): Sie führt uns über die Weideböden der Dinigörgenalp hinab zum linken Ufer der Balderschwanger Bolgenach, dann Uferwechsel hinter der Scheuenalp und auf Fußweg neben der vom Riedbergpaß herabkommenden Straße nach Balderschwang, 4—5 Std.

N-Route: Wie R 199 ab Obermaiselstein bis zur Renktobelbrücke unter Grasgehren, hinter ihr rechts ab und auf Alpwegen durch die W-Flanken des Riedberger Horns über Mittelalp, 1374 m, Gundtenalp, 1424 m, hinab zum Schwabenhof und nach Balderschwang, 3½—4 Std.

Abschnitt 7

● **370** Vorbemerkung: Den Höhenweg „Hörnergruppe“ teilen sich die Abschnitte 6 und 7. Die beiden im Abschnitt 7 behandelten Höhenwege (R 371 und 372) bilden zugleich die Grenzen zu den Abschnitten 14 und 15 (R 104—112) und zu Abschnitt 16 (R 113—134). Die natürliche Ergänzung des unter R 367 dargestellten Höhenwegs über die (aus Illertaler Sicht) „Vorderen Hörner“ ist der Höhenweg Hintere Hörner.

● **371** **Höhenweg Hintere Hörner ab Riedberger Horn übers Bleicherhorn,** 1669 m — **Obere Wilhelminealp,** 1500 m — **Siplingerkopf,** 1745 m — **Heidenkopf,** 1685 m **zur Scheidewangalp,** 1317 m
Ab Parkplatz Grasgehren, 1447 m, 5—6 Std. bis Scheidewangalp, A.

Wie R 367 aufs Riedberger Horn, 1786 m. Nun nordwestw. über den breiten, oben mit Latschen bedeckten, dann grasigen Kamm, den Grauenstein, 1641 m, und den Dreifahnenkopf, 1628 m, überschreitend und aus der nächsten Senke übers Hällritzer Eck, 1669 m, aufs doppelgipflige Bleicherhorn, 1669 m. Hier bequeme Abstiegsmöglichkeit über die Hällritzer Alp (R 212) zur Gunzesrieder Säge (R 44, Postbus).
Sind wir jedoch noch unternehmungslustig, dann steigen wir über Weidegras zur Obere Wilhelminealp ab, um jenseits auf steilem, seine sonnseitigen Nagelfluhabstürze überwindenden Steig den blumenreichen Siplingerkopf, 1745 m zu erreichen. Hier biegen wir nach W um, ein bequemer Pfad führt uns über die Nagelfluhfelsen des Heidenkopfs, 1685 m, hinab zu den Weidegründen der Scheidewangalp, 1317 m. Hier sollte man vorsorgend ein abholbereites Kfz (Mautstraße) abgestellt haben — andernfalls bleibt uns der landschaftlich allerdings herrliche Marsch durchs Aubachtal zur Gunzesrieder Säge nicht erspart (knapp 8 km). (Siehe Farbfoto S. 57.)

Warum die Rindalpen Rindalpen heißen
B = Brunnenauscharte, G = Gütle Gelchenwang, H = Hochgrat, HF = Hohenfluhalpkopf, K = Koppachstein, RW = Rindalphorn-Westgipfel.

● 372 Der Höhenweg über die Östlichen Rindalpen

Kammüberschreitung vom Mittagberg bis zum Hochgratsattel 8—10 Std., A. Während der gesamten Kammwanderung kein Wasser! Vorsicht bei der Überschreitung zum Gündlekopf! Wandabstürze nach N!

Dieser Höhenweg führt über jene vom Mittagberg im O

bis zum Hochgratsattel im W 12,5 km Luftlinie messende, im Hochgrat, 1832 m, kulminierende Nagelfluhkette, die das Gunzesrieder Tal im S vom ostw. fließenden Steigbachtal und vom westw. fließenden Weißachtal im N scheidet.

Wer es nicht vorzieht, mit der von Immenstadt abgehenden Sesselbahn auf den Mittagberg hinaufzufahren, dem bleibt es nicht erspart, ab Gunzesried / Reute, 920 m, auf dem allerdings entzückend-romantischen Wald- und Tobelsteig über Buhl- und Schleifalp die im S-Hang unter der Mittag-Bergstation liegende Oberberg-Alp, 1310 m, anzusteuern. Nun westw. querend, den Bärenkopf, 1463 m, links lassend über Gras in die Senke, 1406 m, vor dem Steineberg, 1683 m. Jetzt steil durch Wald bergauf, den Gipfelaufbau nördl. umgehend und in einer Schleife nach links zum Gipfelkreuz. Weiter in allgemein westsüdwestl. Richtung — teilweise über leichten Fels — in den vor dem Stuiben, 1749 m, liegenden Sattel. Aus ihm (gesicherter Steig) stets der Gratkante folgend zum Gipfel. Die anschließende Überschreitung des Sederer, 1737 m, führt in die grasige Einsenkung vor dem Buralpkopf, 1722 m, der nebst seinem Nachbarn, dem Gündlekopf, 1748 m, den botanisch interessantesten Teil des gesamten Höhenweges darbietet. Damit haben wir mehr als die Hälfte des Wegs hinter uns.

Über Gras hinab in die Gündlescharte, 1542 m. Nun folgt der Aufstieg zum Rindalphorn, 1822 m. Der hübsche Doppelgipfel ist rasch zur Brunnenauscharte, 1624 m, überschritten. Sie stellt die Verbindung zum höchsten Gipfel der Nagelfluh, dem 1833 m hohen Hochgrat her. Westl. unterhalb des Gipfels die Bergstation der Hochgratbahn, 1708 m, knapp unterm Hochgratsattel, 1635 m, nördl. das Staufner Haus des DAV, 1600 m.

Notabstiege und Abkürzer: Ab Steineberg südw. über Steinebergalp — Unterkirchalp nach Winkelwiesen, 1080 m — Gunzesried (R 44 ff.), 2 Std.

Ab Sattel östl. Stuiben südostw. zur Wiesachalp und Gunzesrieder Säge (R 44) 1½ Std.

Vom Sattel zwischen Stuiben und Sederer nördl. nach Almagmach / Immenstadt 3 Std. Ab Scharte westl. Sederer nach N über Sederer Alp nach Ehrenschwang 1113 m (R 372) 1 Std.

Ab Gündlescharte südl. zur Hinteren Aualpe — Gunzesrieder Säge, 2 Std. oder nordw. ins Ehrenschwangtal (R 311) 1 Std.

Ab Brunnenauscharte südw. zur Scheidewangalp (R 211) 1½ Std. oder nach N nach Simatsgund / Ehrenschwang 1½ Std.

Blick vom Prodelkamm auf die Rindalpen
B = Buralpkopf, D = Dreherberg, G = Gündlespitze, M = Mittelbergalpe, S = Stuiben.

● 373 Höhenweg Hintere Hörner (R 372 in umgekehrter Richtung)

Man mag darüber streiten, ob es angenehmer sei, diesen Höhenweg in umgekehrter Richtung zu bewältigen. Für die W-O-Richtung spricht, daß bei Benützung der Hochgratbahn (R 108) der Start 280 m (bei Übernachtung im Staufner Haus [R 312 ff.] zwar nur 150 m) höher liegt, dafür aber mit ausgeruhtem Körper beginnt. Für die O-W-Richtung spricht das angenehme Gefühl, die Sonne ab Start am Morgen im Rücken zu haben, ferner die bessere Nachmittagsbeleuchtung (Gegenlicht) für den Fotografen und der bei klarem Wetter überwältigende Blick in den Bodenseeraum und in die Schweizer Berge.

● **374** **Variante**
6—7 Std., A.

Ist man darauf erpicht, mit Kfz an- und wieder abzufahren, dann wählt man die Scheidewangalp (R 44) als Ausgangspunkt des allerdings nun halbierten Höhenweges: Auf Alpweg nach Untergelchenwang, 1417 m, und über die Gütlealp zum Brunnenausattel und wie R 372 auf den Hochgrat, 2¾ Std., A. Anschließend die Kammüberschreitung bis zur Gündlescharte (R 372) und nun Abstieg nach S bis zur Höhenlinie 1400, dann auf Steigspuren westw. zurück nach Untergelchenwang.

● **375** **Variante**
5—6 Std., A bzw. B.

Will man nur das östl. Teilstück des Höhenweges ablaufen, dann macht man's so: Parkplatz Gunzesrieder Säge (R 44). Aufstieg nordwestw. zum Wiesach (bez. Steig) und nun entweder über die SO-Hänge des Stuiben zur tiefsten Senke im Grat zwischen Steineberg (rechts) und Stuiben (links) oder ostw. zur Winkelwiesenalp, 1080 m, und nordwestw. über die Steinebergalp auf den gleichnamigen Gipfel, je 2½ Std. ab Säge, A. Weiter wie R 372 in die Senke zwischen Sederer und Buralpkopf und aus dieser südw. zur Gatteralp. Ab hier entweder (A) über die Wieslealpen südw. zuletzt ostw. hinab zur Straße 2½ km westl. der Säge — oder (schöner, ab B) ostw. weglos durch die steilen S-Abstürze des Sederer zur Rothenalp und weiter südostw. hinunter zur Wiesachterrasse und Säge.

● **376** **Übergänge von überörtlicher Bedeutung** in Abschnitt 7 beschränken sich auf die aus dem Gunzesrieder Tal in den Vorderen Bregenzerwald führenden Wege. Dies sind:
a) Der Sattel P. 1489 unter der Oberen Wilhelminealp als Übergang vom Gunzesrieder Tal über die Hällritzer Alp (R 46) ins Balderschwanger Tal und damit nach Hittisau/Bregenz (Dornbirn), ab Gunzesrieder Säge bis Balderschwang 4 Std., A.
b) Die Scheidewangalp, 1317 m, als Übergang vom Gunzesrieder Tal ins Lecknertal (R 121) und damit nach Hittisau/Bregenz (Dornbirn), ab Gunzesrieder Säge bis Hittisau 6 Std., A.

Abschnitt 8

● 377 Höhenweg Tiefenbacher Eck, 1517 m — **Wertacher Hörnle,** 1695 m
Aufstieg 4 Std., Abstieg 3 Std., A.

Dieser einzige im engeren Sonthofener Raum beginnende Höhenweg ist mehrfach variierbar. Am schönsten mit Kfz ab Sonthofen / Fluhenstein über Unterried hinauf nach Breiten, 1044 m, dann auf Mautstraße bis knapp vor die aussichtsreich am Waldrand gelegene Wick-Kapelle. Hierher auch von Tiefenbach (Postbushaltestelle an der Hindelanger Straße), am schönsten zu Fuß. Weiter auf bequemer Forststraße, meist durch Wald auf die Kammhöhe (Kreuz) und ihr folgend über den dicht bewaldeten Gipfel des Tiefenbacher Ecks, 1517 m, hinüber zum Roßkopf, 1590 m — inzwischen haben wir freies Blickfeld gewonnen — und auf dem gemütlichen Grasrücken nordostw. auf den umfassenden Rundblick über das riesige Waldgebiet ringsum und hinein in die Gipfelwelt der Tannheimer und Hindelanger Berge gewährenden Gipfel des Wertacher Hörnle. Unterm Gipfel das Hörnle-Seelein.
Wenn wir nicht auf dem gleichen Wege zurückkehren wollen, was insbesondere bei Nachmittagbeleuchtung seine besonderen Reize hätte, zweigen wir vom Hörnle zurückkehrend, kurz vor dem Roßkopf links ab und steigen durch Weidegelände ab zum Kleinen Hirschberg, 1456 m, dem schönsten Aussichtsbalkon über Hindelang (interessanter Abstieg dorthin — Postbus — durch den Hirschbachtobel).
Sind wir unternehmungslustiger, wählen wir den Abstieg, vor dem Kleinen Hirschberg links abbiegend, über den auf seinem grasigen SW-Kamm zu erklimmenden Spieser, 1649 m, den östl. benachbarten Großen Hirschberg, 1643 m, nehmen wir noch mit, um dann über die Hirschalp, 1493 m (Einkehr), entweder auf bequemem Alpweg unmittelbar oder unter Mitnahme des östl. aufragenden aussichtsreichen Jochschrofens, 1625 , als Dreingabe auf steilem Pfad nach Oberjoch (Postbus) abzusteigen. Bei diesem Spaziergang haben wir uns großenteils auf Hindelanger (Abschnitt I) und Wertacher (Abschnitt K) Gemeindeboden bewegt.

● 378 Den einzigen Übergang von überörtlicher Bedeutung aus dem Sonthofener Raum finden wir in dem bereits unter R 242, 243, vorgestellten Weg durch die Täler der Burgberger und der Wertacher Starzlach (R 63).

Abschnitt 9

● 379 **Der „Jubiläumsweg“**
Von der Hintersteiner Willersalp, 1456 m, am Grenzkamm entlang zum Prinz-Luitpold-Haus, 1847 m. 8—9 Std., höchster Punkt 2164 m, A. Für das Geißhorn Trittsicherheit und Schwindelfreiheit erforderlich. (Siehe Farbfoto S. 269.)

Ab Hinterstein auf die Willersalp (R 225). Übernachtung hier erspart 1½ Std. Anmarsch für den nächsten Tag. Der Aufstieg von der Alphütte in den „Vordere Schafwanne“ genannten Sattel, 2055 m, zwischen Geißeck und Rauhorn verlockt natürlich zur Mitnahme des nächst dem Großen Daumen höchsten Gipfels in der Hintersteiner Gebirgswelt, des Geißhorns, 2249 m. Dieser Abstecher kostet 1½ Std. und bietet leichte Kletterei.
Jenseits der Schafwanne auf steilem Geröllsteig rund 250 m bergab, dann nahezu horizontal unter den O-Abstürzen des Rauhhorns hindurch und in Kehren hinauf in den Sattel „Hintere Schafwanne“ zwischen Rauhhorn und Kugelhorn, 1957 m. Jenseits führt uns ein bequemer Steig hinab zum bereits sichtbaren Schrecksee. Schöner, wenn auch zeitraubend: Ab Hinterer Schafwanne über den begrasten Grenzkamm auf das Kugelhorn, 2126 m (s. Farbfoto S. 49) und über den südl. folgenden Knappenkopf, 2066 m, hinab in die Kirchdachscharte, 1920 m (nicht ganz leichter Abstecher auf das eine supersteile Blumenwiese darstellende „Kirchendach“, 1991 m), und aus dieser hinab zum Schrecksee, 1802 m, dessen Ufer einen idealen Rastplatz bilden (zum Schwimmen wird's meist zu kalt sein). Nun südw. hinauf zur Lahnerscharte, 1987 m, mit schönem Blick auf die gegenüberliegende einsame Roßkargruppe und den rechts von ihr aufragenden Hochvogel. Haben wir überschüssige Kräfte, nehmen wir den die Scharte östl. überragenden Kastenkopf, 2129 m, mit (¾ Std., B).
Jenseits der Scharte Wegteilung: links über den Saalfelder Weg zur Landsberger Hütte (R 383), rechts nimmt uns der längere Zeit über Tiroler Boden führende zunächst nahezu horizontale Steig zum Prinz-Luitpold-Haus auf. Mühelos hoch über den Wäldern des Tiroler Schwarzwassertals (nicht zu verwechseln mit seinem vorarlbergischen Namensvetter R 3), die Steilabstürze von Lahnerkopf, Schänzlekopf und Schänzlespitze zur Rechten, stets durch Latschen und über Gras südwestw. hinüber zum Notlendsattel, 1880 m, 1 Std., wo der ins Erzbergtal hinabführende Pfad nordw. abzweigt.

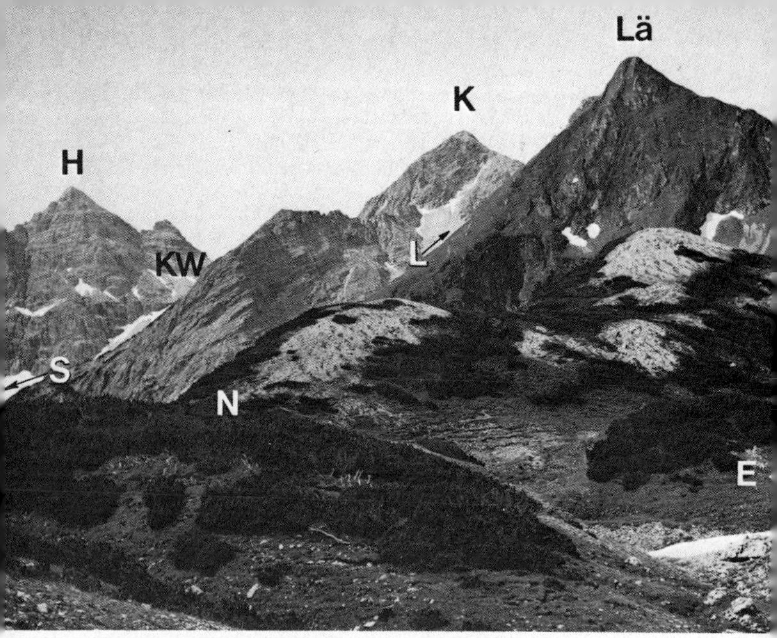

Ursprung des Tiroler Schwarzwassertals *(Notlende)*
B = Bockkarjoch, E = ins Erzbergtal, H = Hochvogel, K = Kesselkopf, KW = Kalter Winkel, L = Übergang zum Luitpoldhaus, Lä = Lärcheck, N = Notlend, S = ins Schwarzwassertal.

Über uns türmt sich nun der zerrissene Grat der Sattelköpfe, 2097 m, an den südl. das grüne Lärcheck, 2186 m, und die weiße Mauerkrone des Glasfelder Kopfs, 2271 m, anschließen. Einziger Schinder des Tages: der 360 m hohe von der Bockkarscharte, 2164 m, herabziehende Geröllkegel zwischen Glasfelder Kopf und Kesselspitze, 2284 m (1½ Std.). Den erstgenannten lassen wir uns nicht entgehen, die geringe Mühe (20 Min. ab Scharte, A) vergilt er mit einem überwältigenden Tiefblick über steile Gras- und Felsabstürze in das vom kühnen Schneck beherrschte Bärgündle.
Auf den mühseligen Kesselkopf hingegen verzichten wir gern. Noch

½ Std. Abstieg über Gras, und wir stehen vor der Haustür unseres Zieles, dem dank seiner Beliebtheit zur Massenherberge gewordenen Prinz-Luitpold-Haus des DAV, 1847 m.

Notabstieg: Ab Schrecksee über Taufersalp (R 61) zum E-Werk an der Giebelhausstraße (Bus), 1¼ Std., A, ab Notlendsattel übers Roßkopfsattele zum Giebelhaus (Bus), 1½ Std., A (als Genußtour für sich allein schon lohnend) — ab Notlendsattel durchs Erzbergtal zum Hinteren Erzberghof an der Giebelhausstraße (Bus), 1 Std., jedoch steil, A. Der Notabstieg ins Schwarzwassertal ist wegen der weiten Entfernung zur nächsten Verkehrsstraße draußen im Lechtal unrentabel.

● 380 Höhenweg Iseler, 1876 m — **Ponten,** 2044 m — **Zirleseck,** 1872 m

3½ Std. ab Bergstation der Iseler-Sesselbahn, 1670 m, bis Willersalp. Vorübung für den Jubiläumsweg.

Ab Oberjoch (R 57) bequemer Steig über Alpweide zur Sesselbahn-Bergstation 1½ Std., dann steil durch Latschen (bez. Pfad) auf den berühmten Aussichtsgipfel. Nun kurz zurück auf dem Gipfelkamm bis zur Wegegabel. Hier ostw. hinab zum Stuibensattel, 1600 m, 40 Min. und auf bez. Steig, der Bundesgrenze (= Allgäuer Hauptkamm) folgend über Schutt und Schrofen auf den Bschießer, 2000 m, 1 Std. Jenseits nach geringem Höhenverlust auf schrofigem Grat zum Ponten, 2045 m, ½ Std., dem schönsten Skigipfel im Hintersteiner Bereich. Bergab durch Latschen zu den Weideböden der Feldalp unterm Zirleseck, 1872 m, 20 Min. Es lohnt sich, von hier aus die jenseits des Allgäuer Hauptkammes liegende Rhonenspitze, 1992 m, mitzunehmen (I, 1 Std. Mehraufwand).
Abstieg über Gras zur geräumigen Willersalp, 1456 m, ½ Std.

● 381 Der Koblat — Höhenweg zum Großen Daumen, 2280 m

2½ Std. ab Mittelstation des Koblat-Sessellifts 2100 m, A. Besonders lohnend in Verbindung mit dem Abstieg entweder nach S zum Giebelhaus / Hinterstein oder nach N über die Haseneck-Alpen ins Retterschwangtal und nach Bad Oberdorf / Hindelang. Abstiegsvariante a) erfordert Schwindelfreiheit und Trittsicherheit.

Ab Mittelstation des Koblat-Sessellifts, 2100 m (etwas langweiliger bez. Steig), auf der Sonnseite des langen Wengenkopfgrates stets nordostw. über begrasten Schutt an den beiden Laufbichelseen, 1975 m und 2018 m, vorbei, und empor zum Großen Daumen, 2280 m, als Skigipfel und Aussichtsberg vielgerühmt.

Abstiege: **a)** auf bez., Bergerfahrung und Trittsicherheit voraussetzendem Steig nordostw. zur Daumenscharte zwischen Großen und Kleinen Daumen, dann nordw. durch steilen, teilweise gesicherten Dolomit hinab zu den Weideböden der Haseneckalpen, 1690 m, 1589 m und 1391 m. Ein steiler Alpweg bringt uns hinunter ins Retterschwangtal, dessen Sohle wir oberhalb Mitterhaus, 1081 m (R 60), erreichen, 2½ Std., C, (Vorsicht, Wandabbrüche!).
b) ab Daumenscharte ostw. hinab zur „Tür" überm Engeratsgundsee, 1878 m, 1 Std., und von hier aus nach Wahl entweder auf Alpweg südw. über die Engeratsgundalp hinab ins Obertal und zum Giebelhaus, 1067 m, 1½ Std. (Bus nach Hinterstein) oder (schöner und weiter) aus der „Tür" ostw. auf Steig hinab zu den Nickenalpen, 1802 m, 1554 m und 1305 m, und nach N umknickend über Möslealp, 1134 m, zuletzt recht steil hinab zur Ostrachbrücke südl. Hinterstein, 3 Std., beides A.

● 382 Der Hindelanger Klettersteig

geht in seinen Ausmaßen und technischen Anforderungen weit über den üblichen (auch hochalpinen) Höhenweg hinaus. Er ist ein ernsthaftes klettersportliches Unternehmen und setzt (im Gegensatz zu den Höhenwegen) alpine Erfahrung, Kletterfertigkeit und völlige Schwindelfreiheit voraus. Der immerhin schon hohe Ansprüche stellende „Heilbronner Weg" (R 350) reicht in seinen Anforderungen an den Hindelanger Klettersteig nicht annähernd hin. Interessenten, die sich an ihn wagen wollen, finden „Führung und Geleit" im *Kleinen Führer Heilbronner Weg mit anschließenden Höhenwegen*, Bergverlag R. Rother.

● 383 Der Saalfelder Weg

Von der Strindenscharte, 1870 m, über die Landsberger Hütte, 1810 m, zur Lahnerscharte, 1987 m. 4½ Std. von Scharte zu Scharte, dazu je 3—4 Std. Anmarsch aus dem Tal. beste Zwischenstation: Landsberger Hütte; meist A, einige Stellen B.

Der Anmarsch zur Strindenscharte vollzieht sich ausschließlich auf Tannheimer Boden, ist also unter Abschnitt M dargestellt (R 400). Der in der Strindenscharte zunächst als Alpstraße beginnende Saalfelder Weg bringt uns unter den Steilabstürzen der Sulzspitze westw. hinüber zur Gappenfeldscharte, 1860 m. Haben wir die Sulzspitze mitgenommen, dann hüten wir uns vor dem direkten Abstieg in diese Scharte (Felsabbrüche!), markierte Pfadspuren leiten gefahrlos vom Sulzspitzgipfel auf den Verbindungsweg zwischen

beiden Scharten herab. Unser Steig führt nun wesentlich unbequemer durch die O-Abstürze der Schochenspitze, 2068 m, in den gleichnamigen Sattel, 1930 m, hinauf (1 Std.), den geologisch bemerkenswerten Gipfel erreichen wir mühelos (10 Min., Gras, A), um uns des köstlichen Tiefblicks auf den Traualpsee zu erfreuen (Vorsicht mit Kindern, Steilabstürze!). 30 Min. Abstieg über Weideböden, und wir betreten die gastliche (auf kürzestem Weg ab Vilsalpsee, 1167 m, über Traualpsee, 1630 m, in 2 Std. erreichbare) Landsberger Hütte des DAV, 1810 m, in herrlicher Lage auf 180 m hohem Felsriegel überm Traualpsee, der mächtigen Lachenspitz-N-Wand unmittelbar gegenüber.
Notabstieg: ab Gappenfeldscharte steil durchs gleichnamige Tal zum Vilsalpsee.
Die Fortsetzung des Saalfelder Wegs zum Prinz-Luitpold-Haus (6—7 Std., B, Kinder bei Querung der Kastenkopf-Abstürze ans Seil) führt uns ab Landsberger Hütte (bez. Steig) westw. übers Westliche Lachenjoch, 1980 m, mit geringem Höhenverlust — den Pfad über Kastenalp und Kirchendachscharte zum Schrecksee rechts lassend — zu den Weideböden ums Kastenjoch, 1875 m, und ans abschreckend dreinblickende Massiv der Kastenköpfe heran, deren S-Abstürze (Drahtseil) wir queren müssen. Unterhalb der Lahnerscharte treffen wir auf den Jubiläumsweg (R 88). Weiter wie dort. Kein Notabstieg zwischen Lachenjoch und Lahnerscharte! Abstieg über Albelsee, 1599 m, nach N führt in gefährliche Abbrüche!

● 384 Höhenweg Nebelhorn — Prinz-Luitpold-Haus übers Laufbacher Eck, 2178 m

5 Std., A. Bei Altschnee unterm Laufbacher Eck größte Vorsicht!

Das dem Abschnitt 3 angehörende Teilstück Nebelhorn — Laufbacher Eck ist in Gegenrichtung bereits unter R 358 dargestellt. Die N-S-Wanderung genießt den Vorzug, daß wir den eindrucksvollen Tiefblick in den oberen Oytalkessel mit dem Stuiben-Wasserfall und der sich steil darüber aufbäumenden Höfats viel intensiver genießen können. Auf dem Laufbacher-Eck-Sattel, 2160 m, lassen wir es uns nicht nehmen, den 18 m über uns aufragenden Steilgrasgipfel gleichen Namens als Aussichtsbalkon von hohen Graden zu besuchen. Jenseits auf Schutt steil bergab (wenn der Steig hier verschneit ist, größte Vorsicht mit Kindern!) bis zur Wegegabel: rechts geht's hinauf zum Himmeleck, während wir links, der Markierung zum Prinz-Luitpold-Haus folgend, absteigen. Das gesamte Gebiet, durch das unser Pfad führt, ist Landschafts-Schutzgebiet, es besteht also absolutes Pflückverbot! (Bergwachthütte unterm Laufbacher Eck.) Vorbei an der Schönberg-Alphütte (hier stößt von SW her der direkte Himmeleck-Abstieg auf unseren Steig) gelangen wir zum tiefsten Punkt unserer Wanderung im obersten Bärgündele-Talgrund (P. 1597). Nun geht's ständig steigend durch blumenreiche Grünerlen-Steilhänge rund um die Abstürze des Wiedemerkopfs, 2165 m, herum zum Prinz-Luitpold-Haus (R 231 ff.).

● **385 Übergänge von überörtlicher Bedeutung** aus dem Ostrachtaler Raum führen ins Tiroler Tannheimer Tal und ins Tiroler Lechtal. Die wichtigsten sind:
a) Hinterstein (R 59) — Zipfelsalp, 1526 m — Stuibensattel, 1600 m — Schattwald im Tannheimer Tal (R 91), 4½ Std., A.
b) Hinterstein (R 59) — Willersalp, 1456 m — Zirleseck, 1872 m — Älpeletal — Tannheim (R 89), 5 Std., A.
c) Variante zu a): Oberjoch (R 57) — Iseler (R 380) — Stuibensattel — Schattwald, mit Sesselbahn-Aufstieg 2½ Std., A.
d) Hinterstein — Willersalp — Vordere Schafwanne, 2056 m — Vilsalpsee (R 84) — Tannheim, 7 Std., A.
e) Hinterstein — Lahnerscharte (R 379) — Untere Lichtalpe — Schwarzwassertal (Tirol) — Tiroler Lechtal bei Stanzach (R 96), 8—9 Std., A. Für Kinder zu anstrengend! Fordert Orientierungsvermögen in teilweise weglosem Alpgebiet auf Tiroler Seite.
f) Die Übergänge aus dem Ostrachtaler Raum ins Oberstdorfer Gebiet und ins Obere Illertal sind in R 360, 363, 365, 366 dargestellt.

Abschnitt 10

● **386** **Der Höhenweg über den Rottachberg,** 1116 m
Von Talort zu Talort 3 Std., A.

Ausgangspunkte: Rettenberg, 806 m (im S) und Vorderburg/Großdorf (im NO). Von Sonthofen kommend, wählen wir Rettenberg (R 66) als Startort. Wir bummeln durch Wiesen auf einem Steiglein zur aussichtsreichen Gebhardshöhe, um — der Kammhöhe treu bleibend — ziemlich steil, zunächst noch mit freier Sicht, dann zunehmend durch Bergwald, zum höchsten Punkt des Rottachbergs, „Auf dem Falken" genannt, aufzusteigen, 1116 m; eindrucksvoller Tiefblick über die senkrechte Gipfelwand hinab ins Illertal und ins Oberallgäuer Gebirgs-Vorland. Unser Steig führt, im wesentlichen die Kammhöhe einhaltend, allmählich wieder freier werdend, zuletzt durch Wiesen zur Burgruine Rettenberg, einem Überbleibsel des ins 12. Jh. zurückreichenden Adelsgeschlecht der Rettenberger. Abstieg über den Weiler Brackenberg nach Vorderburg (R 65, Postbus), oder wieder zurück auf unserem Aufstiegsweg, den wir jedoch auf halber Strecke verlassen, um nordw. über die Weiler Hinterberg — Bommen — Vorderberg nach Rettenberg zurückzukehren.

● 387 Grünten-Nordostkamm; rund ums Wertacher Hörnle

Den langgezogenen Grünten-NO-Kamm kann man ebensowenig wie das Gewirr von Forststraßen rund ums Wertacher Hörnle (ausgenommen den unter R 377 vorgestellten vom Tiefenbacher Eck herüberführenden Höhenweg) als Höhenweg im engeren Sinn bezeichen. Grünten wie Wertacher Hörnle erfahren als Gipfel gesonderte Würdigung (R 479f., 481).

● 388 Zwei Kammwanderungen im Iller / Wertach-Bereich

Als „Mini-Höhenwege“ verdienen folgende beiden Kammwanderungen kurze Erwähnung:

a) Der von Mittelberg (R 70) zu begehende aussichtsreiche Bummel hinauf zum Mittelberger Horn, 1150 m, und

b) der über die Elleghöhen im Gemeindebereich Wertach (R 68) führende, südl. Buchenberg, 1049 m, an der Bezirksstraße Immenstadt / Sonthofen — Füssen beginnende Marsch zu den Weilern Brosis-Ellegg, 1070 m, Binzeler, Gereute, Ober-Ellegg (Ghs.), 1136 m, Schray und zuletzt 200 m überm Grüntensee zu unserer Rechten nach Faistenoy, rund 10 km und zu jeder Jahreszeit (nicht zuletzt beim winterlichen Langlauf) ein Eldorado der Einsamkeit.

● 389 Als einziger Übergang von überörtlicher Bedeutung wäre in diesem Abschnitt zu vermerken:

Die von Wertach über Unterjoch / Oberjoch nach Schattwald im Tannheimer Tal und damit ins Tiroler Lechtal führende Queralpenstraße (ab Oberjoch: Bundesstraße). Auf den durch die zwei Starzlachtäler aus dem Wertacher Raum in den Sonthofener Raum und damit ins innere Oberallgäu führenden Übergang ist in R 63, 242f. bereits hingewiesen.

Abschnitt 11

● 390 Vorbemerkung: Im waldreichen Ostallgäuer Vorgebirgsland sind die Möglichkeiten für weiträumige Höhenwege und Übergänge von überörtlicher Bedeutung dünn gesät. Den Saloberkamm haben wir in anderem Zusammenhang bereits absolviert (R 77), ebenso die Breitenberg-Überschreitung (R 76). Zwei kleinere Höhenwanderungen im Pfrontener Bereich wären noch zu erörtern:

● **391** **Der Höhenweg über den Edelsberg,** 1629 m
Von Jungholz nach Nesselwang / Pfronten oder umgekehrt, 4 bis 5 Std., A.

Gehen wir von Nesselwang (R 74) aus, können wir den Aufstieg zum Edelsberg durch Benützung der Sesselbahn um knapp 2 Std. verkürzen. Die Fortsetzung der bequemen Aufstiegs-Wege ab Nesselwang oder Kappe führt von der Bergstation über Alpweide und durch Wald auf den Gipfel des Edelsbergs. Dorthin gelangen wir unmittelbar auch von Pfronten / Weißbach (meist durch Wald) oder von Pfronten / Röfleuten über die Weideflächen des Röfleuter Bergs, später durch Wald.
Vorwiegend durch Wald führt auch unser Weitermarsch südöstl. zur Stubenthaler Alp, 1282 m, wo wir wieder offenes Gelände betreten. Es begleitet uns bergab bis Jungholz.
Rückweg: Der Abwechslung halber ziehen wir den Weg durchs Vilstal vor: östl. von Jungholz / Langenschwand überschreiten wir die Grenze (keine Zollgrenze, da das Tiroler Jungholz bundesdeutsches Zollgebiet ist) auf schönem Waldweg hinab in das hier aus seiner Enge heraustretende Vilstal, dem wir bis Pfronten treu bleiben (ab Jungholz 2½ Std.).

● **392** **Der Schönkahler-Höhenweg,** 1687 m
Mit Überschreitung ins Tannheimer Tal 4½ Std., A.

Ab Pfronten / Steinach (R 76ff.) bis Fallmühle (Postbus oder Fußweg). Ab hier wie R 256 zur Bärenmoosalpe, 1264 m. Nun über Weideland, stellenweise im Bergwald durchs „Achsele“, 1525 m, und — die O-Flanke des Schönkahler querend — auf die Weideflächen der Pfrontner Alpe, 1456 m. Den wahrhaft kahlen und daher aussichtsreichen Gipfel erreichen wir über seinen grasigen S-Hang. Der einsame, abwechselnd über Weideflächen und durch Wald führende Abstiegspfad — zuletzt artet er in eine breite Alpstraße aus — bringt uns zum herrlich gelegenen Weiler Oberhalde, 1304 m, der landschaftlich schönstgelegenen Siedlung im Tannheimer Tal. Die Rückkehr an den Ausgangsort ist — wie oft bei weiterräumigen Unternehmungen dieser Art — in der Regel ein Verkehrsproblem. Hier ist es mit Hilfe der Österreichischen Bundespost (Postbus Zöblen / Grän, Grän / Pfronten) lösbar.

● 393 **Den einzigen Übergang von überörtlicher Bedeutung** vermittelt uns das mit einer modernen Autostraße ausgestattete Tal der Steinacher Ache mit seiner Paßhöhe an der „Enge" nördl. von Grän. Es vermittelt den Übergang vom Ostallgäu (Raum um Pfronten) ins Tannheimer- und damit ins Tiroler Lechtal und Außerfern. Die von Vils (R 82) ausgehende Überschreitung des Füssener Jöchls hinüber ins Tannheimer Tal s. R 395f.

Abschnitt 12

● 394 **Vorbemerkung:** Wir folgen der heute üblichen Einteilung dieses Gebiets in die *Tannheimer Gruppe,* d.h. den vom Aggenstein (NW) bis zur Gehrenspitze (SO) ziehenden Gebirgskamm mit seinen beiden wichtigsten Nebenkämmen, dem nordöstl. absinkenden Vilser Kamm und den südl. ins Lechtal abfallenden Gaichtspitzkamm, und in die *Vilser Alpen* (vgl. R 83).

Tannheimer Gruppe

● 395 **Der Tannheimer Höhenweg**

Vom Füssener Jöchl, 1816 m, zum Aggensein, 1987 m, 2½ Std. (hinzu kommen die Zeiten für Aufstieg und Abstieg), A.

Zum Füssener Jöchl nach Belieben mit der ab Parkplatz oberhalb Grän laufenden Sesselbahn oder auf bequemem Alpweg ab Grän/Lumberg oder (am schönsten) Haller/Adlerhorst zunächst durch Wald, dann über offene Weideflächen bergauf durch Wald, dann über offene Weideflächen bergauf. Ab Bergstation Füssener Jöchl, 1815 m, nordwestw. (bez. Steig) in den Sattel zwischen Sefenspitze, 1949 m (rechts), und Lumberger Grat, 1866 m (links). Die erstere nehmen wir über Gras als bequeme Zugabe mit (20 Min.). Die nun folgende Querung durch die oberen Weideböden der Sebenalp— Sebenspitze, 1937 m, Vilser Jöchl, 1730 m, und Brentejoch, 2001 m, zur Rechten — beschert uns rund 180 m Höhenverlust. Ab Vilser Jöchl, 1730 m, können wir das für einsame Rast wie geschaffene Brentejoch (im Aggensteinrummel werden wir uns wehmütig daran erinnern) über den S-Kamm in ¾ Std. erreichen, A. Das Schlußstück unseres Pfades führt durch die sonnseitigen Latschenhänge unterm Roßberg zur Pfrontener Hütte des DAV, 1794 m, 1½ Std. ab Füssener Jöchl. Von hier auf den Hüttenberg, ½ Std. auf gebahntem Weg. Vorsicht am Gipfel! Wer ins Pfrontener Gebiet überwechseln will, besorge dies entweder auf dem von der Hütte zur Bergstation der Breitenbergbahn, 1510 m, führenden Steig (1½ Std., A, vgl. R 260) oder über den Aggensteingipfel mit Abstieg nach N auf bez. Steig hinüber zur Hochalpsesselbahn (Bergstation 1750 m), 1 Std., B. Vorsicht beim Gipfel! Abbrüche!

● **396** **Höhenweg Füssener Jöchl,** 1816 m — **Rote Flüh,** 2111 m — **Tannheimer Hütte,** 1760 m

Mit Schartschrofen, aber ohne Läuferspitze 2½ Std., meist A, Läuferspitze I. Rote Flüh I, Aufstieg C. Kinder an den kritischen Stellen ans Seil!

Stehen wir auf dem Füssener Jöchl, dann lockt uns als schönstes für jedermann erreichbares Nahziel der mit gewaltigen Wänden zum Haldensee abstürzende Schartschrofen, 1972 m. Wir erreichen ihn bequem auf dem übers Reintaljoch (R 93) südw. führenden Steig zum Haller Joch, 1853 m (Abzweigung; den zur Gelben Scharte und Roten Flüh leitenden Pfad lassen wir vorerst links liegen), ab hier über den latschenbewachsenen Schrofenkamm zum jenseits steil in die Gelbe Scharte abfallenden Gipfel, 1 Std. Beim Rückweg werden wir gut daran tun, ab Haller Joch durch Latschen und begraste Schrofen zum steilfelsigen Gipfelaufbau der interessanten Läuferspitze, 1955 m, aufzusteigen, um ihn links solange zu umgehen, bis wir seine durch Drahtseil gesicherte schwache Stelle am scharfen N-Grat erspähen, 20 Min., I, Kinder ans Seil. Wieder zurück zum Haller Joch, hinab zur oben erwähnten Abzweigung und mit 250 m Höhenverlust, den Schartschrofen nördl. umgehend zur Gelben Scharte zwischen diesem und der Roten Flüh hinauf. Anschließend queren wir unter der S-Wand des unnahbaren Gilmenkopfs, 1940 m, und wenden uns dem mit Drahtseilen und Eisenstiften bewehrten NW-Grat der Roten Flüh zu. Er bringt uns in lustiger Kletterei auf den von der Nesselwängler Seite her oft stark bevölkerten Gipfel, 2 Std. ab Füssener Jöchl, I, Kinder anseilen. Bedingung: alle Teilnehmer müssen trittsicher und schwindelfrei, der Führende muß auch bergerfahren sein.
Bergab geht's jenseits auf gesichertem Klettersteig wesentlich gemütlicher in die Judenscharte, den genau gegenüberliegenden Gimpel-W-Grat im Auge. Nun müheloser Abstieg durchs Schuttkar zur Tannheimer Hütte des DAV, 1760 m, (R 274f.), oder vorbei am Gimpelhaus, 1720 m (R 272), durch steilen Wald nach Nesselwängle.
Vom Schartschrofen aus hatten wir den prächtigen Gipfelaufbau

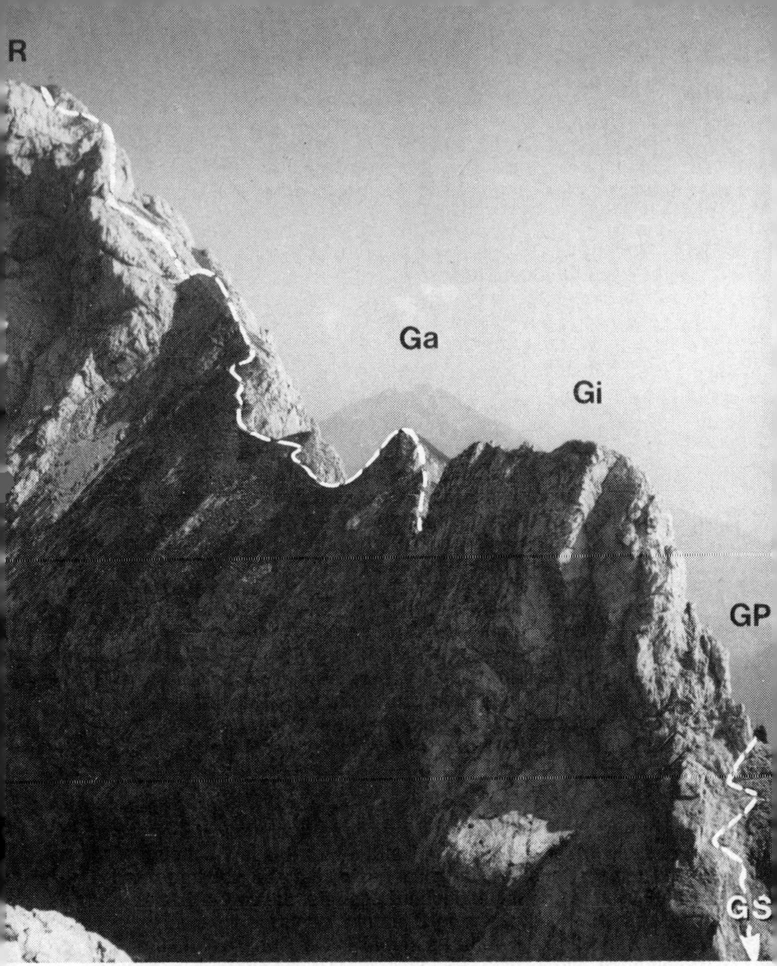

Rote Flüh und Gilmenkopf vom Schartschrofen
Ga = Gaichtspitze, Gi = Gilmenkopf, GP = Gaichtpaß, R = Rote Flüh, GSch = Gelbe Scharte.

der Roten Flüh, 2110 m, bewundert. Können wir uns der Versuchung, unmittelbar vom Schartschrofengipfel in die Gelbe Scharte abzusteigen, nicht entziehen, und sind wir bergerfahren, trittfest und schwindelfrei, dann packen wir den vom Gipfelkreuz unmittelbar in die Gelbe Scharte hinabführenden versicherten, trotzdem recht anspruchsvollen „Friedberger Klettersteig“, 20 Min., C, nichts für Kinder!
Besondere Vorsicht ist zusätzlich deshalb am Platz, weil das Gestein, wie schon der Name der unter uns liegenden Scharte verkündet, außergewöhnlich brüchig ist! Völlige Schwindelfreiheit und Trittsicherheit unerläßlich!

● **397** **Höhenweg Tannheimer Hütte — Gaichtspitze,** 1988 m
3 Std., A (Aufstieg Gaichtspitze B).

Diesen botanisch und landschaftlich gleicherweise ungemein interessanten Höhenweg haben wir in seiner Etappe zwischen Tannheimer Hütte und Hahnenkammgebiet (wenn auch in umgekehrter Richtung) bereits unter R 277 kennen gelernt. Auf dem Hahnenkammrücken, 1940 m, wandern wir an den Gipfelaufbau der Gaichtspitze, 1988 m, heran. Unser Steiglein führt uns zu einer die N-Abstürze durchziehenden Steilschlucht, deren felsige Stufen wir mit Hilfe eines fixen Seiles gefahrlos durchklettern, sofern nicht über uns Gehende Steine ablassen. Besondere Vorsicht mit Kindern! Oben erwartet uns eine latschendurchsetzte Gipfelwiese, die uns auf den kreuzgeschmückten höchsten Punkt mit überwältigender Aussicht leitet. Kleiner, ordentlicher Steig nach S zum Weiler Gaicht. Kehren wir zur Tannheimer Hütte zurück, so macht es Spaß zu variieren, indem wir aus dem Tiefjoch, 1723 m, den Ditzel, 1820 m, überschreitend, ins Hochjoch, 1755 m, überwechseln, um von dort aus nahezu horizontal zu unserem Ziel zu gelangen. (½ Std. Mehraufwand.)

● **398** **Übergänge** gibt es trotz dem kompakten Aufbau der Tannheimer Gruppe zahlreiche. Von überörtlicher Bedeutung sind die wenigsten:
a) Der Übergang aus dem Tannheimer Tal (Grän) über die *Pfrontener Hütte* nach Pfronten (vgl. R 259f); 5 Std., A.
b) Der Übergang aus dem Tannheimer Tal (Grän) übers *Füssener Jöchl* und die Vilser Alpe nach Vils (vgl. R 82 und 262), A, ab Jöchl 1½ Std.
c) Der Übergang vom Füssener Jöchl übers *Reintaljöchl* (R 93, 268) ins Reintal und damit ins Tiroler Lechtal, 3—4 Std., A.

d) Die hochalpinen Übergänge aus dem Tannheimer Tal (Nesselwängle) über die *Nesselwängler Scharte,* 2007 m, und übers *Sabacher Joch,* 1862 m, ins Reintal und weiter ins Lechtal, ab Tannheimer Hütte 4—5 Std., A.
e) Der Übergang von der Tannheimer Hütte übers *Gehrenjoch,* 1860 m unmittelbar nach Reutte, 3½ Std., A.
f) Der Übergang vom Haldensee übers *Hallerjoch* (R 396) ins Reintal und weiter wie c), 5—6 Std., A.
g) Der historisch so bedeutsame Übergang aus dem östl. Tannheimer Tal übers *Tiefjoch,* 1723 m, in den Reuttener Raum und damit ins Außerfern, den die ersten Siedler des Raumes ums heutige Nesselwängle vor über 600 Jahren als Nachfolger ihrer schon 500 Jahre zuvor Weideland erkundenden Vorfahren — wenn auch in umgekehrter Richtung — beschritten hatten.
h) Am Rande zu erwähnen wären dann nur noch der Allerweltsübergang aus dem Tannheimer Tal übers *Oberjoch* (R 57) ins Obere Illertal und sein wesentlich sympathischerer kleiner Nachbar, der uns zu Fuß von Schattwald über Rehbach nach Unterjoch und damit zum Anschluß an die Queralpenstraße führt (R 389).

Vilser Alpen

● **399** Dank der Nachbarschaft zum Hindelanger Raum (Abschnitt I) haben wir die Höhenwege Bschießer / Ponten (R 380), Jubiläumsweg (R 379) und Saalfelder Weg (R 383) ebenso wie die Übergänge Stuibensattel (R 385 a, c), Zirleseck (R 385 b), Vordere Schafwanne (R 385 d) bereits kennen gelernt. Der Erwähnung wert sind nur noch:

● **400** **Der Höhenweg Neunerköpfl,** 1864 m — **Strindenscharte,** 1870 m

Ab Bergstation 1½ Std. gemächlichen Spaziergangs mit herrlicher Aussicht, A.

Ziemlich genau im Zentrum des Tannheimer Tals führt die von Tannheim-Ost ausgehende Sesselbahn knapp unter den Neunerkopf, 1864 m, eine Aussichtswarte ersten Ranges, die uns den besten Überblick übers gesamte Gebiet gibt (¼ Std. ab Bergstation). Gleichzeitig ist sie Ausgangspunkt der herrlichen Höhenwanderung rund um den Vilsalpsee. Auf bez. Steig queren wir westl. unterm benachbarten Vogelhorn zum Graskamm zwischen Strindental (östl.) und Usseralp (westl.), über die ein Fußweg von Schmieden heraufführt. Nun südostw. hinüber in den unter Sulzspitze, 2083 m

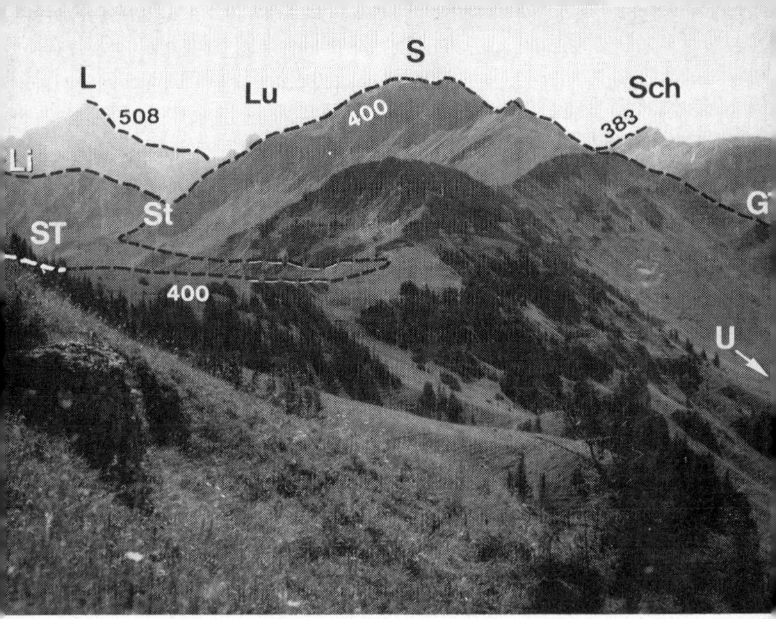

Die Nachbarschaft der Strindenscharte
GT = Gappenfeldtal, L = Leilachspitze, Li = zum Litnisschrofen, Lu = Luxköpfe, S = Sulzspitze, Sch = Schochenspitze, ST = Strindental, St = Strindenscharte, U = zur Usseralp.

(westl.), und Litnisschrofen, 2068 m (östl.), eingebetteten Talschluß der Oberen Strindenalp und sanft ansteigend zur Strindenscharte, 1870 m, zwischen beiden Gipfeln, 1 Std. Anstieg auf die Sulzspitze durch die S-Flanke und über den O-Rücken. Man lasse sich nicht verführen, südwestl. in die Gappenfeldscharte abzusteigen (gefährliche, von oben her nicht einsehbare Abstürze!) Also zurück auf dem Aufstiegsweg! Mit der Strindenscharte haben wir den Anschluß an den Saalfelder Höhenweg gefunden (R 383).

● **401 Als Übergang von überörtlicher Bedeutung** bleibt uns die *Steinkarscharte,* 1955 m, zwischen Steinkar- und Lachenspitze, wenn wir aus dem Tannheimer Raum unmittelbar ins

Schwarzwasser- und damit ins Tiroler Lechtal hinüberwechseln wollen. 4 Std., A.
Ab Landsberger Hütte (R 287 f.) auf bequemem Steig hinauf in die Scharte und jenseits über Geröll und Alpweide hinab zur Tannalpe (auch Danalp) und durch einen Bergwaldgürtel zur Hassenteufelhütte am linken Ufer des Schwarzwasserbachs. Uferwechsel zum bequemen Fahrweg hinüber, der uns zunächst fast eben, dann mit geringem Gefälle, beim Eintritt ins Lechtal scharf rechts abbiegend zur Stanzacher Lechbrücke und über diese nach Stanzach bringt.

● 401 a Steinkarspitze, 2067 m, und Lachenspitze, 2125 m
½ Std. bzw. ¾ Std.; am Gipfel der Lachenspitze Vorsicht geboten, wegen der nach N senkrecht abstürzenden Wand.

Es wäre ein Wunder, wenn uns die Nähe zweier interessanter und besonders bequem zu erreichender Gipfel nicht zu einem Besuch von der Steinkarscharte aus verführen würde: Die Steinkarspitze, 2067 m, erreichen wir über ihren O-Grat in leichter Kletterei (B) in ½ Std., Kinder ans Seil! Die Lachenspitze, 2125 m, bietet uns ein lustiges Steiglein über ihren teilweise latschenbewachsenen W-Rücken an, wobei wir knapp vor dem Gipfel südl. ausweichen, ¾ Std.

Abschnitt 13

● 402 Vorbemerkung: Die auf oder unmittelbar neben dem Allgäuer Hauptkamm zwischen Hochalppaß (R 113) und Oberjoch (R 57) verlaufenden Höhenwege sind, soweit sie das Gebiet dieses Abschnitts berühren, in den Abschnitten 1, 2, 3, 9 und 12 unter R 347, 350, 352, 356, 357, 379, 380, 383 eingehend beschrieben. Das gleiche gilt für die Übergänge aus den genannten Abschnitten in die Sonnseiten des alpinen Lechtals, die in R 349, 355, 360, 385 und (aus Abschnitt 12) R 401 vorgestellt wurden.
Raum für eigenständige, nur dem Abschnitt 13 zugehörende Höhenwege und Übergänge bleibt also nicht übrig. Dazu kommt, daß die dem Abschnitt 13 angehörende Hochgebirgsszene dank ihrer überwiegend schroffen Struktur sowohl höhenweg- wie übergangsfeindlich ist.
Die zwischen Warth und Weißenbach vom Allgäuer Hauptkamm zum Lech abfließenden Täler und ihre Berge gehören zu den Allgäuer Alpen. Für uns sind am interessantesten: das Hochalptal zwi-

Über die Kleine Steinscharte hinab ins Schochenalptal
G = Gumpensattel, K = Karjoch, KK = Großer Krottenkopf, KS = Kleine Steinscharte, R = Rothorn, Ra = Ramstallkopf, S = Strahlkopf, Sch = obere Schochenalpböden, links = Felsen des Steinschartenkopfs.

schen Biberkopf und Hohem Licht (Talort Prenten ob Steeg, 1140 m) — das Schochenalptal zwischen Hohem Licht und Großem Krottenkopf (Talort Holzgau, 1075 m) — das Bernhardstal unter der Marchspitze (Talort Elbigenalp, 1060 m) — das Haglertal unter der Bretterspitze (Talort Häselgehr, 1003 m) — das aus der March und vom Hornbachjoch (R 44, 52) kommende Hornbachtal (Talort Vorderhornbach, 973 m) — und das vom Hochvogel herabkommende Tiroler Schwarzwassertal (Talorte Stanzach, 940 m, und Forchach, 909 m). Besiedelt ist von all diesen Tälern nur das Hornbachtal (R 96 f.).
Die von den genannten Tälern durchzogenen S-Flanken des Allgäuer Hauptkamms sind Domäne des bei der Gebirgsbildung von S her, also aus dem Raum der heutigen Lechtaler Alpen aufs Allgäuer Muttergestein (Fleckenmergel) geschobenen Dolomits. Zahlreiche geologische Fenster, die das den jüngeren Juraformationen zugehörende Gestein sichtbar werden lassen, beleben das Landschaftsbild, dessen geradezu dramatische Schönheit wir am ehesten in der 15 km langen Hornbachkette und in der einsamen, an die Dolomiten erinnernden Roßkargruppe bewundern.

● **403** **Der Höhenweg Kemptner Hütte,** 1846 m — **Hermann-von-Barth-Hütte,** 2131 m
Höchster Punkt 2350 m, 5—6 Std., B.

Auf gut bez. Steig von der Kemptner Hütte aufs Östliche Mädelejoch, 2033 m, und jenseits, das Roßgumpenkar im Bogen auslaufend zum Fußpunkt, 2043 m, der Krottenkopfscharte, 2350 m, Weggabel: südw. geht es zum Karjoch, während wir über den Geröllschinder ostw. in die Scharte hinaufsteigen, 2½ Std. Mit 1½ Std. Mehraufwand können wir ab hier auf bez. Steig den Großen Krottenkopf, mit 2657 m höchster Gipfel der Allgäuer Alpen, über Schutt und Schrofen mitnehmen, B. Ab Scharte ostw. hinab ins Hermannskar (150 m Höhenverlust), das wir in weitem Bogen nordw., dann ostw. nahezu horizontal, vorbei am Hermannskarsee, 2216 m, auslaufen. Sanft ansteigend queren wir die Schutthalden unter den W-Abstürzen von Hermannskarspitze und -turm hinauf ins Schafschartl, 2320 m, 1½ Std. Nun ostw. (200 m Höhenverlust) hinab ins Birgerkar, wo wir den von der Marchscharte nach Elbigenalp hinabführenden Weg kreuzen, um dann ziemlich waagrecht zum südl. Ausläufer des Ilfenspitzgrates hinüber (Vorsicht mit Kindern!) und um ihn herum ins Wolfebnerkar zur Hermann-von-Barth-Hütte des DAV, 2131 m (R 295 ff.), zu queren.

Varianten:
a) Wesentlich schöner als der Schinder über die Krottenkopfscharte ist der 1 Std. kostende Umweg übers Karjoch, 2305 m, zwischen Ramstall- und Strahlkopf auf bez. Steig. Jenseits auf dem nach Elbigenalp führenden Steig 140 m bergab (P. 2167) und links abzweigend (nur noch Pfadspuren) um den O-Grat des Ramstallkopfs herum nordw. ins Hermannskar, bis man beim See auf den Normalweg trifft.
b) Interessant aber nicht so schön wie der Normalweg ist die N-Route über Fürschießersattel und Märzle (R 357), ab Märzlesattel, 2201 m, ostw. auf Alpsteig durch die March, unter den N-Wänden der Marchspitze steil hinauf in die Marchscharte, 2424 m, und ostw. auf Steig um die Ilfenspitzen herum („Düsseldorfer Weg") zum Normalweg, den man kurz vor der Hütte erreicht, 6 Std., C. Kinder im Raum Marchscharte ans Seil!
Notabstieg: Ab Karjoch südw. nach Holzgau, ostw. nach Elbigenalp auf bez. Steig je 3 Std.; ab Birgerkar (Wegkreuzung) südw. nach Elbigenalp, 2 Std.

● **404** **Der Enzenspergerweg** (Höhenweg Hermann-von-Barth-Hütte — Kaufbeurer Haus)
6 Std., C, Kinder bei der Bretterspitz-Querung ans Seil!

Ab Hermann-von-Barth-Hütte ostw. um die S-Ausläufer der Wolfebnerspitze herum ins Balschtekar, das wir in weitem Bogen nordw., dann ostw. nahezu horizontal auslaufen. Unter der Balschtespitze lassen wir den über den Schöneckersattel nach Hinterhornbach führenden Steig nördl. abzweigen. Nach 1½ Std. stehen wir im begrünten Balschtesattel, 2226 m, unter den Söllerköpfen. Jenseits steil (150 m Höhenverlust) ins Noppenkar, das ostw. zum Luxnacher Sattel, 2094 m, hinüber gequert wird, 1 Std.
Die drei nächsten Kare — Sattel, Wolekles und Glieger — bereiten uns ebensowenig Kummer wie ihre Vorgänger: mühelos führt uns der Steig über die welligen begrasten Schuttböden hinauf zum Griesschartl, 2419 m, das insbesondere bei Schnee und Vereisung größte Vorsicht verlangt (Kinder ans Seil). Drahtseilsicherungen mit Mißtrauen begegnen! Steinschlaggefahr!). Nach Durchquerung der O-Abstürze der Bretterspitze hören die Schwierigkeiten auf. Die zwischen Bretter- und Urbeleskarspitze eingeschnittene Schwärzerscharte, 2433 m, bleibt östl. unter uns. Kurz bevor unser Steig mit scharfem Linksknick westw. ins Urbeleskar absinkt, können wir bequem über den schrofigen NO-Kamm in 20 Min. auf den Gipfel der Bretterspitze, 2609 m, eilen. Der Abstieg zu unserem

Ziel, dem unbewirtschafteten Kaufbeurer Haus des DAV, 2007 m (R 293f.), ist dann nur noch ein Kinderspiel. Da die zu durchlaufenden S-Kare in trockenen Sommern wasserlos sind, ist Vorsorge für Getränk ratsam!

Notabstieg: Vom Luxnacher Sattel ostw. durchs Haglertal nach Häselgehr, 1003 m, 1½ Std., A, bez. Steig — aus dem östl. Gliegerkar südw. hinab ins Haglertal und nach Häselgehr, Steigspuren, 1½ Std., A.

● 405 Höhenweg Östliches Mädelejoch, 2093 m — **Rothornjoch,** 2158 m — **Jöchlespitze,** 2226 m **Benglerwald — Lechtal**

6—7 Std., A ordentliche, abere kleine Steige.

Vom Joch auf dem Steig in einem weiten Bogen unter den großen Felsgipfeln mit dem beherrschenden Krottenkopf, 2656 m, und der zerborstenen Ramstallspitze, 2535 m, hindurch. Unter dem Karjoch ändert sich das Gestein von Hauptdolomit zu Kössener Schichten und Lias-Fleckenmergeln, es geht also der nackte Fels in üppiges, sehr blütenreiches Steilgras über. Der Steig quert weiter mit einigem Auf und Ab unter dem Strahlkopf, 2389 m, den man auf Schafsteigen vom Gumpensattel in 30 Min. besteigen kann, und der Rothornspitze, 2393 m, Steilgras-Aufstieg über den Südgrat möglich, 45 Min., hindurch in das Rothornjoch. In kurzem Aufstieg schließlich auf die balkonartig über dem Lechtal thronende Jöchlespitze, 2226 m.

Hier treffen wir auf den Strom der von der Bergstation der Lechtaler Bergbahn (Talstation im hochgelegenen Ortsteil Benglerwald der Gemeinde Bach, R 100) heraufbeförderten Sonnenanbeter. In der Tat gehört dieser 1768 m hohe Sonnenbalkon mit seiner üppigen Alpinflora zum Schönsten, was die Sonnseiten des alpinen Lechtals zu bieten haben. Wer rechtzeitig eintrifft, kann mit der Sesselbahn ins Tal fahren — sonst aber bleiben ihm 700 m Abstieg auf einer ziemlich brutal durch die Wiesen- und Waldhänge geschnittenen Wirtschaftsstraße nicht erspart.

● 406 Der Bernhardsrücken, 1802 m — 2190 m

Zeitaufwand je nach Route, A.

Natürlich kann man, von Elbigenalp im Lechtal (R 99) aufsteigend (2½ Std.), den ganzen Tag da oben die herrliche Aussicht in die Bergwelt der Lechtaler Alpen genießend verbringen oder sich gar für einen ganzen Urlaub im gemütlichen Ghs., 1802 m, einnisten. Wir aber wollen möglichst viel von dieser schönen Welt sehen:

Von der Kemptner Hütte kommend (R 405) oder mit der Lechtaler Bergbahn aufwärts fahrend peilen wir den etwa in der Mitte liegenden Gumpensattel, 2277 m, an, um von dort aus — das nach Elbigenalp abfließende Bernhardstal zur Linken, das oberhalb Bach in den Lech mündende Giblertal zur Rechten — über die „Mutte", 2190 m, auf dem allmählich zum Bernhardseck absinkenden Bernhardsrücken talwärts zu wandern. Dabei haben wir die Möglichkeit, auf einem durch die Steilmähder führenden Alpsteig, zuletzt durch einen Waldgürtel zum Ortsteil Seesumpf der Gemeinde Bach abzusteigen, falls wir es nicht vorziehen, über das Ghs. Bernhardseck nach Elbigenalp zu gelangen. Ab Ausgangsort zum Ziel im Lechtal 6—7 Std., A.

● **407** **Der Düsseldorfer Weg**
zwischen Märzlesattel (R 360) und Hermann-von-Barth-Hütte über die Marchscharte, 2424 m ist nur eine Variante des R 403 geschilderten Höhenwegs von der Kemptner Hütte zur Hermann-von-Barth-Hütte. Sie ist unter R 403 am Ende kurz gewürdigt.

● **408** **Übergänge von überörtlicher Bedeutung** in die Nachbarabschnitte A, B, C, I und M gibt es in nicht geringer Zahl. Ihre Überschreitung von der Illerseite her wurde in R 347, 349 (zu A), R 349, 350, 352, 355, 360, 385 (zu B), R 356, 360 (zu C), 379, 385 (zu I) dargestellt. Die alpin großartigste dieser Überschreitungen verdient eine kurze Darstellung in umgekehrter Richtung:

● **408a** **Übergang Holzgau (Lechtal) — Schochenalpental — Kleine Steinscharte**, 2541 m — **Große Steinscharte,** 2263 m — **Rappenseehütte — Einödsbach,** 1115 m — **Oberstdorf**
Aufstieg Holzgau / Rappenseehütte 6—7 Std., A.

Ab Holzgau durch das romantische Höhenbachtal (Simms-Wasserfall) zur Wegegabel vor der Vorderen Schochenalp, 1329 m. Hier links ab ins Tal des Schochenalpbachs und über die Mittlere, 1577 m, zur Hinteren Schochenalp, 1832 m, und zum Rastplatz an den beiden Schochenalpseelein, 1990 m. Bis hierher bequemer Alpweg, meist über Weideland. Nun in Steilkehren, zuletzt durch Geröll und Geschröf hinauf zur Kleinen Steinscharte, wo wir auf den Heilbronner Weg (R 350) treffen. Alle Müh hat hier ein Ende. Ein gemächlicher Bummel hinüber zur Großen Steinscharte und bergab zur Hütte beschließt die lange Wanderung. Kurz vor der Großen

Steinscharte lassen wir die Abzweigung ins Hochalptal links liegen. Es führt — im unteren Teil durch schöne Gebirgswälder — hinab zur Bundesstraße Steeg — Warth und hat als Übergang vom Lechtal ins Obere Illertal kaum Bedeutung.

● 409 Der Übergang aus dem Hornbachtal in den Oberstdorfer Raum

wird normalerweise übers Hornbachjoch, 2022 m, ins Oytal (R 360 in Verbindung mit R 12, 18) gewählt. Ungleich interessanter, wenn auch in jeder Hinsicht anspruchsvoller ist der große Ausdauer und guten Spürsinn fordernde Übergang von

● 409a Hinterhornbach, 1101 m **über den Märzlesattel,** 2201 m auf den Kemptner Hütte und Nebelhorn verbindenden Höhenweg mit der Wahl des Abstiegs entweder zur Kemptner Hütte (R 174) ins Dietersbachtal (R 12, 16) oder ins Oytal (R 12, 18).

Aufstieg zum Märzlesattel 4 Std., Abstieg Kemptner Hütte 1½ Std., Abstieg Gerstruben 4 Std., Abstieg Oytalhaus 5½ Std., stets A.

Ab Hinterhornbach auf schönem Talweg bis kurz vor Drähütten, 1173 m, hier über den Bach und jenseits — zur Linken den Birkentaltobel — steil bergauf zur Wegegabel (etwa 1860 m). Links geht's zur Hermann-von-Barth-Hütte, wir hingegen wenden uns rechts bergab zur Schönecker Alp, 1732 m, und dem Steiglein nach W folgend wieder steil bergauf, um nun längere Zeit unter den N-Abstürzen von Ilfen- und Marchspitze westw. querend das Kar „Auf der March" zu erreichen, das uns alsbald in den schon seit langem sichtbaren breiten Sattel leitet.

Abschnitt 14

● 410 Vorbemerkung: Der Immenstädter Raum nördl. der Alpseefurche — im Landschaftscharakter eng verwandt mit dem sich nach W bis weit hinein ins Württembergische ausdehnenden Alpenvorland — ist nur in den beiden unmittelbar aus dem Städtle herauswachsenden Gipfelmassiven des Mittagbergs, 1451 m, und des Immenstädter Horns, 1490 m, voralpin geprägt.
Den einzigen Höhenweg in diesem Raum haben wir bereits von der Gunzesrieder Seite her kennen gelernt: es ist das mit dem Mittag-

berg und dem Steineberg beginnende östlichste Teilstück des langen Rindalpenkammes (vgl. R 372).
Das Immenstädter Horn lernen wir unter Teil V als selbständigen Gipfel kennen.
Die zum Stadtgebiet Immenstadt gehörenden nördl. gelegenen, das Gesicht der „Bergstadt" bestimmenden Höhenzüge tragen des Besuchs durchaus würdige, in jeder Jahreszeit attraktive Gipfelchen:

● **411** **Der Höhenweg Hauchenberg,** 1235 m — **Stoffelberg,** 1063 m
Gesamtüberschreitung 3—4 Std., A.

Ausgangsorte (von W nach O): Missen, 854 m — Börlas, 959 m — Diepolz, 1037 m — Freundpolz, 1014 m — Rieggis, 963 m — Niedersonthofen, 712 m. Gleich, von welchem Ort man ausgeht, ein wenig muß man sich schon plagen, um auf problemlosen, leicht zu findenden Pfaden durch Weidegras, zuweilen auch ein wenig durch Wald auf die Kammhöhe zu gelangen. Sie ist auf ihre gesamte Länge gut begehbar, teilweise dicht bewaldet, doch gewährt sie immer wieder einen freien Blick in die Allgäuer Berge und weit hinaus ins Alpenvorland.
Noch mehr als hier ist die Einsamkeit im nördl. vorgelagerten Lüsseck-Kamm, 957 m, daheim. Wir erreichen ihn am günstigsten von Wilhams (unterm Hauchenberg-W-Gipfel) aus, die obere Talmulde des Trettenbachs nach Belieben querend, um jenseits pfadlos über Gras zum W-Gipfel mit prächtiger Aussicht anzusteigen. Die Kammwanderung nach O führt meist durch undurchdringlichen Wald, der durch Forstwege gezähmt ist.

● **412** **Der Höhenweg Siedelalp,** 1024 m — **Thaler Höhe,** 1166 m
1½ Std. Die Fortsetzung finden wir unter R 414.

Dieser Höhenweg leitet den zur Salmaser Höhe weiterführenden, zu Abschnitt 15 gehörenden Spaziergang hoch überm Konstanzer Tal ein. Wir beginnen an der Stixner-Paß-Höhe zwischen Zaumberg und Missen und bummeln durch wenig Wald und viel Weideland, meist aussichtsreich westw. über die Siedelalp hinauf zur Thaler Höhe. Unterwegs entdecken wir im S-Hang die Hohenschwandalp, zu der ab Ratholz eine Mautstraße hinaufführt. Vom Gipfel der Thaler Höhe genießen wir nicht nur den Blick auf den Prodelkamm und die dahinter aufragenden Rindalpen im S, sondern auch die Ruhe um uns und im Alpgelände nordw. hinab nach Wiederhofen, wo sich wintersüber die Skiläufer tummeln.

● **413 Übergänge von überörtlicher Bedeutung**
gibt es im Immenstädter Raum, abgesehen vom die vielbefahrene Straße Immenstadt — Isny tragenden Stixnerpaß, 950 m, nicht. Diese bedeutende Wasserscheide führt uns unversehens in die Welt der in ihren Wäldern entspringenden Unteren Argen, jenes liebenswerten Flusses, der das Gesicht des südl. Württembergischen Allgäus gemeinsam mit der Oberen Argen prägt. Der wichtigste Übergang von lokaler Bedeutung ist der in R 306 kurz vorgestellte Weg von Immenstadt durchs Steigbachtal über den Mittelberg-Sattel ins Ehrenschwangtal.

Abschnitt 15

● **414** **Höhenweg Thaler Höhe,** 1166 m — **Salmaser Höhe,** 1254 m — **Juget,** 1110 m — **Kalzhofener Berg,** 1007 m
3 Std., A.

Es ist der einzige über einen ausgeprägten Höhenkamm führende Steig nördl. des von der Wasserscheide (vgl. R 107) herabkommenden Tals der Konstanzer Ach, in das er uns während seiner Überschreitung entzückende Tiefblicke vermittelt. Ab Thaler Höhe (R 412) zunächst leicht fallend, dann ständig steigend über Alpweide, zuletzt durch Bergwald — stets auf der Kammhöhe — auf den geräumigen aussichtsreichen Gipfel der Salmaser Höhe, mit 1254 m die höchste Erhebung im gesamten Alpenvorland zwischen Bodensee und Inn (Hauchenberg, 1242 m; Schwedenschanze, Kürnach, 1126 m; Hoher Kapf, Kürnach, 1122 m; Schwarzer Grat, 1118 m; Sonneck, 1106 m; Hirschberg (Pfänder), 1095 m; Blender, Kempten, 1072 m; Riedholzer Kugel, 1066 m; Pfänder, 1063 m; Zwieselberg, Roßhaupten, 1055 m; Auerberg, 1055 m; Senkelekopf, Roßhaupten, 1047 m, und der berühmte Peißenberg nur 988 m).
Die Fortsetzung unseres Höhenwegs nach W bringt uns zum Parkplatz der Mautstraße ab Thalkirchdorf / Salmas, die uns eine fast mühelose Ersteigung der Salmaser Höhe ermöglicht. Ab Parkplatz durch dichten Wald zur Paßhöhe der den Juget, 1110 m, umrundenden Mautstraße ab Kalzhofen (prächtige Aussicht in die Schweizer Berge). Nach Kalzhofen, einem Vorort Oberstaufens (R 108 ff.), führt auch unser Abstieg über die Muttener Höhe, 1067 m, und den Kalzhofener Berg, 1007 m, meist über Weideland.

● **415** **Höhenweg über die Pferrenberg-Hochebene**
4 Std., einsam; A.

Dieser beliebig zu variierende Höhenweg ist eigentlich nur ein Ableger des Höhenwegs R 414, doch auch für sich allein rühmenswert, da er uns einen instruktiven Einblick ins verwickelte Quellsystem der Oberen Argen gewährt. Vom Höhenweg R 414 aus hatten wir nur einseitig ins Quellgebiet der Jugetach (so heißt der östl. Quellbach unseres Flusses) Einsicht nehmen können. Die in N-S-Richtung 4 km, in W-O-Richtung 3 km messende Hochfläche ist in ihrem nördl. Teil durch den wilden Benderbergtobel gespalten. Ihr höchster Punkt ist der Pferrenberg, 1012 m. Die Hochebene weist nur an ihren Rändern einige Sommerfrischen-Dörflein auf: Mutten, Trabers (Parkplatz), Jungensberg, Gerstland und Pferrenberg.
Am lohnendsten ist der Rundweg ab Parkplatz überm Ghs. Trabers zunächst auf Alpwegen über Gschwend nach Pferrenberg, dann über seinen N-Kamm auf den höchsten Punkt, 1012 m, mit weiter Aussicht in die Schweizer Berge, weiter südwestw. nach Schlegelhalden und in weitem, nach N ausholenden Bogen über Gerstland — Jungensberg — Oberthalhofen, ab hier hinauf zum Kapf, 930 m, und über Schwanden zurück nach Trabers.

● 416 Der Sonneckrücken, 1105 m
Gesamtlänge ab Rechtis: 10 km. Einfache Überschreitung 3 Std., A.

Günstigster Ausgangsort ist das hochgelegene Dorf Rechtis, 969 m, 1 km nördl. der entstehenden Autobahn durchs Weitnauer Tal. Sie stört uns kaum, da der Sonneckkamm fast durchgehend dicht bewaldet ist. Der Forstweg führt uns — meist einsam — stets auf der Kammhöhe, hin und wieder erhaschen wir einen Durchblick nach S zum Hauchenberg (R 411) und zur Salmaser Höhe (R 414), im übrigen widmen wir uns den Schwammerln und Waldhimbeeren. Nach etwa 2 Std. Marsch verführt uns ein Pfadabstecher nach N zur Ruine Alttrauchburg, 903 m, mit einladendem Ghs. (Kfz-Anfahrt von N aus dem Wengental. Für Fahrgemeinschaften gute Kombinationsmöglichkeit Rechtis / Alttrauchburg).
Bleiben wir jedoch auf der Kammhöhe, landen wir auf unserem Forstweg unweit der Bahnstation Seltmans der viel umstrittenen Bahnlinie Kempten / Isny (falls sie bis zur Drucklegung dieses Führers noch am Leben sein sollte).

● 417 Der Prodelkamm-Höhenweg
Überschreitung ab Naturfreundehaus am Gschwender Horn (R 307) nach Lanzenbach (R 313). Höchster Punkt 1487 m, 3½ Std., A.

Sind wir ehrgeizig, nehmen wir mit einem Umweg über Seifenmoos (R 306) den bewaldeten Dreherberg, 1430 m, mit, was 1 Std. kostet, aber nicht weh tut, weil uns 150 m Höhenverlust ohnedies nicht erspart bleiben und wir das Vergnügen haben, die Weißachquelle kennenzulernen.
Sanft ansteigend geht's dann über die Untere Gündelalp, 1252 m, westw. zur Oberen Eckalp, 1406 m, und nun in lustiger Kammwanderung übers Himmeleck, 1487 m, hügelauf und hügelab auf Weideböden und durch lichten Wald, den Vorderen Prodel, 1470 m, überschreitend zum Denneberg, 1427 m. Unterwegs haben wir viermal Gelegenheit, ins Alpgelände von Thalkirchdorf abzusteigen, das die N-Flanken des Prodelkamms 1000—2000 m hoch durchzieht und im Winter von Skiläufern bevölkert ist. Vorm Denneberg leitet ein Alpweg auch südw. hinab zur Hohen Brücke im Ehrenschwangtal. Schöner jedoch ist's, den Prodelkamm südwestw. bis zur Prodelalp, 1207 m, auszulaufen und dann steil durch Wald west. zur „Tarzanbrücke" über die Weißach abzusteigen.
In umgekehrter Richtung ist das Ganze wegen der größeren Aufstiegsleistung natürlich anspruchsvoller. Hier schenkt uns die Hündle-Sesselbahn östl. von Oberstaufen eine nette Variation: Ab Bergstation, 1050 m, südwestw. zum Hündlekopf, 1112 m, dann (100 m Höhenverlust) ostw. zur Moosalp, 1009—1100 m, und nun südw. auf steilem Steig zum Denneberg, 2 Std., A. Nicht zu verachten ist natürlich auch der vom Kfz-Verkehr verschonte Talweg ab Seifenmoos nördl. oder südl. um den Dreherberg herum nach Ehrenschwang und durch die herrlichen Wälder hinaus nach Simatsgund, 920 m (in der Kapelle interessanter Altar von 1649), unweit der Talstation der Kabinenbahn zum Hochgrat (Bergstation 1708 m).

● 418 Über die Rindalpen nach Westen

Fortsetzung des vom Hochgrathaus (Staufner Haus des DAV, R 312f.) ausgehenden Höhenwegs über den zum Hochhädrich, 1565 m, ziehenden Kamm 3 Std., A. (Vorsicht bei Überschreitung des Hochhädrich!)

Ab AV-Hütte hinauf zum Hochgratsattel, dann über seinen bequemen O-Rücken auf den Seelekopf, 1663 m, der uns ebensowenig Schwierigkeiten bereitet wie der westl. benachbarte Hohenfluhalpkopf, 1636 m, 1 Std., und die Fortsetzung des bez. Steiges zum Einegundkopf, 1641 m, und zum Falken, 1564 m, 1 Std. Trittsicherheit und ein wenig Schwindelfreiheit brauchen wir für den Übergang zum Hochhädrich, 1565 m, in dessen Gipfel die Bundesgrenze nord-

westw. abknickt, 1 Std. Der Blick südw. hinab ins Lecknertal mit seinem hübschen See, auch talauswärts nach Hittisau hat uns den Weg verschönt. Wollen wir nicht zurück zur Hütte, können wir vom Hochhädrich oder vom Einegundkopf sowohl nordw. ins Alpgebiet des Lanzenbach-Talgrunds (mit nachfolgendem Übergang über den Imberg nach Steibis, R 289) oder südw. auf Steigspuren ins Lecknertal absteigen. Am schönsten ist natürlich die Vollendung der Kammwanderung nach SW. Dabei werden wir es uns nicht nehmen lassen, über Nacht im Hochhädrich-Haus unmittelbar unterm Gipfel (R 333) zu bleiben, was sich allein schon wegen des überwältigenden Sonnenuntergangs lohnt.
Der als winterliches Skigebiet beliebte und mit zahlreichen Hütten ausgestattete Talschluß des Lanzenbachtals zwischen Imberg und Hochhädrich präsentiert sich in den anderen Jahreszeiten als anspruchsloses und gemütliches Wandergebiet mit viel Weide, Wasser und Wald. Günstigstes Standquartier: Ansbacher Hütte des DAV, 1218 m, am Imberg (Sektionshütte) oder eine der zahlreichen Alphütten. Der Imberg selbst, 1325 m, ist ein behagliches Gipfelchen, dessen ins Bolgenachtal beim Krumbach, 746 m, absinkender SW-Kamm sich „Auf der Fluh" nochmal zu 1391 m Höhe aufschwingt, um am Gluthgschwander Eck, 1355 m, die Grenze zu überschreiten. Schön sind die nach Schindelberg, 887 m, und Hagspiel, 1000 m, hinabziehenden Wiesenhänge.

● **419 Übergänge von überörtlicher Bedeutung** finden sich nur:
a) im Talgrund des Ehrenschwangertal über die *Mittelbergalp* ins Steigbachtal und nach Immenstadt (R 306);
b) aus dem Ehrenschwangtal über den *Hochgratsattel* (R 372) ins Lecknertal (R 121) und in den Vorderen Bregenzerwald;
c) ab Oberreute (R 109) über *Irsengund — Zellers,* 808 m, oder über *Martinshöhe — Hochsträß,* 1041 m, nach Sulzberg, 1015 m, und in den Vorderen Bregenzerwald;
d) ab Scheidegg (R 112) über Weienried ins Leiblachtal (R 112);
e) ab Scheidegg über Weienried — *Pfänderrücken* (R 129f.) nach Bregenz;
f) dazu kommen die vielbefahrenen *Straßen-Übergänge* in den Vorderen Bregenzerwald bei Aach (R 108f.), Oberreute / Schweinhöf (R 109), Scheffau / Heuhaus (R 127), Scheidegg / Weienried (R 112).

Abschnitt 16

● 420 **Vorbemerkung:** Die Grenze zwischen Allgäuer Alpen und Bregenzer Wald fließt ohnedies. Es wäre unzulässige Vereinfachung, sie schlicht der Bundesgrenze gleichzusetzen. Mehrere der Bregenzer Ache von rechts zufließende Gewässer (Rotach, Weißach, Leckner Ach, Balderschwanger Bolgenach und Rubach) durcheilen auf weite Strecken deutsches Gebiet, bevor sie sich zur Grenzüberschreitung entschließen. Ebenso setzen sich mehrere von NO nach SW ziehende Gebirgskämme jenseits der Bundesgrenze solange fort, bis sie zur Bregenzer Ache oder einem ihrer rechten Seitenbäche absinken (Sulzbergrücken, Rindalpen, Siplingerkamm, Schelpen / Feuerstätterkamm, Obere Gottesackerwände und die westl. Ausläufer des Schwarzwasser- und Baader Talrahmens). Umgekehrt gehört das Tal der von ihrer Quelle bis zur Klamm österreichisches Staatsgebiet durchfließenden Breitach (Kleines Walsertal, nicht zum Bregenzer Wald, sondern zu den Allgäuer Alpen. Wasserscheide und politische Grenze sind also im W-Teil der Allgäuer Alpen häufig nicht eins.
Die den vorarlbergischen Teil der Allgäuer Alpen überziehenden Höhenwege haben wir — dem Kleinwalsertaler Grenzkamm folgend — zwischen Warth und Gottesackerplateau großenteils bereits kennengelernt (R 342, 343, 347, 348, 352 und 371). Die tief ins Vorarlbergische hineinstoßenden Höhenwege über den westl. Rindalpenkamm und über den zum Kojen auslaufenden Gluthschwandereck-Kamm kennen wir auch bereits (R 418). Neu sind uns die folgenden:

● 421 **Der Feuerstätterkopf-Kamm,** 1645 m
Aufstieg 3 Std., Abstieg 2 Std., jedoch mehrfach zu variieren und beliebig zu verkürzen, stets A.

Schönster Aufstieg: Ab Sibratsgfäll (R 118) südostw. nach Rindberg und dem durch die Sonnenmulden unterm Feuerstätterkopf bergauf führenden Alpweg folgend unter die steilen Gipfelabstürze, denen wir links zum SW-Kamm ausweichen. Über ihn durch schütteren Wald auf den kreuzgeschmückten höchsten Punkt. Schönster Abstieg: auf steilem Pfad nach N durch Gebüsch, bis wir bequem nach links zur Burstalp überwechseln können. Den darüberliegenden Burstkopf, 1559 m, nehmen wir seiner Aussicht wegen mit. Nach SW absteigend gelangen wir über die Neuburger Alp zur Bereuter Riesalp, 1291 m; ab hier hübscher Alpweidebummel hinab nach Sibratsgfäll.

Nehmen wir ab Bereuter Alp das nordwestl. aufragende Renkknie, 1411 m, mit, was sich lohnt, landen wir nach aussichtsreicher Kammwanderung beim Ghs. Waldrast (R 328).

● 422 Der Feuerstätterkopf-Kamm von Balderschwang aus

Wählen wir Balderschwang als Ausgangsort, wandern wir über die südwestl. gelegene Bodenseehütte (R 330) über Alpweide hinauf zum Gelbhansekopf, 1440 m, und (teilweise durch Wald) südw. auf den Hochschelpen, 1552 m und zum südl. benachbarten Hörnlein, 1545 m, hier scharf umknickend nach W hinab ins Feuerstätter Sättele, 1436 m, und jenseits durch lockeren Wald auf dem zuweilen sehr schmal werdenden O-Kamm (Vorsicht mit Kindern!) auf den Feuerstätter Kopf. Abstieg nach N auf dem R 421 erwähnten Steig, an der Abzweigung zur Burstalp jedoch ostw. abbiegend und hinab zur Burglhütte (R 329). Ab hier Alpweg nach Balderschwang.

● 423 Der Höhenweg Stillberg, 1530 m — **Koppachstein,** 1540 m

Aufstieg 2 Std., Abstieg nach Hittisau 3 Std. A.

Ausgehend von Balderschwang (R 120) auf bequemem Alpweg über die Untere und Obere Balderschwangalp auf die vom Girenkopf südwestw. zum Stillberg ziehende Samstenberg-Kammhöhe. Ihr bleiben wir, dem selten begangenen Steig folgend, treu, soweit uns nicht dichte Waldparzellen oder inselartig aus dem Wald aufragende Felsköpfe zu geringfügigem Ausweichen veranlassen. Etwa dort, wo unser Steig die Grenze überschreitet, lockt eine Abstiegs-Möglichkeit über die Äuelealp zum Lecknersee (R 121). Bleiben wir jedoch auf der Höhe, dann gehen wir bis knapp vor den Koppachstein, um nun ein wenig in die S-Flanke abzusteigen, durch die wir über die Hochleckachalp und den Dürlisberg, allmählich nach N abdrehend über Dreißigschwenden die Brücke über den Lecknerbach und damit die nach Hittisau (R 119) führende Straße erreichen.

● 424 Höhenweg über den Sulzberger Kamm, 1041 m

Gesamtlänge des Kammes 11 km, tiefster Punkt (Brenden / Doren), 678 m, beliebig zu variieren, A.

Ab Oberreute (R 109) am schönsten östl. der nach Sulzberg führenden Straße über den höchsten Punkt „Hochsträß“ (Grenze), teils durch lichten Wald, teils auf der offenen Kammhöhe nach Sulzberg (R 110). Ab hier, alsbald etwas westw. ausweichend durch anmutiges Wiesengelände mit Waldparzellen allmählich fallend zur Bundesstraße Hittisau / Bregenz.

● 425 **Der Pfänder-Höhenweg über Daxenberg,** 1034 m — **Hochberg,** 1069 m — **Pfänder,** 1063 m, **zur Fluh,** 743 m
Gesamtlänge 10 km, meist einsam, A.

Ab Zollamt Diethen/Weienried (R 131) auf stillem Pfad hinauf zum aussichtsreichen Dorf Möggers, 948 m (R 132), und unterm bewaldeten Daxenberg hindurch zur ebenfalls bewaldeten Trögerhöhe, 1042 m, und südwestw. hinab zur Verbindungsstraße Pfänder — Lutzenreute. Sie überschreitend bleiben wir der Kammhöhe treu und gelangen verkehrsfrei mit schönen Tiefblicken zum Bodensee auf den meist rege besuchten Pfändergipfel. Der Abstieg jenseits auf bequemem Weg nach Fluh ist dann wieder stiller.

● 426 **Der Hirschberg-Höhenweg**
Kammlänge bis zum „Stollen" 5 km, A, höchster Punkt 1095 m.

Diese Wanderung wird vorziehen, wer die völlige Ruhe liebt! Ausgangsort am schönsten Hirschbergsau, 677 m, ½ Std. vom Österreichischen Zollamt Hinterhub/Neuhaus entfernt (R 127). Unser Steig zieht sich — viel durch Wald — in weiter Linksschleife hinauf zur Hirschbergalp, die den kahlen Gipfel des Hirschbergs (höchster Punkt des Pfändergebirgs) umgürtet. Herrliche Aussicht tief in den Bregenzerwald hinein. Jenseits über steiles Weidegelände hinab über die einsamen Weiler Ahornach und Geserberg zur Fatimakapelle auf dem „Stollen" (ehemaliges Kohlenbergwerks-Gelände) und auf Fahrweg nach Langen (R 127).

● 427 Für die **Übergänge** in Abschnitt 16 gilt zunächst das zu R 420 Gesagte. Die meisten kennen wir bereits von der Iller (bzw. Lech-) Seite her: vgl. R 349 (Hochtannberg, Bundesstraße), 352, 355 (Haldenwanger Sattel), 347, 347 (Gemstelpaß), 347 (Hochalppaß), 348 (Üntschenpaß), 342f., 349 (Starzeljoch), 326 (Stoggersattel), 343, 349 (Gerachsattel), 349 (Hirschgund), 369 (Riedbergpaß), 371, 376 (Scheidewang), 372 (Hochgratsattel). Ergänzend wäre nur hinzuweisen auf die landschaftlich besonders schönen Übergänge am Hochhädrich (R 333, 418), am Kojen (R 335), bei Zellers/Irsengund (R 419), schließlich auf die vielbefahrenen Straßen mit Grenzkontrolle: Oberstaufen — Vorderer Bregenzerwald (Aach, R 108f.), Oberreute — Vorderer Bregenzerwald (Schweinhöf/Sulzberg, R 110, 126a), Weiler — Bregenz (Scheffau/Neuhaus, R 419, Scheidegg — Pfändergebiet (Weienried, R 419), Hohenweiler/Niederstaufen (R 134), Bregenz — Lindau.

V. Gipfel und Gipfelanstiege

● **428** Einleitend (s. S. 23) wurde bereits darauf hingewiesen, daß dieser Führer angesichts der außerordentlichen Fülle des Stoffs nur eine Auswahl jener Allgäuer Bergfahrten darbieten kann, die unterhalb der Schwierigkeitsstufe II der siebenstufigen UIAA-Skala liegen. Wer sich der Kletterei in den Schwierigkeitsstufen II bis VII zuwenden möchte, wird sich des umfangreichen AVF Allgäuer Alpen, Bergverlag R. Rother, München, 12. Aufl. 1984, bedienen.

Abschnitt 1

● **429** **Großer Widderstein,** 2533 m

Höchster Gipfel der Kleinwalsertaler Bergwelt, 28-höchster der Allgäuer Alpen. (Siehe Farbfoto S. 261.)

● **429a** **Von der Widdersteinhütte**

Aufstieg ab Widdersteinhütte (R 152) 1½ Std., **I,** Kinder gehören ab Schluchtbeginn ans Seil. Abstieg 1½ Std.

Ein Steiglein führt zum Ausgang der die S-Wände des Berges durchreißenden wilden Schlucht hinauf. Sie ist nicht so schlimm, wie sie auf den ersten Blick erscheint, und vermittelt den bei Ansammlung unvernünftiger Zeitgenossen durch Steinschlag gefährdeten, im übrigen jedoch unschwierigen Aufstieg über brüchige Dolomit-Stufen. Wer nicht völlig trittsicher ist und mit wackligem Fels nicht umzugehen vermag, muß drunten bleiben. Der geräumige Gipfel wartet mit einer fürstlichen Aussicht auf. Bergab heißt es noch vorsichtiger steigen als bergauf, damit niemand gefährdet wird.

● **430** **Bärenkopf,** 2080 m

Nördl. Ausläufer des vom Großen Widderstein über die zwei Kleinen Widdersteine, 2236 m (schwierige Kletterei), zur Breitachschlucht unterhalb Baad absinkenden Kammes.

● **430a** **Von Baad**

Aufstieg 3 Std., ab Baad, Abstieg 2 Std., A.

Geheimtip für Verschwiegene: Dieser hinterlistige Berg versteckt seine wahren Werte hinter der Maske eines langweiligen Spießbürgers. Allerdings kostet es einige fast an den Elferkopf (R 431) erinnernde Mühe, dieser Werte teilhaftig zu werden. Hierzu wählen wir einen der hübschen, zu einigen Alphütten hinaufführenden Steige in der breiten und bis oben hinauf begrünten W-Flanke unseres Berges. Über die letzten 400 m müssen wir uns durch allerhand Strauchwerk aus Alpenrosen, Heidelbeeren, Latschen und Grünerlen unter möglichster Ausnützung von Grasinseln hinaufkämpfen. Um so köstlicher ruht es sich, die finsteren N-Wände des Widdersteinmassivs vor Augen, auf den weichen Rasenteppichen der geräumigen Gipfelflur.

● 431 **Elferkopf**, 2387 m

Ein für die Allgäuer Alpen typischer Grasberg mit wilden Abstürzen nach N und O. Als alpines Pflanzenparadies wetteifert er mit Linkerskopf (R 440) und Höfats (R 451).

● 431 a **Ab Baad**

Aufstieg ab Baad 4 Std., Abstieg 3 Std., **I,** für Kinder zu anstrengend. Bei Nässe zu vermeiden, da die steilen Grashänge im Falle eines Abgleitens keinen Halt bieten!

Wer die königliche Gestalt des Elferkopfs, 2387 m, vom Wildental aus bewundert hatte, ist betrübt, dessen Kehrseite in Form einer schier endlosen, bis zum Gipfelgrat grasüberzogenen Steilflanke kennenzulernen: ein Gipfel für besessene Botaniker. Ab Talboden Untere Gemstelalp, dürftigen Steigspuren folgend zur längst verfallenen (da verdursteten) Schönisbodenalp, 1682 m. Noch 700 m aalglattes Steilgras ohne einen Tropfen Wasser, ohne einen einzigen gemütlichen Tritt zum Ausruhen, aber mit viel Sonne und der herrlichsten Alpenflora — ein gefundenes Fressen für Asketen.
Der sich einladend anbietende Übergang zum südl. benachbarten Liechelkopf, 2383 m, wartet mit zwei begrünten Felstürmen auf, die luftig überklettert werden müßten (II). Also verzichten wir lieber. Hingegen lohnt sich die Mitnahme des vom Elfergipfel problemlos über grasigen Schutt erreichbaren Zwölferkopfs, 2224 m, wegen des großartigen Tiefblicks nach Mittelberg (20 Min.). Wenn wir Glück haben, könnten wir eines Steinwildrudels ansichtig werden, das sich mit Vorliebe in den schwer zugänglichen O-Abstürzen des Elfermassivs aufhält.

● 432 **Nordwestliche Hammerspitze**, 2252 m

In dem von der Kanzelwand über den Schüsser zum Fiderepaß (R 346) ziehenden felsigen Kamm ist ein ideales Ziel, wenn man Kinder an die leichte Kletterei heranführen möchte.

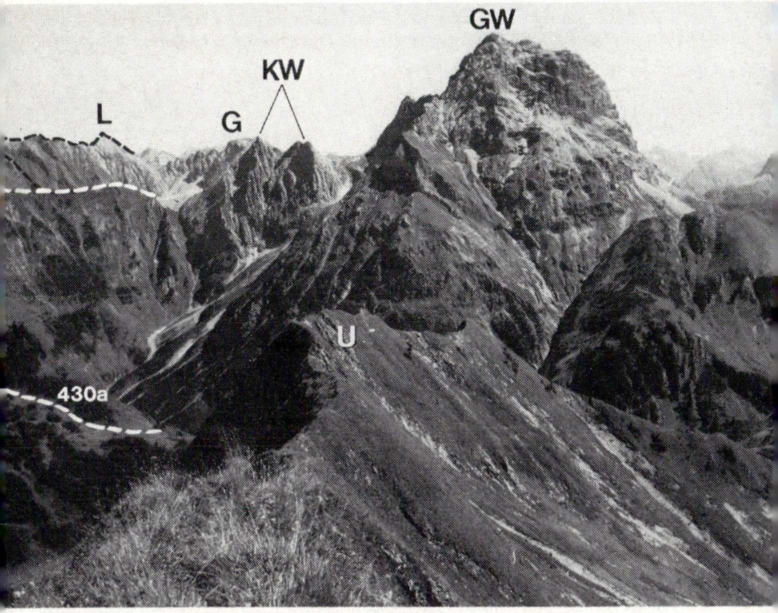

Widdersteingruppe vom Starzelgrat (R 348)
B = Bärenkopf, E = Elfer, G = Schafalpengeißhorn, GW = Großer Widderstein, KW = Kleiner Widderstein, L = Liechelkopf, U = Unspitze.

● **432 a Ab Bergstation der Kanzelwandbahn** (R 138)
Aufstieg und Abstieg je 1½ Std., B, Kinder ans Seil!

Auf bequemem Steig auf den vielbesuchten Kanzelwandgipfel, 2059 m, zuweilen (und zutreffender) auch Warmatsgundkopf genannt. Aus der Kanzelwandscharte führt ein Steiglein über steiles Geschröf, zuweilen ein wenig ausgesetzt auf den behäbigen Gipfel des Schüsser, 2170 m, den die Österreichischen Karten Hammerspitze nennen. Hier knickt der Kamm scharf nach SO um. Wir folgen ihm zunächst über Gras, dann über Geröll und leichten Fels zum Gipfel der Nordwestlichen Hammerspitze, die im Kleinwalsertal Hochgehrenspitze heißt.

Der Übergang zur Südöstlichen Hammerspitze, 2259 m (im Kleinwalsertal Schüsser genannt), artet in schwierige Kletterei (teilweise brüchiger Fels) aus. Ihr halten wir uns fern und steigen der Abwechslung halber vom Schüsser, 2170 m, über seinen grasigen W-Kamm zur Inneren Kuhgehrenalp ab. Abstieg entweder unmittelbar nach Höfle / Mittelberg oder über die Äußere Kuhgehren nach Hirschegg (steiles Weidegelände, etwas Wald).

● 433 **Walmendinger Horn,** 1990 m

Bekannter Aussichtsgipfel. S. auch R 341.

● 433 a **Über den Nordostkamm**

Ein besonders reizvoller, wenngleich mühsamer Aufstieg, 3½ Std. ab Hirschegg, B, Vorsicht mit Kindern am Heuberggrat! Abstieg nach Belieben: Baad (R 7), Mittelberg (R 5), Hirschegg (R 4) oder Auenhütte auf bez. Steigen, A, 2—3 Std. Kinder ans kurze Seil!

Ab Hirschegg ersparen wir mit dem Heuberg-Sessellift mühelos 235 m Höhe und steigen durch Hochwald auf dem allmählich schmaler, stellenweise auch steiler werdenden NW-Kamm zum Heuberg, 1797 m, wo wir freies Blickfeld erhalten. Unser Kamm schnürt sich immer mehr zusammen, schwarzwasserseits beachtliche Abstürze, sonnseits (hinab nach Mittelberg) glatte, begraste Steilflanken, die wegen ihrer Lawinengefahr berüchtigt waren, jetzt jedoch durch kunstvolle Verbauungen gezähmt sind. Die aus dichtem Erlengebüsch aufragenden Felstürme zwingen uns öfter Hand anzulegen, ohne daß dieser Höhenweg zwischen zwei ganz verschiedenen Welten jemals schwierig würde. In Gipfelnähe stören den Naturgenuß freilich die Anlagen der Seilbahn und die von den Bulldozern bewirkte Umwandlung der Gipfelhänge in Ödland. Das Vergnügen dauert 3 Std. und wird für den Kenner durch die Begegnung mit zwei Dutzend Zirben gewürzt, die der Ausrottung entgangen sind.

● 434 **Hirscheck,** 1922 m; **Roßkopf,** 1958 m

Zwei Gipfel am Rand des Gottesackerplateaus.

● 434 a **Ab Ifenalp**

Die Überschreitung des Gottesackerplateaus (R 344) können wir bequem mit dem Besuch dieser zwei einsamen Gipfel verbinden. Zusätzlicher Zeitaufwand: 1½ Std., A. Vorsicht mit Kindern an den Wandabstürzen nach N!

Die Berge des Gemsteltals vom Walmendinger Horn
E = Elferkopf, G = Schafalpengeißhorn, GP = Gemstelpaß, GT = Gemsteltal, K = Karhorn, L = Liechelkopf, M = Mohnenfluh, Z = Zwölfer.

Bei der üblicherweise durchgeführten Wanderung ab Ifenalp (R 142) verlassen wir den zur Gottesackerscharte, 1967 m, führenden Steig etwa 100 Höhenmeter unter der Scharte, um weglos nordwestw. über Karrenfelder an den Fuß des Roßkopfs zu queren. In leichter Kletterei auf seinen Gipfel und mühelos hinüber zum 36 m niedrigeren Hirscheck.

● **435** **Piesenkopf,** 1629 m

Harmloser Alpweidegipfel, der sich ähnlicher Einsamkeit wie Hirscheck und Roßkopf erfreut.

● **435 a** **Von Rohrmoos** (R 24)
Aufstieg 2 Std., Abstieg je nach Wahl 1—3 Std., A.

Auf dem alten Alpweg über den Kälberrücken durch Wald hinauf zu den Weideflächen der Piesenalp. Hierher auch auf brutal durch die bewaldeten S-Hänge geführter Wirtschaftsstraße. Höchster Punkt des weit ausgedehnten Alpgeländes ist der erstrebte Gipfel. Interessanter, jedoch zeitraubender Abstieg nach Balderschwang über den Scheuenpaß nordwestw. zum Hörnlein (R 422) und weiter wie dort. Hübsch ist auch der Abstieg über die östl. gelegene Kindsbangetalp mit Anschluß an den Riedbergpaß (R 369) über Dinigörgen- (R 369) und Schönbergalp (vgl. R 368).

Abschnitt 2

● **436** **Biberkopf,** 2599 m

Deutschlands südlichster Punkt, zehnthöchster Gipfel der Allgäuer Alpen und einer ihrer elegantesten. (Siehe Farbfoto S. 249.)

● **436 a** **Ab Rappenseehütte**
3 Std., C, Kinder im letzten Teilstück ans Seil. Abstieg 2½ Std.

Den Biberkopf sollte man sich schon deshalb nicht entgehen lassen, weil wir in ihm einen besonders liebenswürdigen Gipfel kennenlernen: er schenkt uns einen interessanten Aufstieg, ist nicht so überlaufen wie das Hohe Licht und wartet mit einem Tiefblick auf, der in den Allgäuer Alpen seinesgleichen nicht hat. Bez. und gesicherter Steig. Wir bummeln östl. um den Rappensee herum und steigen durch Schutt steil hinan zum Sattel, 2324 m, zwischen Hochrappenkopf, 2424 m (rechts), und Rappenseekopf, 2468 m (links). Beide Gipfel lassen sich mit je ½ Std. Mehraufwand über Schutt und

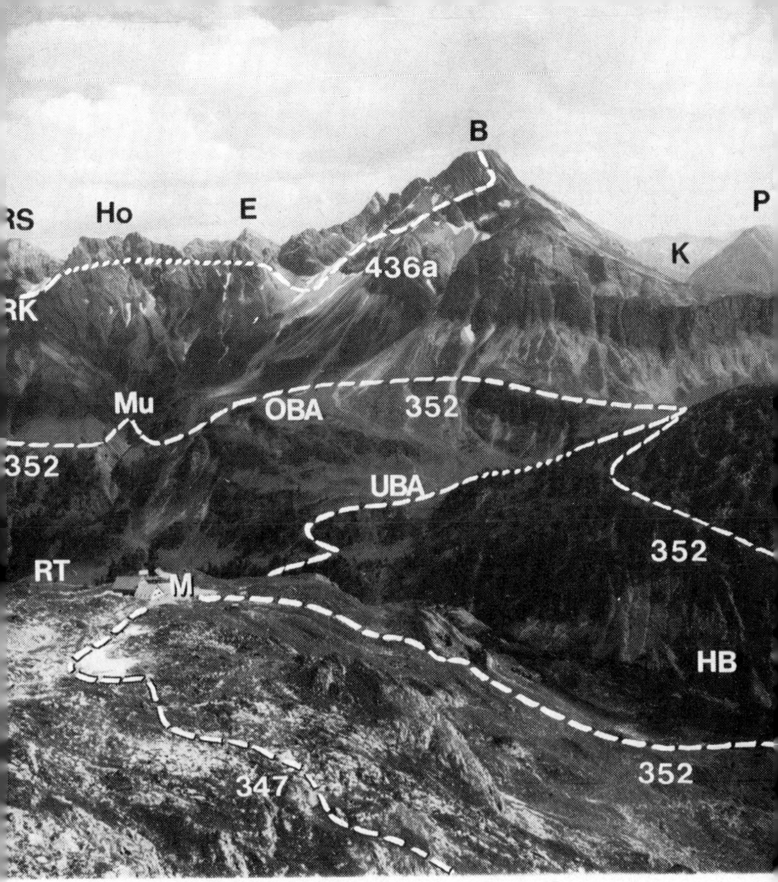

Die Biberkopfgruppe vom Angererkopf
M = Mindelheimer Hütte, RT = Rappenalptal, HB = Haldenwanger Bach, UBA = Untere Biberalp, Mu = Mutzentobel, OBA = Obere Biberalp, RK = Rappenköpfle, RS = Rappenseekopf, Ho = Hochrappenkopf, E = Ellbognerspitze, B = Biberkopf, K = Kaisertal, P = Pimig, 347 = HW Mindelheimer Hütte/Gemstelpaß, 436a = Aufstieg Rappenseehütte/Biberkopf, 352 = HW Rappenseehütte/Mindelheimer Hütte.

Gras bequem mitnehmen. Jenseits queren wir südwestw. leicht fallend zum tiefsten Punkt im Verbindungsgrat Hochrappenkopf — Biberkopf, P. 2294, überscheiten ihn nach W, verlieren dabei 100 m an Höhe und steigen sodann zum breiten, die N-Flanke des Gipfelmassivs durchziehenden Schuttband hinauf. Es mündet auf den schneidigen W-Grat, wo wir auf den von Lechleiten heraufführenden Steig treffen. Nun mit scharfer Linkswendung knapp unter der Gratschneide durch eine drahtseilgesicherte Steilrinne zum Gipfel. Will man nicht zur Rappenseehütte zurück, sondern den Biberkopf mit dem Übergang zur Mindelheimer Hütte verbinden, dann verlassen wir unsere Aufstiegs-Route bei der Abzweigung des nach Lechleiten hinabführenden, besonders schönen, leichte Kletterei (I, C) fordernden und mit Sicherungen versehenen Steiges. Oberhalb Lechleiten verlassen wir ihn nach rechts Richtung Lechleitner Alp / Salzbüheljoch (R 355), 2½ Std., Kinder oben ans Seil!

● **437** **Hochgundspitze,** 2460 m; **Rothgundspitze,** 2484 m

Südl. und nördl. Torwächter der Großen Steinscharte (R 408).

● **437 a** **Ab Rappensee**

Je 1½ Std., B, Kinder ans Seil (nette Übungsklettereien!).

Beide Gipfel erreichen wir am bequemsten aus der Großen Steinscharte über Schutt und leicht zu erkletternde Schrofen. Dabei holen wir an der Hochgundspitze ein wenig links, bei der Rothgundspitze ein wenig rechts aus. Vom Übergang ab Rothgundspitze zum Linkerskopf wird abgeraten, weil dessen Gipfelaufschwung aus der Rothgundscharte extrem brüchig und die durch ihn veranlaßte Querung ins Bacher Loch gefährlich ist.

● **438** **Hohes Licht,** 2651 m

(Zweithöchster Gipfel der Allgäuer Alpen). Ihn haben wir bei der Begehung des Heilbronner Wegs bereits kennengelernt (R 350). Dem harmlos erscheinenden Abstieg nach S wird dringend widerraten: der Gipfelschutt verliert sich in unzugänglichen Wänden!

● **439** **Auf das Rappenköpfle,** 2276 m

I.

Von dem aus Rappensee-Sicht so verführerisch wirkenden Aufstieg wird abgeraten — es sei denn, daß sich erfahrene und völlig schwindelfreie Graskletterer daran versuchen. Das elegante Gipfelchen ist nicht schwierig (II), jedoch im Gestein unzuverlässig und bei Nässe besonders gefährlich.

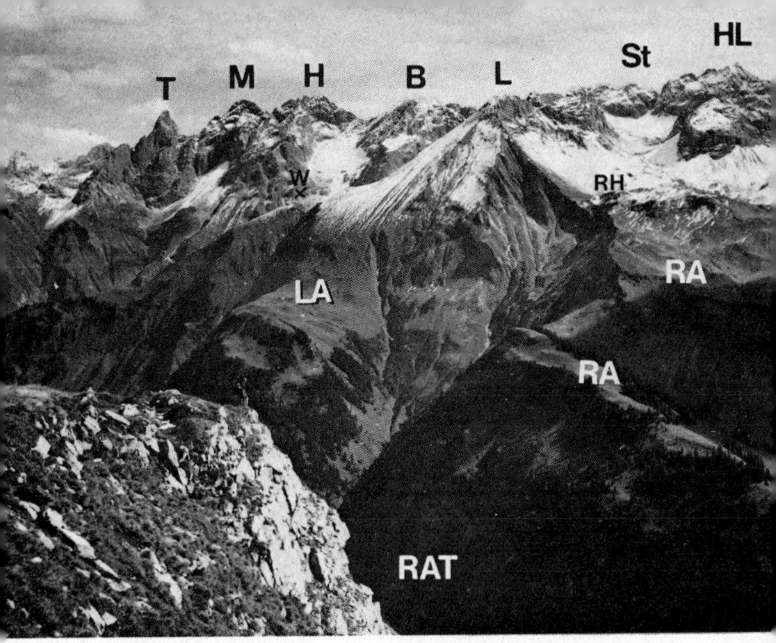

Die Bergwelt des Heilbronner Wegs von der Taufersberg-Terrasse
B = Bockkarkopf, H = Hochfrottspitze, HL = Hohes Licht, L = Linkerskopf, LA = Linkersalp, M = Mädelegabel, RA = Rappenalpen, RAT = Rappenalptal, RH = Lage der Rappenseehütte, T = Trettachspitze, W = Lage des Waltenbergerhauses.

● 440 **Linkerskopf,** 2459 m

Ein der Höfats (R 451) und dem Elfer (R 431) ebenbürtiger Blumenberg. Auch er hat eine schwache Seite:

● 440 a **Ab Linkersalp** (R 171)
2 Std., I, Kinder wegen des mit Steilgras verbundenen Risikos nur mit Seilsicherung!

Wir verlassen den zur Rappenseehütte führenden Hüttenweg etwas oberhalb der Enzianhütte (R 171) und steigen weglos und gleichmäßig steil durch den Alpenblumengarten seiner W-Flanke bergan, zuletzt über plattige Schrofen (Vorsicht!) An den unmittelbaren Abstieg zur Rappenseehütte sollten sich nur erfahrene Graskletterer mit Spezialschuhwerk heranwagen. Einen weniger riskanten und geradezu königlichen Abgang vom Rappenseegebiet können wir uns verschaffen, wenn wir den Linkerskopf über seinen nach N zur Petersalp hinabziehenden eleganten Glaswand- und Heubaumrücken verlassen: zweistündiges Bergabschweben auf schmaler Schneide zwischen Bacher Loch und Rappenalptal, zweistündiges Schwelgen in der Einsamkeit eines Gartens voller Alpenblumen, die schreckenerregenden Wände von Hochfrott, Mädele und Trettach zur Rechten, die freundlichen Sonnenterrassen des Taufersbergs unter den Schafalpen zur Linken. (I, nichts für Kinder). Gutgriffiges Schuhwerk, absolute Trittfestigkeit und Schwindelfreiheit unerläßlich. In umgekehrter Richtung eine heillose Schinderei, 4—5 Std. ab Einödsbach.

● 441 **Mädelegabel,** 2645 m

Neben dem Hochvogel wohl der berühmteste Gipfel der Allgäuer Alpen und deren vierthöchster! Bei der Begehung des Heilbronner Wegs (R 350) sind wir auf dem Schwarzmilzferner unter ihr hindurchgequert.

● 441 a **Über den Ostgrat**

Aufstieg und Abstieg kostet nur 1½ Std., C, Kinder anseilen! Trittsicherheit und Schwindelfreiheit unerläßlich, bei dem nicht seltenen Massenandrang Vorsicht mit Steinschlag!

Wir steigen vom O-Ende des kleinen Ferners hinüber ins Schartl am Beginn des unserem Anstieg dienenden O-Grats. Er führt uns in leichter Kletterei auf den Gipfel.
Die beiden die Mädelegabel einrahmenden Gipfel: *Hochfrottspitze* im SW, 2649 m, und *Trettachspitze,* 2595 m, im N gehen wegen ihrer schwierigen Besteigbarkeit über den Rahmen dieses Führers hinaus. Näheres im AVF Allgäuer Alpen.

● 442 **Schafalpenköpfe**

Südwestlicher, 2273 m; **Mittlerer,** 2301 m; **Nordöstlicher,** 2320 m

Die drei Schafalpenköpfe haben uns bei unserer Wanderung über den Taufersberg (R 353) begleitet. Ein Abstecher auf jeden der drei Gipfel, deren Überschreitung wir uns aus dem in R 353a genannten Grunde ersparen, ist auf teilweise versteckten Pfaden ohne Schwierigkeit möglich. Jeder dieser drei Abstecher hat seine eigenen Reize. Lohnend sind sie alle drei!

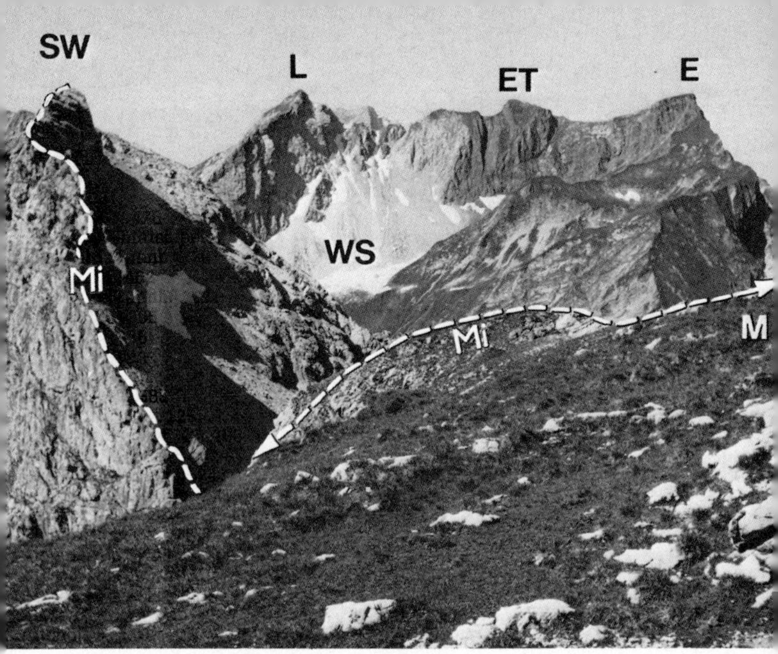

Blick vom Mittleren Schafalpenkopf auf die Elferkopfgruppe
M = Gipfeldach des Mittleren Schafalpenkopfs, E = Elfer, ET = Elferturm, L = Liechelkopf, Mi = Mindelheimer Klettersteig (Teilstück), SW = Südwestlicher Schafalpenkopf, WS = Wildentalschluß.

● **442 a** **Südwestlicher Schafalpenkopf,** 2273 m
Problemlos, 1 Std. ab Mindelheimer Hütte, C, Kinder unterm Gipfel ans Seil!

Wir gehen auf schmalem Steiglein hinauf zum schmalen Grasgipfel des Kemptner Köpfls, 2193 m, einem prächtigen Aussichtsbalkon, und überschreiten ihn in den breiten vor unserem Ziel liegenden Sattel. Dem bez. Steig folgend zu der durch eine lange Eisenleiter zugänglich gemachten kaminartigen Rinne in der S-Wand des gewaltigen Abbruchs. Über die Leiter aufs trümmerbedeckte Gipfeldach und zum höchsten Punkt. Die Gipfelüberschreitung wäre die hier nicht gewünschte Fortsetzung des mit unserem Aufstieg begonnenen Mindelheimer Klettersteiges. Abstieg also wie Aufstieg.

● 442b Mittlerer Schafalpenkopf, 2301 m

¾ Std. ab Taufersberg (R 353), B. Abstieg wie Aufstieg.

Anstieg unmittelbar vom Taufersbergsteig (R 353) aus, wobei wir uns dem in die Scharte zwischen Südwestl. und Mittl. Kopf hinaufziehenden Kar zuwenden. Etwa auf halber Höhe weichen wir dem vom Klettersteig aus drohenden Steinschlag nach rechts aus, gewinnen die Höhe des uns dort begleitenden Rückens und steigen über seine felsdurchsetzten Grasböden hinauf zum Gipfel.

● 442c Nordöstlicher Schafalpenkopf, 2320 m

Den höchsten der drei Schafalpenköpfe erreichen wir etwas mühsam durch die geröllübersäte, grasige, rechts vom SO-Sporn des Gipfels begrenzte Wanne. Sie bringt uns in den obersten Winkel unmittelbar unterm Gipfel. Über das ihn abschließende Schartl nach rechts (etwas ausgesetzt) zum Gipfel. 1½ Std., B, auch mit Kindern (Vorsicht am Gipfelgrat!). Abstieg wie Aufstieg.

● 443 Griesgundkopf, 2164 m; **Alpgundkopf,** 2177 m; **Roßgundkopf,** 2139 m

Die drei Wächter des Warmatsgundtals könnten manchen aus dem Touristenstrom zwischen Fellhorngebiet — Kanzelwand — und Fiderepaß zu einem Besuch verlocken. Die Überschreitung der Gipfel ist jedoch schwierig, das Gestein brüchig.

● 443a Ab Kühgundalp (R 346)

Weglos, I, je 1½ Std., C. Kinder ans Seil!

Dieser reizvolle und technisch unschwierige Anstieg führt weglos über Steilgras und Schutt in die Scharte zwischen Alpgundkopf und Roßgundkopf. Aus ihr in unschwieriger Kletterei links auf den Alpgund-, rechts auf den Roßgundkopf.

● 444 Zur Himmelschrofenalp, 1250 m—1321 m

1½ Std., A. Mit Kindern Vorsicht am Abbruch der Alpfläche!

Es gibt vielleicht keinen schöneren Platz für einen stillen Abschied vom Oberallgäu als diesen hoch überm Tal der Birgsau hängenden Naturbalkon. Vom Parkplatz Zimmeroy auf nicht ganz leicht zu findendem Steiglein Richtung Burgstall (R 24), alsbald rechts abzweigend, vorbei an einer Wildfütterung und nun durch lichten Wald steil bergauf zur längst verfallenen Alphütte. Das ehemalige Alpgelände ist heute von heranwachsendem Fichten / Bergahornwald bedeckt. Unterm höchsten Punkt (1365 m) befindet sich jener etwa 300 m hohe senkrechte, zuweilen einen Adlerhorst bergende Wandabbruch, der dem Himmelschrofen die — von Oberstdorf gesehen — so charakteristische W-Schulter verschafft. Durch Fichtenwald ein wenig absteigend gelangen wir an den mit gefährlichen grasigen Steilflanken zur Birgsau abbrechenden S-Rand der ehemaligen Alpfläche. Der Blick von hier hinab ins Tal der Stillach und hinüber zu den es rahmenden Gipfeln gehört zum Schönsten, was uns die Oberstdorfer Welt beschert (sofern es uns gelingt, den der Fellhornbahn dienenden Parkplatz in der Tiefe zu übersehen).

Abschnitt 3

Vorbemerkung: Mit der linken Talseite der Trettach von der Mädelegabel bis zum Himmelschrofen sind wir vertraut (R 351, 354, 441). Wir wenden uns nun den viel reicher gegliederten östl. Talflanken zu und beginnen mit dem von Oberstdorf aus gesehen die gesamte Spielmannsau beherrschenden Kratzer.

● 445 **Kratzer,** 2425 m

Von N gesehen ein mit schroffen Wänden abstürzendes dreigipfliges Massiv.

● 445 a **Ab Kemptner Hütte (R 174)**
2½ Std., C.

Am bequemsten (alle übrigen Aufstiegs-Möglichkeiten sind entweder sehr schwierig oder heillose Schuttschinder) packen wir den höchsten der drei Gipfel vom Heilbronner Weg (R 350) aus, indem wir den bez. Steig, bei P. 2097 die Bundesgrenze überschreitend, in der Falllinie des Mittelgipfels verlassen, um die W-Scharte zu erreichen. Über diese in leichter Kletterei (Kinder ans Seil!) rechts auf den höchsten Punkt. Abstieg wie Aufstieg. Man lasse sich nicht zum Abstieg nach N verleiten (von oben nicht einsehbare Abbrüche)!

● 446 **Der Muttlerkopf,** 2366 m

Der mit abschreckender N-Wand überm Sperrbachtobel thronende Berg stellt sich mit seiner S-Flanke als gemütlicher Grasmugel vor.

● 446 a **Ab Kemptner Hütte**
2¾ Std., B, mit Kindern Vorsicht auf dem Gipfel!

Der Gipfel ist auf einem Steiglein ab dem Östlichen Mädelejoch (R 403f.) problemlos zu erreichen. Großartige Aussicht! Abstieg wie Aufstieg! Haben wir Unternehmungslust, verbinden wir den Muttler mit dem allerdings wesentlich anspruchsvolleren Besuch der beiden nachgenannten Gipfel.

● **447** **Öfnerspitze,** 2578 m, und **Krottenspitze,** 2553 m

Zwei vornehme alpine Ziele für Liebhaber ungestörter Einsamkeit, beide mit dem Muttler (R 446) zu verbinden, jedes für sich schöner und interessanter als der wegen seiner Höhe berühmtere Große Krottenkopf.

● **447a** **Ab Kemptner Hütte**

3 Std., Abstieg 2 Std., I, Kinder ab Muttler ans Seil! Besondere Vorsicht auf den Gipfeln, die nach allen anderen Seiten steil abstürzen, aber auch bei der Bänderquerung, die schon mehrfach zu Fehlgang und Absturz führte.

Wir verlassen den Steig zum Muttler kurz unterhalb des Gipfels nach rechts und queren die grasigen Sonnenhänge des obersten Öfnerkars zur rechten der beiden Scharten im Muttler und Öfner verbindenden Felskamm, P. 2391. Jenseits nach kurzem Höhenverlust nordw. auf breiten Geröllbändern durch die W-Flanke der Öfnerspitze bergauf in den flachen, beide Gipfel verbindenden Sattel, 2470 m. Nun in lustiger Kletterei über Geschröf nach Belieben auf die Krottenspitze (links) oder auf die Öfnerspitze (rechts). Sollte sich außer uns wirklich noch jemand hier herauf verirren, dann ist es entweder eine Alpendohle oder ein ernsthafter Bergsteiger wie wir.

Die im Zuge des Höhenwegs Kemptner Hütte — Edmund-Probst-Haus (R 357) liegenden Gipfel kennen wir im wesentlichen. Eine kleine Nachlese führt jedoch zu überraschenden Entdeckungen:

● **448** **Fürschießer,** 2271 m

Dieser Berg (wie alle schießer-schüsser-Benennungen ein von der Alpenbevölkerung bewußt gewählter Schimpfname für Geröll oder sonstiges Unheil spendende Gipfel), als Gipfelziel für sich hat nur Sinn: entweder für begnadete Faulenzer, die es fertig bringen, sich einen ganzen Tag lang ungestört da oben auszuruhen, oder für abenteuerlustige Bergwanderer, die etwas ganz Neues aus der Welt des Fleckenmergels sehen und dabei tiefen Einblick in die Werkstatt der Natur gewinnen wollen.

• 448a Ab Kemptner Hütte

4 Std. bis Gsässelalp, C, Kinder am „Krummen Stein" anseilen!

Wir erreichen den Fürschießersattel wie R 357, 1¼ Std., überschreiten den nordwestw. führenden Mergelkamm, besuchen den höchsten P. 2271, wenden uns dann aber nach W, um den bei P. 2088 beginnenden, über den „Krummen Stein" steil bergab führenden und im oberen Teil ziemlich scharfen Grasgrat Richtung Traufberg zu verfolgen. Er ist die westlichste jener drei parallel zueinander ins Traufbachtal hinabschießenden Grasrippen, deren Anblick den von N her ins Oberallgäu vorstoßenden Betrachter immer wieder in Entzücken versetzt. Die Überwindung des Krummen Steins, einer steilstufigen felsigen Zusammenschnürung des Grats, verlangt Trittsicherheit und gute Nerven. Alles andere ist Kinderspiel und heiteres Schwelgen im Überfluß alpiner Flora. Im Sattel oberhalb der Hirenalphütte (der Alpbetrieb ist längst eingestellt), 1563 m, wenden wir uns rechts und steigen auf verfallenem Alpweg durch die üppige Strauchzone hinab ins Traufbachtal, dessen Sohle wir bei der Vorderen Traufberg- (auch Gsässel)alp, 1206 m, erreichen. Auf Fahrweg zum Ghs. Spielmannsau, ½ Std.
In umgekehrter Richtung, also als Aufstieg entpuppt sich der Fürschießer als heillose Schinderei (6 Std. ab Spielmannsau zur Kemptner Hütte).

• 449 Bettlerrücken

Durchs Traufbachtal vom Fürschießer-Rücken getrennt, verläßt der nördl. benachbarte Bettlerrücken den Höhenweg Kemptner Hütte — Edmund-Probst-Haus auf dem Gipfel des Kreuzecks, 2375 m.

• 449a Abstieg ab Kreuzeck

2½ Std., (unter Mitnahme der Kegelköpfe 4 Std.), B, auch mit bergerfahrenen Kindern, die über den Bettlerrücken und auch während der Überschreitung der Kegelköpfe angeseilt werden sollten! Trittsicherheit und Schwindelfreiheit nötig!

Der Bettlerrücken ist als Notabstieg vom Kreuzeck (R 357) ungeeignet, da zu schwierig für jemanden, der sich in Not befindet, als absichtlich gewählter Abstieg wegen seiner besonderen landschaftlichen Schönheit und gewisser Leistungsansprüche, die er an uns stellt, im Zusammenhang mit dem Kreuzeck eine erlebnisreiche vollwertige Bergfahrt: Wie R 357 aufs Kreuzeck, 2375 m, und nun,

den Höhenweg zum Rauheck rechts lassend, auf dem nordwestw. zur Krautersalp, 1715 m, hinabziehenden, streckenweise ziemlich zusammengeschnürten und ausgesetzten Nebengrat über splittrigen Mergel bergab, tief drunten zur Linken das verschwiegene, von den wildgetürmten Krottenspitzen überragte Traufbachtal, tief drunten zur Rechten das nicht ganz so ruhige, von der Höfats überragte Dietersbachtal.
Am Sattel, P. 1715, können wir uns immer noch überlegen, ob wir die eleganten Kegelköpfe, 1961 und 1937 m, mitnehmen wollen. Da wir sie ohnedies besuchen werden (R 450a), und zwar von der anderen Seite her, lassen wir's für diesmal, eilen durch üppige Grasböden zur Unteren Krautersalp, 1594 m, und widmen uns dem in die Knie gehenden Steilabstieg zur Gsässelalp (R 448) — wehe dem, der schlechte Schuhe hat! Hinaus in die Spielmannsau wie R 448.

● 450 Kegelköpfe
Westlicher, 1937 m; **Östlicher,** 1961 m

Ein edles Brüderpaar und trotz aller alpinen Bescheidenheit ein landschaftlicher Höhepunkt!

● 450a Ab Gerstruben (R 16)
3 Std., Abstieg 2 Std., B. Vorsicht am Gipfelgrat!

Ausgangspunkt ist die Raut, jene durch einen Bergahorn gekennzeichnete Bergwiese gegenüber von Gerstruben, die wir entweder von dort aus (R 16) oder (schöner) auf Waldsteiglein ab Gottenried (R 17) erreichen.
Wir folgen dem vom Bergahorn zur Gerstrubener Säge ostw. in den Wald führenden Wirtschaftsweg, bis wir nach wenigen Min. steil rechts bergauf führende Pfadspuren entdecken. Sie entwickeln sich alsbald zu einem entzückenden, zunächst durch Hochwald, dann durch Latschen führenden Pfad mit schönem Blick auf die Höfats. Beim Übertritt aus der Dolomit- in die darüberliegende Mergel-Zone werden die Latschen von Grünerlen abgelöst, das längst aufgelassene Weidegelände wird offener. Fast mühelos gelangen wir über den mit Heidelbeergebüsch bewachsenen NW-Kamm auf den mit schwellenden Rasenpolstern überzogenen Westl. Kegelkopf, 1937 m.
Anspruchsvoller wird der Übergang zum Hauptgipfel, 1961 m. Der Tiefblick in die gewaltigen Mergelabstürze der Dietersbachflanke, deren einer den entzückenden Namen „Pfui“ trägt, mahnt an die unseren kurzen aber ausgesetzten Grat bedrohenden Gefahren.
Abstieg wie Aufstieg, es sei denn, wir entschließen uns für den zu

Beginn etwas beängstigend aussehenden Abstieg über den oben recht steilen, zur Krautersalp hinabziehenden SO-Kamm. Gut griffiges Schuhwerk und absolute Trittfestigkeit sind hier Voraussetzung. Hat man das nicht, dann bleibt nur die Umkehr auf dem Anstiegsweg. Hat man das, dann wird man an diesem mit allen Blumen der alpinen Flora geschmückten Steilgras seine helle Freude haben, ½ Std., C. Ab Krautersalp heimwärts wie R 449a.

● 451 **Höfats,** 2259 m

Der Name stammt von einer bis ins 15. Jh. zurückgehenden Flurbezeichnung „Uff'r Heffauz", abgeleitet vermutlich vom Eigentümernamen Herfart. Sie ist die viergipfelige Prominenz der alpinen Photomodelle in den Allgäuer Alpen. Wegen der zahlreichen mit seiner Besteigung verbundenen Unfälle berüchtigt, hat dieser unvergleichlich edel geformte Berg doch eine schwache Seite, die es uns erlaubt, sich ihm mit Vorsicht zu nähern: es ist die zwischen SW-Grat und SSO-Grat eingebettete steil zum Gipfelgrat emporschießende, in einen herrlichen Blumenteppich gehüllte Gufelflanke. Parallelen zur Höfats finden wir in den Ostalpen vielleicht nur noch in den Lechtaler Alpen (Freispitze), in den Stubaiern (Hohe Villerspitze) und im Samnaun (Stammerspitze von S). Ihre allgemein übliche Bezeichnung als Grasberg ist natürlich unkorrekt, denn eine bis zur Senkrechten steilgestellte Wiese hätten die Jahrhunderte längst zu Tal geschwemmt. Es handelt sich vielmehr um ein sehr solides, aus härtestem Juragestein aufgestelltes Felsgerüst, das dank der durch seinen hohen Gehalt an kieselsäurehaltigem Gestein bedingten Wachstumsfreundlichkeit bis hinauf zu den vier Gipfeln in einen dichten, mit allen Blüten der alpinen Flora geschmückten Rasenpelz eingewickelt ist. An den scharfen Kanten, Rippen und Graten tritt das Gestein unverhüllt zutage und gewährt dem Kletterer den lebensnotwendigen Halt. (Siehe Farbfoto S. 37 und 245.)

● 451 a **Ab Gerstruben** (R 16)
4 Std., Abstieg 4 Std., I, mit Kindern nur, wenn sie (was für Erwachsene in gleicher Weise gilt), schwindelfrei, absolut trittsicher und bergerfahren sind. Anseilen selbstverständlich.

Zunächst taleinwärts bis zum Inneren Höfatstobel (bei P. 1279). Auf Steig links in den Tobel hinauf, alsbald links hinaus und steil hinan über dichtbewachsene Grashänge und fichtenbestandene Felsstufen (unterste Ausläufer des SW-Grats), bis Steigspuren, mehrere Steilrunsen überschreitend nach rechts in offenes Grasge-

Im Höfats-Vorgebirge
*(Standort:
Hinterer Riffenkopf)*
B = *Bettlerrücken*
D = *Dietersbachtal*
G = *Gieselerwand*
GÄ = *zum Gerstrubener Älpele*
H = *Höfats*
Ho = *Hornbachspitze*
Hü = *Hüttenkopf*
Kr = *Kreuzeck*
KS = *Krottenspitze*
R = *Rauheck*
W = *Wannenkopf*

lände führen. Es bricht mit Steilwänden in den Höfatstobel ab und vermittelt den Aufstieg zur Gufel, 2018 m, einer wasserführenden Höhle, unter der die Besatzung der BW-Biwakschachtel haust und darüber wacht, daß zum einen nichts passiert und die hier wachsenden Edelweiß (Bestand 1984: 95 % des Bestands von 1900) in Ruhe gelassen werden. Wir befinden uns im Herzen eines streng geschützten Naturschutzgebietes, in dem keine einzige Blume gepflückt werden darf. Die links der Gufel gipfelwärts ziehende dunkel-schieferige Rippe und die über ihr liegende, von gutartigen Grasstufen flankierte rote Steilrinne geleiten uns in leichter Kletterei zur Höfatsscharte hinauf. 70 m unter ihr wenden wir uns jedoch

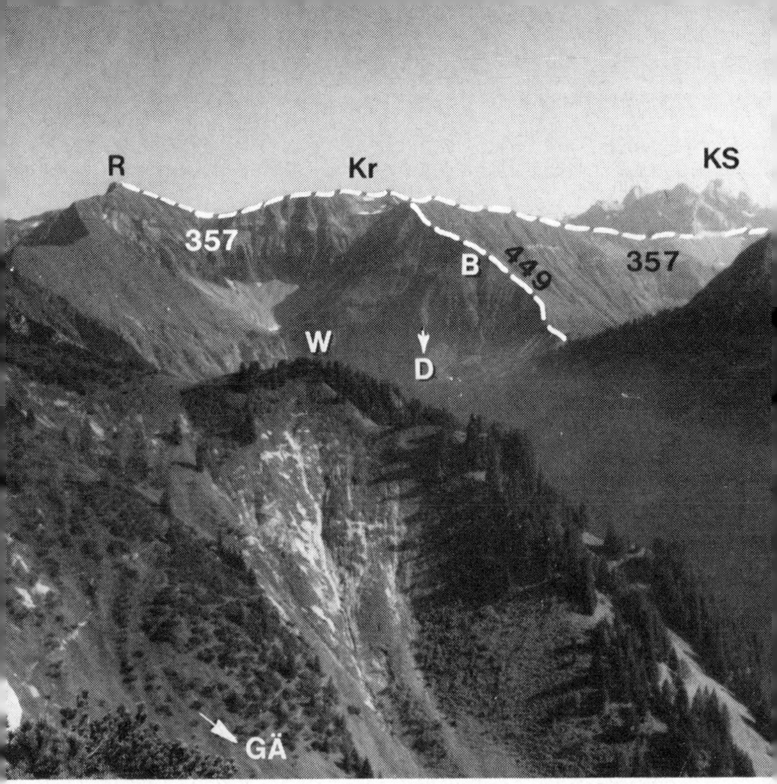

links der Felsklamm zu, die uns den Weg auf den geräumigen W-Gipfel, 2257 m, eröffnet.
Abstieg wie Aufstieg oder der Abwechslung halber und nicht schwieriger wie folgt: Zunächst vom Gipfel hinab zur Gufel und nun, die beiden mittleren Gipfel umgehend, über sehr steile Grasflanken nordostw. hinauf zum obersten Stück des vom Älpele (R 357) zum O-Gipfel hinaufführenden SSO-Grats, der seine Schärfe nach Überwindung des Gipfelstücks alsbald verliert, zunehmend grasiger und weniger ausgesetzt wird und schließlich in gemächlichem Rasenrücken aufs Älpele ausläuft, durch unverwechselbare Steigspuren gekennzeichnet, 1 Std. Ab Älpele talwärts wie R 452.

Der Versuchung, auf diesem Wege den O-Gipfel mitzunehmen, dürfen wir nur dann erliegen, wenn uns bei Überkletterung des messerscharfen Gipfelgrats nicht das geringste Unbehagen befällt. Seine Umgehung über das in die SO-Wand abstürzende grasige Gipfeldach ist riskanter als der Grat selbst.

● 452 Rund um die Höfats
8—9 Std., A.

Das Oytal paradiert zwar mit dem von Schritt zu Schritt interessanter werdenden Blick auf die gefürchteten Wände des Geschwisterpaars Himmelhorn / Schneck, erhält aber seinen letzten Schliff erst mit der Umwanderung der Höfats übers Älpele.
Uns scheint jedoch die Überschreitung Dietersbach — Oytal, trotz steilerem Aufstieg zum Älpele, wegen des uns oben am Sattel überfallenden geradezu überwältigenden Blicks auf die das Himmeleck einrahmenden Gipfel (links Himmelhorn / Schneck, rechts Großer und Kleiner Wilder, Höllhörner) die schönere Lösung zu sein.
Der über die Gerstrubener Alp, 1219 m, zur Dietersbachalp, 1330 m, führende Alpweg ist noch recht bequem, beim Aufstieg zum Älpele, 1779 m, über steiles Gras verwandelt er sich in einen kleinen Schinder. Jenseits geht es gemächlicher hinab zur Käseralp (R 179) 1406 m, und weiter wie dort. Nach geziemender Rast im Oytalhaus beginnt die Arbeit aufs neue: auf dem unten dicht bewaldeten Alpweg steigen wir über die Untere, 1414 m, zur Oberen Lugenalp, 1566 m, und weiter durch Weideland hinauf in den Sattel unterm Hahnenkopf, 1737 m, den wir in wenigen Min. als prächtigen Aussichtsgipfel kennenlernen. Der Sattel, 1710 m, verführt uns zur Überlegung, ob wir den Tag nicht mit einigen geologisch abwechslungsreichen Gipfeln würzen sollten! Auf Steigspuren sind sie leicht in wenigen Min. zu erreichen: Der Hintere Riffenkopf, 1750 m (25 Min., B), von ihm wieder zurück und auf den südl. gelegenen Wannenkopf, 1724 m (½ Std., A). Anspruchsvoller, aber noch viel schöner ist die Kammüberschreitung des „Höfats-Vorgebirgs“ bis unmittelbar an den Fuß der unbesteigbaren NW-Abstürze des Höfats-W-Gipfels. Sie führt (nur dürftige Steigspuren) in 2 Std. Aufstieg (also 4 Std. Mehraufwand!) über den Hüttenkopf, 1950 m, und die Gieselerwand, 2018 m, zuletzt über einen weichen Grasteppich bis zum Einstieg in die Felsen des gefährlichen Höfats-N-Grats, 2093 m. Nur noch 165 m trennen uns vom Gipfelkreuz, also die Höhe des Ulmer Münsters! Jetzt wissen wir genau, worin das Geheimnis seines Rufs der Unnahbarkeit liegt, das dem stolzen Gipfel anhaftet!

Abstieg vom Sattel 1710 übers Gerstrubener Älpele über vermurte Alpböden, zuletzt auf steilem Steiglein, 1 Std.

● 453 Die Gipfel zwischen Eisseen, 1829 m, und Himmelecksattel:

● 453a Jochspitze, 2236 m
Aufstieg und Abstieg ab Höhenweg R 357 2½ Std., B.

In der Fallinie des Hornbachjochs zweigt vom Höhenweg R 357 der Übergang ins Hornbachtal übers Hornbachjoch, 2023 m, nach O ab. Steil hinauf ins Joch (imposanter Blick auf die Gipfel der Hornbachkette) und südwestw., dem Grenzkamm folgend, auf den begrasten Gipfel der Jochspitze. Aufstieg wie Abstieg.

● 453b Südliches Höllhorn, 2149 m
Aufstieg und Abstieg ab Höhenweg R 357 3 Std., I, Kinder ans Seil!

Attraktive Zugabe zum Höhenweg R 357! Aufs Hornbachjoch wie R 453a. Jenseits queren wir nun über Gras und brüchige Schrofen am Fuß der O-Wand unseres Berges nordw. und steigen in der aus der Scharte zwischen beiden Höllhörnern herabziehenden Geröllrinne und rechts von ihr über Gras empor. Aus der Scharte, 2078 m, treten wir nach links über eine kleine Kluft auf den zum Gipfelsteinmann führenden schuttbedeckten, teilweise schrofigen N-Rücken hinüber. Abstieg wie Aufstieg.

● 453c Die im weiteren Verlauf unseres Höhenwegs R 357 über uns liegenden Gipfel des Kleinen Wilden, 2308 m, und des Großen Wilden, 2360 m (S-Gipfel), 2380 m (Mittelgipfel) und 2370 m (N-Gipfel) lassen wir ungeschoren, da selbst die leichtesten Anstiege mit II zu bewerten sind, also den Rahmen dieses Führers überschreiten würden.

● 453d Vorgipfel des Schneck, 2258 m
Aufstieg ab Himmelecksattel ¾ Std., A. Abstieg 20 Min.

Ab Himmelecksattel (R 357) über allmählich immer steiler werdende Grasböden (reiche Alpenflora) hinauf zum Himmeleck, 2152 m, und (stets mit gebührendem Respektsabstand von den Wandabstürzen zu unserer Rechten) auf den höchsten Punkt des vom Himmelhorn zum Schneck hinüberziehenden, nach NW nahezu senkrecht abbrechenden, in seiner SO-Flanke bis oben hin begrasten Kammes. Hier stehen wir dem Gipfelkreuz des wegen seiner Gefährlichkeit berüchtigten Schneck hautnah gegenüber. Wer sich's zutrauen darf, wird den Reitgrat dort hinüber in Angriff nehmen (II). Das zum Höfats-O-Gipfel Gesagte gilt auch hier.

● **454** **Rotkopf,** 2183 m

Typischster Allgäuer Hornsteingipfel.

● **454a** **Ab Laufbacher-Eck-Sattel** (R 384)
10 Min., I, Schwindelfreiheit und Trittsicherheit erforderlich. Kinder ans Seil!

Haben wir im Zuge des Höhenwegs R 357 den Laufbacher-Eck-Sattel, 2160 m, erreicht, werden wir der Versuchung, dieses etwas abschreckend wirkende Gipfelchen mitzunehmen, kaum widerstehen. In vorsichtiger Kletterei geht's rechts des Grats durch ein enges Klamml hinauf zur grasigen Gratschneide, die uns luftig zum höchsten Punkt führt.
Die Überschreitung des etwas höheren Mittelgipfels über den S-Gipfel zum Schnecksattel stellt höhere Ansprüche. Daher kehren wir auf dem Aufstiegs-Wege um.

Abschnitt 4

● **455** **Schattenberggrat: Hüttenkopf,** 1930 m; **Seeköpfl,** 1920 m; **Schattenberg,** 1843 m
Überschreitung ab Edmund-Probst-Haus (R 182) nach Oberstdorf 5—6 Std., B, Kinder an den heiklen Stellen (Hüttenkopf) ans Seil!

Ab AV-Haus auf AV-Weg bis zur Abzweigung unseres Grats vom Kamm Zeiger — Seeköpfe knapp unterm Zeigersattel. Nun der gleich zu Beginn zeitweise etwas ausgesetzten Kammhöhe folgend (Steilabstürze nördl. hinab ins Vorderseealpgebiet) auf den höchsten Punkt des gesamten Schattenberggrats, den Hüttenkopf. Weiter stets auf der Grathöhe, zur Linken die zum Seealpsee absinkenden Steilmähder der Hinteren Seealpe, durch den Sattel, 1833 m, aufs jenseits aufragende Seeköpfl, dessen S-Balkon, 1893 m, uns einen prächtigen Tiefblick zum Seealpsee schenkt.
Die Fortsetzung des immer dichter mit Latschen bewachsenen Kammes führt uns — manchmal ziemlich mühsam — über den Schattenberggipfel hinab zum Vorgipfel P. 1799, wo das Gelände wieder freier wird. Wir verweilen noch gern unterm Schattenberg-

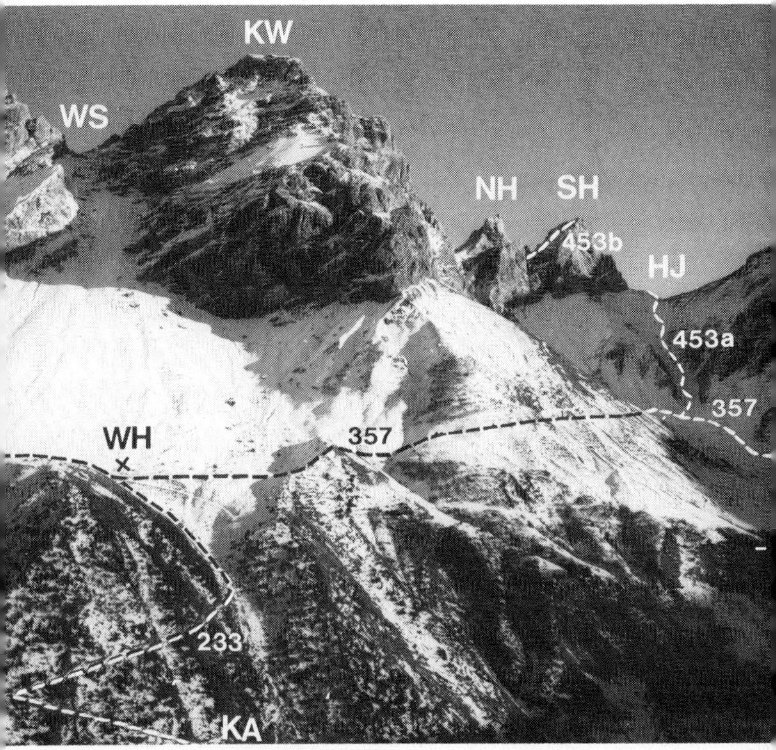

Die Gipfel überm Hornbachjoch
HJ = Hornbachjoch, KA = zur Käseralp. KW = Kleiner Wilder, NH = Nördliches Höllhorn, SH = Südliches Höllhorn, WH = Wildenfeldhüttle, WS = Wildenfeldscharte.

kreuz, um den überwältigenden Tiefblick in den Oberstdorfer Talkessel zu genießen. Dann nimmt uns der zum Kühberg hinabführende Steig durch immer dichter werdenden Hochwald auf. Unmittelbar überm Ghs. Kühberg entläßt er uns auf die Kühbergweide.

Abschnitt 5

● **456** **Entschenkopf,** 2043 m

Dolomit-Mugel östl. über dem Illertal.

● **456a** **Ab Geißalpe** (R 24)
3½ Std., C, Bergerfahrung, Trittsicherheit und Schwindelfreiheit erforderlich. Kinder überm Gängele ans Seil!

Wir wählen, von der Geißalpe über die Geißalpseen (R 185) aufsteigend, den schöneren, wenn auch weiteren und etwas schwierigeren Aufstieg übers Gängele, ein zwischen Gundkopf und Entschenkopf eingeschnittenes Joch, 1850 m. Wir erreichen es in wenigen Min. vom Oberen Geißalpsee aus, überschreiten es (Vorsicht mit Kindern!) und klettern — den Steilaufschwung des Entschenkopf-S-Grates in seiner O-Flanke über begraste Steilschrofen umgehend — auf die Höhe des zuweilen ein bißchen luftigen Gipfelgrats.
Abstieg über den schrofigen, keine ernstlichen Schwierigkeiten zeigenden NW-Kamm zum Falkenjoch, 1709 m, das unseren Berg vom nördl. folgenden Schnippenkopf trennt, ¾ Std. Weiter auf dem bequemen Alpweg zur Geißalp wie R 363.
Die übrigen im Abschnitt 5 liegenden besuchenswerten Gipfel wurden bereits unter R 363 beschrieben.

Abschnitt 6 und 7

● **457** Das nahtlos ineinander übergehende Mittelgebirge im Hörner- und Gunzesrieder Gebiet haben wir unter R 367—376 im Zuge des dort bestehenden Höhenwegenetzes kennengelernt. Uns bleibt nur noch eine kleine Gipfel-Nachlese:

● **457a** **Bolsterlanger Hörnle,** 1583 m
¼ Std., A, mit Kindern Vorsicht auf dem allseits steil abstürzenden höchsten Punkt!

Ein liebenswertes, abseits des Touristenstroms liegendes Gipfelchen unmittelbar südöstl. über der Bergstation der Hörnergruppen-Sesselbahn, 1540 m. Aufstieg ¼ Std. durch lichten Wald auf die aussichtsreiche Höhe. Abstieg wie Aufstieg.

● **457b** **Bolgen,** 1712 m
Aufstieg und Abstieg ab Riedberghorn-Sattel bis Obermaiselstein 2½ Std., A.

Dieser Gipfel ist eine dem Einsamkeitssucher willkommene Zugabe dann, wenn er vom überfüllten Riedbergerhorn-Gipfel (R 367) zurückkehrt. Die Wanderung über den grasigen Kamm ist ein gemütlicher Spaziergang. Er kann vom höchsten „Wannenkopf" genannten Punkt auch zum Abstieg nach Obermaiselstein (R 36) über Bergweide und durch Wald ausgenützt werden.

● **457c** **Tennenmooskopf,** 1628 m
¾ Std. ab Hällritzer Alp.

Der Tennenmooskopf verharrt im Hinteren Gunzesriedertal seit eh und je im Dornröschenschlaf, weil er abseits aller begangenen Pfade und im Schatten des sw. benachbarten Siplingerkopfs steht. Wir besuchen die interessante Felskrone seines versteckten Gipfels ab Hällritzer Alp (R 371) indem wir sie weglos über steiles Weidegras und lichten Wald von S her anpeilen. Abstieg wie Aufstieg.

Abschnitt 8

Hier ist die Gipfelauslese durch R 49, 364f. und 377 erschöpft.

Abschnitt 9

Die Gipfel im engeren Hindelanger Bereich haben wir im Zuge einiger Höhenwege (R 379ff.) bereits überschritten — bis auf einen:

● **458** **Kühgundkopf,** 1907 m

Nach NO verlängerter Arm des uns bekannten Iseler (380).

● **459** **Überschreitung vom Iseler her**
½ Std., A.

Ab Iseler-Gipfelkreuz, der steil abfallenden Kammhöhe nach NO folgend (Vorsicht mit Kindern!) auf Steigspuren in den Sattel hinab und jenseits durch Latschengassen auf den höchsten Punkt des langgezogenen Kühgundrückens, 1907 m. Wer nicht an den Rückweg zum Iseler gebunden ist, wird Vergnügen am Abstieg über die Weideböden der Stuibenalp und, dem Alpweg talwärts folgend, nach Schattwald (R 91, Postbus) empfinden (2 Std.).

● **460** **Rauhhorn,** 2240 m

Diesen Berg hatten wir auf unserem Höhenweg R 379 seitwärts

liegen gelassen. Es ist für sich allein ein lohnendes Gipfelziel, das wir, um das Bergerlebnis zu erhöhen, mit der Überschreitung des Geißecks verbinden können.

● **460 a** **Anstieg unter Überschreitung des Geißecks,** 2212 m
I. Kinder ans Seil, Trittsicherheit und Schwindelfreiheit erforderlich. Aufstieg ab Willersalp (R 61) 4 Std.

Ab Alp hinauf zur Feldalp, 1771 m, und — das Zirleseck links liegen lassend — südostw. übers Zererköpfle, 1946 m, an den felsigen NW-Grat des Geißhorns heran. Er fordert, sich oben zusammenschnürend bis zum Geißeck, 2212 m, unschwierige Kletterei. Den Geißhorngipfel kann man nach Belieben mitnehmen.
Abstieg durch die S-Flanken des Berges zur Vorderen Schafwanne, 2055 m, ½ Std. (Normalweg aufs Geißhorn ab Willersalp).
Der nun folgende Rauhhorn-N-Grat ist etwas anspruchsvoller (I) und durch ein Drahtseil nur notdürftig gezähmt: seine ersten Felsköpfe umgehen wir rechts, die gesicherte Gipfelwand verlangt Klettergewandtheit und Schwindelfreiheit. Jenseits über den schrofigen, Trittsicherheit fordernden S-Grat hinab zur Hinteren Schafwanne, 1957 m, wo wir den Jubiläumsweg kreuzen. Abstieg nach Hinterstein über den Schrecksee (R 379) und die Taufersalp, 1338 m, 3 Std.

● **460 b** **Die Schrecksee-Umrahmung**

kennen wir teilweise (R 379) bereits. Weitere lohnende und leicht zu erreichende Gipfelziele sind:

● **461** **Lahnerkopf,** 2121 m

Westl. Eckpfeiler der Lahnerscharte (R 379).

● **461 a** **Von der Lahnerscharte**
I, ½ Std.

Weglos nach Belieben aus der Lahnerscharte oder vom Jubiläumsweg her über Schutt und Gras auf den einsamen Gipfel. Abstieg wie Aufstieg. Der Übergang zur Schänzlespitze ist schwierig!

● **462** **Älpelekopf,** 2033 m

mit seinem westl. Vorgipfel, dem Falken, 1905 m.

● **462 a** **Vom Schrecksee**
1 Std. C, auch mit bergerfahrenen Kindern, verlangt Schwindelfreiheit und Trittfestigkeit!

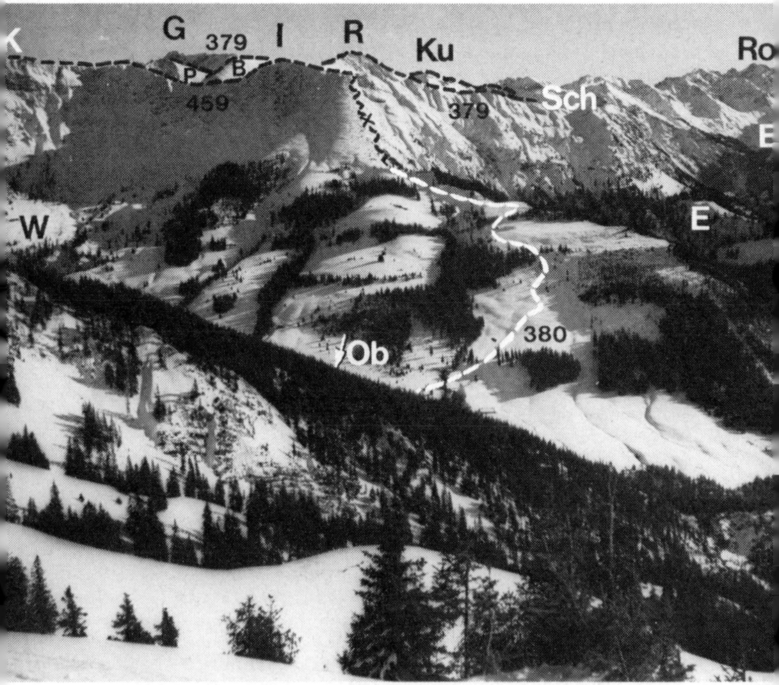

Die Bergwelt des Oberjochs vom Spieser
B = Bschießer, E = Hintersteiner Eckwiesen, Er = Erzbergtal, G = Hintersteiner Geishorn, I = Iseler, K = Kühgundspitze, Ku = Kugelhorn, Ob = Lage von Oberjoch, P = Ponten, R = Rauhorn, Ro = Roßkargruppe, Sch = Lage des Schrecksees, W = Wiedhagalp.

Auf kaum erkennbaren Steigspuren über die steilen, teilweise mit Grünerlen bewachsenen NO-Hänge in den Sattel unterm Gipfel des Älpelekopfs und (Vorsicht vor den O-Abstürzen!) steil auf diesen. Jenseits ebenso steil hinab und auf dem zunächst begrünten, dann felsigen Rücken auf den großartigen Aussichtsbalkon des Falken. Abstieg wie Aufstieg. Man hüte sich vor dem Abstieg nach W unmittelbar ins Ostrachtal!

● 463 Glasfelderkopf, 2271 m

Einer der seltenen aus Oberrätkalk aufgebauten Gipfel in den Allgäuer Alpen.

● 464 Aus der Bockkarscharte, 2164 m (R 379)
I, ¼ Std., auch mit Kindern, Trittfestigkeit und Schwindelfreiheit vorausgesetzt.

Im Zuge des Höhenwegs R 379 als Dreingabe willkommen! In leichter Kletterei aus der Scharte über Gras und kompakten Fels. Eindrucksvoll der Tiefblick über die steilen Grasflanken ins Bärgündeletal hinab. Von hier ging jene gewaltige Lawine ab, die vor Jahrzehnten den Bärgündelewald vernichtete. Abstieg wie Aufstieg. Der jenseits der Bockkarscharte aufstrebende Kesselkopf, 2284 m, lohnt sich kaum (Schuttschinder!).

● 465 Wiedemerkopf, 2165 m

Steil abstürzender Endpunkt des vom Kreuzkopf (R 467f.) nach N ziehenden, das Quellgebiet des Bärgündelebachs westl. rahmenden Dolomitgrats.

● 466 Vom Prinz-Luitpold-Haus (R 231ff.)
1 Std., I, auch mit bergerfahrenen und trittfesten Kindern, die angeseilt sein sollten.

Diesen Dolomit-Klotz, dessen eigenartige Faltungen in jedem Erdkundebuch verewigt sind, absolvieren wir als angenehme Pflichtaufgabe: er ist der eigentliche Hausberg des Prinz-Luitpold-Hauses. Wir verlassen den zum Himmeleck (R 453) führenden Steig nordw. unterm Gipfel, folgen den zum Einstieg in die Felsen bei P. 1896 führenden Spuren und gewinnen über die Steilstufen der N-Flanke den Gipfel, 2165 m. Abstieg wie Aufstieg.
Die Überschreitung des zum Kreuzkopf führenden Grats ist landschaftlich herrlich, jedoch brüchig und schwierig.

● 467 Kreuzkopf, 2288 m

Gipfel im hintersten Karwinkel überm Prinz-Luitpold-Haus.

● 468 Vom Prinz-Luitpold-Haus (R 231f.)
1 Std., C, auch mit Kindern, sofern sie bergerfahren und trittfest sind.

Einen Rasttag so gut wie möglich auszufüllen eignet sich nichts besser als dieser im hintersten Winkel des oberen Tals versteckte, gemütliche Berg (im Winter prächtiger Skigipfel), und das heißt: Aufstieg über grasige Schutthalden und Alpenrosenfelder, bar jeder Mühe und Schwierigkeit, weglos — da dieser sympathische Erholungsmugel nicht mal einen Steig nötig hat. Abstieg wie Aufstieg. Der zunächst harmlos aussehenden Fortsetzung des Allgäuer Hauptkamms südwestw. zum Vorderen Wilden bleiben wir fern, sie wird immer schwieriger. Das gleiche gilt für den nordw. zum Wiedemerkopf führenden Grat.

• 469 **Fuchskarspitze,** 2315 m

Eine etwa 1 km lange, nach W wie nach O steil abstürzende, mit drei Gipfeln geschmückte Dolomitmauer.

• 470 **Vom Prinz-Luitpold-Haus über die Südgipfel-Ostflanke**

2 Std., I, auch mit bergerfahrenen absolut schwindelfreien und trittfesten Kindern, die ans Seil gehören.

Der einzige unter ihren zahlreichen von Kletterern aller Grade berannten Aufstiege, der unterhalb der Schwierigkeitsstufe III liegt: Ab Hütte zur Balkenscharte, 2155 m. Jenseits queren wir, den ins Schwarwassertal führenden Steig rechts lassend, die O-Flanke des Massivs bis zu einer tiefeingerissenen Rinne links der Gipfelfallinie. Links von ihr über Gras und Schrofen empor zum S-Grat und auf ihm rechts zum Gipfel. Die Fortsetzung des langgezogenen zum N-Gipfel führenden Grats gehört höheren Bereichen an. Da auch der direkte Abstieg zur Balkenscharte über den gesamten S-Grat schwierige Kletterei fordert, bescheiden wir uns mit dem Aufstiegsweg für unseren Abstieg.

• 471 **Hochvogel,** 2593 m

Der Mädelegabel unmittelbar benachbart wäre er als dreizehnthöchster Gipfel der Allgäuer Alpen nur einer von vielen. Hier ist er wer: seine elegante mit zwei ebenmäßigen Schultern beflügelte Pyramidenform hebt ihn über alles, was Berg ist zwischen Lech und Krottenspitzen, hoch hinaus. Vom Grünten erscheint er ebenso wie vom Hochgrat oder vom Bodensee als weitaus höchster Gipfel der Allgäuer Alpen.

• 472 **Vom Prinz-Luitpold-Haus über Kaltwinkelscharte**

3 Std. ab Hütte. C, Kinder anseilen.

Am schönsten ist natürlich die Überschreitung des Hochvogels so, wie sie uns H. von Barth vorexerziert hat, nur daß wir's heute dank Markierung und Drahtseil viel leichter haben als der Bergsteiger von 1869: ab Hütte auf bez. Steig südostw., wobei wir den bei P. 2016 zur Balkenscharte hinaufführenden Weg links liegen lassen. Der Markierung folgend streben wir den Felsen der Kreuzspitze, 2369 m, zu, deren Gipfel wir in unschwieriger Kletterei (I) erobern. Jenseits über steilgestuften Fels hinab in die Kaltwinkelscharte, 2282 m, wo wir mit dem bei Hartschnee und Vereisung gefährlichen, übrigens auch weniger schönen Kaltwinkelaufstieg zusammentreffen. Die senkrecht über uns aufragende W-Schulter wird in ihrer Südwand auf der „Schnur", einem überdachten breiten Felsband aufwärts zum Sattele, 2433 m, umgangen. Der schuttbedeckte gutgestufte Gipfelaufbau bereitet keine Schwierigkeiten.

● 472a Abstieg nach Süden
II.

Wer sich's zutrauen darf, wählt für Abstieg den durch die S-Abstürze führenden „Bäumenheimerweg" genannten Klettersteig. Voraussetzungen: Schwindelfreiheit, Klettergewandtheit und gute Nerven bei Steinschlag, nichts für Kinder. Die bez., geländemäßig verwickelte und brüchige, meist über geröllbedeckte Felsstufen und Zwischengrate führende, eine oft bis in den Sommer hinein schneegefüllte Schlucht querende Route ist nicht zu verfehlen: sie folgt den Drahtseilsicherungen (sofern sie nicht, was bei der Brüchigkeit des Gesteins häufig vorkommt, zerstört sind) und den roten Tupfen. An landschaftlicher Schönheit (gerade im Abstieg) läßt sich diesem Höhenweg in den gesamten Allgäuer Alpen nichts an die Seite stellen. Die Schwierigkeit grenzt allerdings an II!
Wie geschaffen als Ausklang einer großartigen Bergfahrt ist das nun folgende mühelose Queren des Roß- und Kuhkars in nordöstl. Richtung zum Fuchsensattel, 2043 m, 2 Std., den gewaltigen, zur Hochvogel-O-Schulter, 2474 m, hinaufführenden ONO-Grat zur Linken, die abschreckend zerklüfteten und sehr wenig einladenden Gipfel der kaum je besuchten Roßkargruppe halbrechts vor uns. Jenseits des Fuchsensattels betreten wir mit 150 m Höhenverlust das unter die finsteren Hochvogel-N-Wände eingebettete Fuchskar. Wir queren es allmählich ansteigend nach W, erreichen unter den Wänden der Balkenspitzen den Kaltwinkelsteig und rechtsum alsbald die Balkenscharte, 2155 m, 1½ Std.

● 473 Der Saloberkamm, 2088 m

Ein zwischen Bärgündele und Obertal (R 51) eingeklemmter Hornsteingrat mit vorwiegend rotem Gestein und außergewöhnlich reicher Alpinflora.

Der Bäumenheimerweg auf den Hochvogel
(Luftaufnahme R. Kessler-Sonthofen, freigegeben durch Luftamt Südbayern Nr. G S 300/6006)
472a = Bäumenheimerweg, Ro = Roßkar, S = Schneck, Hö = Hintere Hörnergruppe, R = Rotkopf, L = Laufbachereck, Ri = Rindalpen, H = Hochvogel.

● 474 Vom Laufbacher Eck (R 358)

C, Trittsicherheit und Schwindelfreiheit erforderlich. Kinder ans Seil! Gesamtaufwand 4—5 Std.

Die Überschreitung des vom Laufbacher Eck zum Giebel führenden, teilweise sehr schwierige Graskletterei fordernden Hornstein-Grats wollen wir uns nicht zumuten. Wir begnügen uns damit, über steiles Gras vom Laufbacher Eck unter den S-Abstürzen des Salober, 2088 m, solange nordostw. zu queren, bis wir gefahrlos von O her auf den dichtgewebten mit Blumen geschmückten Grasteppich des Gipfels steigen können, 1 Std. (Vom Prinz-Luitpold-Haus Kommende steigen ab Schönberghütte, R 384, nordw. zur Ochsenalp, 1731 m, unterm Salober auf.) Wem dies nicht genügt, der setze seine Querung nach N fort bis zur Feldalp, 1745 m und darüber hinaus, um schließlich über sehr steiles Gras den etwas schwindelig anmutenden Gipfel des Giebel, 1949 m, zu erklimmen, 1½ Std. Abstieg wie Aufstieg.

● 475 Breitenberg, 1887 m, **und Rotspitze,** 2033 m

Letzte Ausläufer des vom Nebelhorn nach N streichenden Gebirgszugs.

● 476 Überschreitung ab Hinterstein ins Retterschwangtal

I, mit schwindelfreien und trittfesten Kindern, die ans Seil gehören, möglich. Aufstieg 4 Std., Abstieg nach Mitterhaus 3½ Std.

Ab Hinterstein auf Alpweg überm Älpebach hinauf zum Geburtsort jenes abscheulichen Bergsturzes, der die W-Flanken des Ostrachtals arg verschandelt hat, unweit der Oberen Älpealp, 1499 m. Weiter (bez. Steig) über begrünten Schutt nordwestw. auf den Breitenberg, 1887 m, 3 Std. Wer nicht mehr vor hat, der steigt auf dem gleichen Weg, oder besser auf der anderen Seite durch Latschen, und über die verwahrlosten Böden von Häbelesgund zum hübschen Verbindungsweg E-Werk Bruck — Mitterhausalpe ab, 3 Std.
Unternehmungslustige hingegen verfolgen ab Breitenberg den über die „Hohen Gänge“, 1919 m, südw. zu P. 2002 führenden Grat, hübsche, durch Sicherungen erleichterte Kletterei, 1½ Std., um sich hier entweder zum mühelosen Abstieg in den Hasenecksattel, 1932 m (10 Min., A), oder zum ebenfalls mühelosen Übergang zur Rotspitze, 2033 m, über den westw. führenden schrofigen Kamm zu entschließen. Im ersten Fall steigen sie dann entweder über steiles Gras ostw. zur Eckalpe, 1447 m (ab hier Alpweg nach Hinterstein),

Blick vom Giebel hinab in den Ostrach-Talschluß
B = Bschießer, G = Geißhorn, Gi = Lage des Giebelhauses, P = Ponten, Ra = Rauhorn, Schw = Schwarzenbergalp, Sch = Schwarzenberghütte, W = Lage der Willersalp, Z = Zirleseck.

oder über weniger steiles Gras westw. zur Haseneckalpe (R 98) und ins Retterschwangtal ab, je 3 Std. Letzterenfalls haben sie die Wahl, entweder auf steilem, bez. Steig (oben leichte Kletterei, Kinder am Seil) nordostw. in den Häbelegundalp-Kessel abzusteigen und anschließend auf steilem Waldweg Anschluß an den von Mitterhaus (R 365) kommenden, hoch überm Talboden der Bsonderach zum E-Werk Hinterstein führenden Weg zu erlangen. Oder: ab Rotspitze ein Stück zurück Richtung Hasenecksattel, um alsbald über Weidegras zur Mittleren Haseneckalp abzusteigen. Ab dort Abstieg auf dem ins Retterschwangtal steil bergabführenden Alpweg, der kurz oberhalb Mitterhaus auf die Talstraße trifft.

• 477 Westlicher Wengenkopf, 2235 m

Nächst dem Daumen höchster Gipfel in den Bergen westl. der Ostrach. Er vermittelt uns eine flüchtige Bekanntschaft mit dem Hindelanger Klettersteig.

• 478 Vom Edmund-Probst-Haus (R 182)

B, mit Kindern größte Vorsicht im Gipfelbereich (gefährliche Abstürze ins Retterschwangtal!). 1 Std., beliebig abkürzbar durch Sesselbahn hinauf zum Koblat.

Auf dem uns vom Höhenweg R 381 bekannten Steig über grasbewachsene Schuttböden hinauf zur Hochfläche des Koblat, wo wir alsbald den bis oben hin mit Graspolstern bewachsenen Gipfel erkennen. Auf dem durch Schotter bergan führenden Steiglein zum höchsten Punkt. Herrliche Aussicht weit in die Runde, überwältigender Tiefblick über die Wände hinab ins Retterschwangtal. Die Versuchung, auf dem über unseren Gipfel führenden Hindelanger Klettersteig Richtung Nebelhorn oder Daumen weiter zu marschieren, ist zwar groß, wir gerieten jedoch schon nach wenigen Schritten in schwieriges Klettergelände! Abstieg also wie Aufstieg.

Abschnitt 10

• 479 Grünten, 1738 m

Fast schon ein kleines Gebirge für sich — es gibt kaum eine Erscheinungsform der Helvetischen und Penninischen Kreide, aber auch der Unteren Molasse, die wir am Sonthofener Wahrzeichen, dem als Aussichtsberg gerühmten Grünten, 1738 m, nicht fänden.

• 480 Vom Hotel Alpenblick (R 242)

2½ Std. ab Alpenblick, auch mit Kindern. Vorsicht in den Gipfelfelsen! B. Schönster Aufstieg.

Ab Alpenblick — bis hierher Kfz-Straße ab Burgberg (R 67, Parkplatz) — nordostw. zur Kehlalp und nun steil auf Alpsteig über die Zweifelsgehrenalpen bergauf, bis uns Steigspuren nordostw. in den grünen Sattel unterm Übelhorn genannten höchsten Punkt mit dem

Sonnenaufgang über der Taufersberg-Terrasse, gesehen vom Kemptner Köpfl. Hintergrund (von links): Höfats — Hochvogel — Rauheck — Kreuzeck — Krottenkopfgruppe — Trettachspitze.

Gebirgsjägerdenkmal leiten. Die Schrattenkalkkrone des Gipfels (enge Verwandschaft zum Hohen Ifen) fordert noch ein wenig unschwierige Kletterei. An besonders heißen Tagen mag der Aufstieg ab Burgberg durch den schattigen Wustbachtobel zum Grüntenhaus, 1535 m, angenehmer sein (2 Std., A), an Schönheit kann er sich mit dem anderen Aufstieg nicht messen.
Ein Genußbummel von hohen Graden ist der über Weide und durch Wald führende Grüntenaufstieg ab dem Parkplatz (vgl. R 63) oberhalb der Wertacher Starzlachbrücke über die Alpen Vordere Kölle und Grünten, 2½ Std., A (am Gipfel B). Kletterfreudige werden im Vorbeigehen den nordöstl. des Grünten aufragenden Giggelstein, 1496 m, mitnehmen wollen und sich wundern, wie schwierig dieser freche Hahnenkamm ist.

● **481** **Wertacher Hörnle,** 1695 m

Diesen das riesige Waldgebiet zwischen Grünten (R 479f.) und Sorgschrofen (R 485f.) beherrschenden Gipfel haben wir im Zuge des Höhenwegs R 377 schon einmal gestreift.

● **482** **Schnitzlertalalp-Weg von Wertach** (R 68)
A, 4 Std., mit Kfz. beliebig abkürzbar.

Zum Parkplatz 3 km südwestl. von Wertach und nun, dem Lauf der Wertacher Starzlach folgend, bis uns nach 2 km die zur Schnitzlertalalp hinaufführende Alpstraße (mit Mauth kfz-befahrbar) aufnimmt. Ihr folgen wir durch den tobelreichen Wald hinauf zu den freien Alpflächen. Von hier zum Hörnleseelein und auf den geräumigen Gipfel ist es dann nur noch gemütlicher Spaziergang. Schöne Alpenrosenbestände, Naturschutzgebiet (absolutes Pflückverbot!). Abstieg wie Aufstieg.

Abschnitt 11

● **483** **Reuter Wanne,** 1541 m

Ein behaglicher, im obersten N-Absturz des Gipfels dicht bewaldeter Grasmugel.

● **484 a** **Ab Grüntensee** (R 70) über die Buronhütte
2½ Std., A.

● **484 b)** **Ab Jungholz** (R 72) über die Stubental-Alp (R 249)
2 Std., A.

Blick über die „Hohen Gänge“ auf den Hintersteiner Breitenberg
B = Breitenberg, E = Edelsberg, Hi = Lage von Hinterstein, I = Iseler, J = Lage von Jungholz, O = Oberjoch, R = Reuter Wanne, S = Sorgschrofen, U = Lage von Unterjoch, W = Wertacher Horn.

● **484c) Ab Jungholz / Gießenschwand** über den Pfeifferberg, 1448 m
2 Std., A.

● **484d) Ab Alpengasthof Reuter Wanne** (R 245) über die Reuter-Wanne-Alp
1½ Std., A.

Die der Reuter Wanne n. vorgelagerte „Blöße“ wird im Winter von N her stark besucht (Skilifte).

● **485 Sorgschrofen,** 1638 m

Der durch einen türmereichen Grat verbundene Doppelgipfel wird sowohl von Jungholz (R 72) wie von Unterjoch (R 71) als Hausberg beansprucht.

● **486 Von Jungholz auf den Nordostgipfel,** 1638 m
1½ Std., B, in der steil abstürzenden Gipfelzone größte Vorsicht!

Ab Kirche auf Alpsteig zunächst über Wiesen, dann in zunehmender Steile über Felsstufen zum schmalen Gipfelchen mit großartiger Aussicht. Abstieg wie Aufstieg. Man hüte sich vor dem Versuch, den Grat hinüber zum SW-Gipfel zu überklettern: für Ungeübte gefährlich, einige Stellen II!

● **487 Von Unterjoch auf den Südwestgipfel, „Zinken“,** 1613 m
1½ Std., B. Etwas ausgesetzt.

Ab Unterjoch / Steinenberg (Zehrerhöfe) bez. Steig durch Wald und Steilgras zur Kammhöhe, die zum Gipfelaufbau führt. Einem Drahtseil folgend in leichter Kletterei zu einem Felsentor, hier links über eine plattige Rinne zu einem zweiten Felsentor und links auf den Gipfel.

Stengelloses Leimkraut (Silene acaulis) am Himmeleck, dahinter Seilhenker, Kleine Höfats und die Königin der Allgäuer Blumenberge: die viergipfelige Große Höfats.

Abschnitt 12

Tannheimer Gruppe

● **488** **Sebenspitze,** 1938 m, **Lumberger Grat,** 1867 m; **Seichenkopf,** 1880 m

Alle drei Gipfel sind vom Höhenweg Füssener Jöchl — Aggenstein aus ohne Schwierigkeit erreichbar.

● **488a** **Die Sebenspitze** erreichen wir ab Sebenalp (R 395) übers unmittelbar darüber liegende Vilser Jöchl (Übergang zur Vilser Alpe über die Taura-Alp!) und über ihren begrasten NW-Kamm, nach Bedarf links ausweichend, B, ¾ Std.

● **488b** **Den Lumberger Grat,** einen südl. der Sebenspitze vom Tannheimer Hauptkamm abzweigenden, nach W ziehenden, später nach N umknickenden 2 km langen, teils grasigen, teils schrofigen Kamm überschreiten wir ohne Hindernis (A, ¾ Std.), bis wir vor dem

● **488c** **Seichenkopf** stehen, der uns ein wenig harmlose Kletterei, verbunden mit Latschen-Mühsal abnötigt (A, ¼ Std., Vorsicht auf dem Gipfel wegen der Steilabstürze nach N!).

● **489** **Große Schlicke,** 2059 m

Höchster Gipfel des vom Reintaljoch nach NO ziehenden, das Reintal nördl. einrahmenden Nebenkammes. Vielbesuchter Aussichtsberg ohne Probleme.

● **490** **Ab Füssener Jöchl** (R 264)
A, Vorsicht auf dem nach N steil abstürzenden Gipfelkamm!, Aufstieg 2 Std., Aufstieg wie Abstieg, 1½ Std.

Durchaus eines Besuches wert ist die als Aussichtsberg gerühmte Schlicke, 2059 m: Ab Füssener Jöchl auf bez. Steig südostw. ins Reintaljoch, 1846 m, und jenseits, den zur Otto-Mayr-Hütte hinabführenden Pfad alsbald rechts lassend (100 m Höhenverlust) und die S-Hänge des Hahnenkopfs, 1945 m, querend in den Sattel, 1816 m, zwischen diesem und der kleinen Schlicke, 1947 m. Durch deren latschenbewachsene Flanke auf den Hauptgipfel. Als Hüttenberg der im Reintal gelegenen Otto-Mayr-Hütte des DAV, 1530 m, wird sie von dort aus auf bez. Steig gern besucht (1½ Std., A, Kinder).

Die Fortsetzung des Schlickekamms nach O (Karet- und Bugschrofen, Plattjoch) bringt schnell unvorhersehbare Schwierigkeiten mit Latschenfeldern und Felsabbrüchen. Hiervon wird dringend abgeraten.

● **491** **Vilser Kegel,** 1843 m

Hausberg von Vils (R 82), herrliche Aussicht ins Alpenvorland.

● **492** **Rund um den Vilser Kegel**

Aufstieg ab Vils 3½ Std., Abstieg 2½ Std., B.

Ab Vils zur Vilser Alpe (R 82), hier scharf ostw. abbiegend auf Steiglein steil über Gras, durch Wald und über Schotter ins Hundsarschjoch (volkstümlicher Schimpfname für schuttreiche Fluren), 1607 m, und aus diesem zunächst ostw. ausweichend auf ordentlichem Steig durch eine grasige Rinne zum Gipfel.
Abstieg aus dem Hundsarschjoch zur gleichnamigen Alp hinab nach O und durchs Hundsarschtal zurück nach Vils. Ein schönes, meist einsames Erlebnis.

Bis zur Roten Flüh haben wir den Tannheimer Hauptkamm ab Füssener Jöchl im Zuge des Höhenwegs R 395 bereits kennengelernt. Jetzt dürfen wir uns an die drei bedeutendsten Gipfel der Tannheimer Gruppe heranwagen:

● **493** **Gimpel,** 2176 m

Ins Reintal mit gewaltigen Wänden abstürzender eindrucksvoller Wettersteinkalk-Gipfel mit allseits schwierigen Wand- und Gratrouten und einer einzigen unschwierigen Aufstiegs-Möglichkeit:

● **494** **Von Südosten**

I, Trittsicherheit und Schwindelfreiheit erforderlich. Kinder ans Seil! 1 Std. ab Einstieg. Bei Nässe meiden!

Dieser beliebteste Klettergipfel der Allgäuer Alpen, an sommerlichen Schönwettertagen einem bewohnten Ameisenhaufen nicht unähnlich, hat nur eine einzige schwache Seite: seine OSO-Flanke. Wir benützen ab Tannheimer Hütte oder ab Nesselwängler Scharte zwischen Kellespitze (O) und Gimpel (W), 2006 m (aus dem Reintal zu ihr in steilen 1½ Std.), den zur Judenscharte (R 396) führenden Steig, bis Pfadspuren rechts zu den hellen Wettersteinkalk-Felsen ziehen. Einige von unten kaum erkennbare Grasbänder führen schräg rechts zum O-Grat hinauf. Über steile Felsstufen klettern wir zum Beginn dieser Bänder und nun nach Belieben auf einem von ihnen bergauf, wobei uns ein auffallender Felszacken oben im O-Grat die Richtung weist. Auf der zahmen Gratschneide linksum und über grasige Stufen zum Gipfel. Abstieg wie Aufstieg.

● **495** **Kellespitze,** 2239 m

Höchster Gipfel der Tannheimer Gruppe mit den am tiefsten in den Reintalboden hinabreichenden N-Abstürzen.

● **496** **Von der Tannheimer Hütte** (R 274)
I, Trittsicherheit und Schwindelfreiheit erforderlich. Kinder ans Seil. Mäßig steinschlaggefährlich.
Aufstieg 2 Std., Abstieg wie Aufstieg, 1½ Std.

Ab Hütte zur Nesselwängler Scharte, 2006 m, ¾ Std. Ab hier Orientierungsgabe unerläßlich, nicht ganz steinschlagsicher: den Steilabbruch des W-Grats auf Steigspuren nordw. umgehend gelangen wir auf eine kleine Kanzel in den N-Abstürzen des genannten Grats. Von ihr durch eine steile, bei Schneebelag gefährliche Rinne hinab in einen tiefen Graben und jenseits über Schrofen — nach wie vor in der N-Flanke des W-Grats — aufwärts zu der von der Gipfelscharte herabkommenden steilen Felsrinne. Aus ihr links hinüber in eine weitere unmittelbar zum Gipfel hinaufziehende Rinne, die wir bis oben hin durchklettern. Abstieg wie Aufstieg. Abstieg aus Nesselwängler Scharte ins Reintal siehe R 398.

● **497** **Gehrenspitze,** 2163 m

Dieser Berg besticht uns durch seine den Reuttener Talkessel beherrschende Lage am äußersten O-Rand der Tannheimer Gruppe. Unvergleichliche Aussicht, meist sehr einsam!

● **498** **Ab Tannheimer Hütte** (R 274)
I, Trittsicherheit und Schwindelfreiheit erforderlich. Kinder ab Gehrenjoch ans Seil! 2½ Std.

Einstieg am Gehrenjoch (R 398), 1860 m, zwischen Gehren- und Schneidspitze, 2008 m. Dorthin:
a) Von der Tannheimer Hütte auf Steigspuren unter den S-Wänden der Kellespitze übers Sabacher Joch, 1862 m, 1 Std.
b) Ab Reintal über die Sabacher Galtalp auf Steig, 2 Std., steil, A.
c) Ab Bergstation Hahnenkammbahn (R 278), 1748 m, über Weide-

Deutschlands südlichster Punkt: der Biberkopf, gesehen vom Hohen Licht. Unterm Nebelmeer der geschwungene Lauf des Lechs. Hintergrund Bildmitte: Die Schesaplana im Rätikon, davor das Lechquellengebirge.

böden nordw. zur Oberen Gehrenalp, 1600 m, querend, dann steil aufs Gehrenjoch, 2 Std., A.
Pfadspuren leiten durch die S-Flanke des Berges östl. ansteigend, bis wir nach ¼ Std. eine vom W-Grat herabziehende tief eingeschnittene Geröllrinne erreichen. In ihr empor auf den Grat und jenseits in seiner N-Flanke zu der großen vom Gipfel kommenden Schlucht. Ehe wir ihren Grund erreichen, wenden wir uns rechts aufwärts wieder dem W-Grat zu, über dessen Schlußstück der Gipfel alsbald erreicht wird. Abstieg wie Aufstieg.

● 499 **Schneidspitze,** 2008 m

Diesen Gipfel anläßlich der Gehrenspitzfahrt mitzunehmen lohnt sich, da sie uns nach dem Klettererlebnis im Wettersteinkalk in eine ganz andere Welt versetzt.

● 499a **Ab Gehrenjoch** (R 498)
20 Min. über Grashalden. Kinder ans Seil! Steilgras! Bei Nässe zu meiden!

Oben am Gipfel ein zum Rasten wie geschaffener Blumenteppich! Abstieg wie Aufstieg oder zwecks Beschleunigung der Rückkehr zur Tannheimer Hütte unmittelbar westw. ins Sabacher Joch (R 398).

● 500 **Einstein,** 1866 m

Als höchster Gipfel des Gebirgszugs, der zwischen Vilstal und Fallmühltal einen weiten Bogen zwischen Pfronten (R 76 ff.) und Grän (R 88) bildet, fristet dieser mit einer breiten O-Schulter ausgestattete Berg ein Sonderdasein, da er der Tannheimer Gruppe nicht mehr zugerechnet wird, aber auch nicht zu den Vilser Alpen (R 502 ff.) zählt. Er ist ganz einfach der Tannheimer Hausberg.

● 501 **Ab Tannheim**
Sehr sonnig, da steile S-Flanke, also früh aufbrechen! 3 Std., B.

Ab Tannheim / Berg (nördl. vom Kirchdorf) auf gemütlichem Alpweg über Weideböden bergan, bis bei Beginn der Waldzone der bez. Steig zum Einstein rechts abzweigt. Ihm folgend über die bei Sonne unwirtlich trockene, locker bewaldete und weiter oben latschenbewachsene S-Flanke zum leicht zu erkletternden Gipfelaufbau mit fürstlicher Aussicht.
Die Verlockung, im Abstieg nach O zum einsamen Rappenschrofen (so heißt die eingangs erwähnte O-Schulter des Einsteins) hinüberzuklettern, ist zwar groß. Wegen des zuweilen ausgesetzten Grates

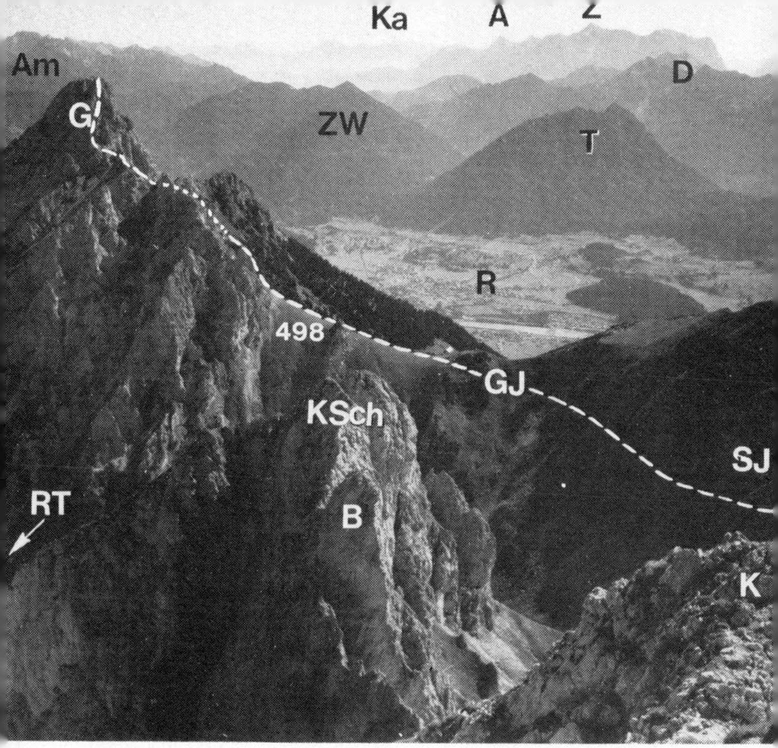

Blick von der Kellespitze auf Gehrenspitze und Reuttener Talkessel
A = Alpspitze, Am = Ammergauer Alpen, B = Babylonischer Turm, D = Daniel, G = Gehrenspitze, GJ = Gehrenjoch, K = Kellespitze, Ka = Karwendel, KSch = Kelleschrofen, R = Reutte, RT = ins Reintal, SJ = Sabacher Joch, T = Tauernberg, Z = Zugspitze, ZW = Zwieselberg.

und der Schwierigkeit, beim Rappenschrofen-Abstieg den richtigen Durchschlupf durch den infolge Erdrutschs schwer zugänglichen S-Abbruch zu finden, verzichten wir besser. Abstieg wie Aufstieg.

Die Vilser Alpen

● **502** Die am Jubiläumsweg liegenden, auf Tiroler Seite den Vilser Alpen zuzurechnenden Gipfel sind bereits beschrieben (R 379, 380, 399). Dasselbe gilt von den dem Saalfelder Weg und der östl. Vilsalpsee-Umrahmung zuzurechnenden Gipfeln (R 383, 400, 401). Hier folgt nur noch eine kurze Nachlese:

● **503** **Rote Spitze,** 2130 m

Gipfel über Westlichen Lachenjoch (R 383), ein Blumenberg von hohen Graden; wie alle steilrasigen Gipfel nicht gefahrlos und bei Nässe unbedingt zu meiden!

● **504** **Vom Westl. Lachenjoch** (R 383)
½ Std. B, besondere Vorsicht mit Kindern!

Über den nach oben hin immer steiler werdenden S-Hang aus dem Joch direkt zum schmalen Gipfelchen, das nach N mit furchterregenden Wänden abbricht. Abstieg wie Aufstieg.

● **505** **Krinnespitze,** 2002 m

Den Gipfel hatten wir auf dem „Vier Alpen-Weg“ (R 281 bis 284) bereits umrundet. Wegen der bezaubernden Aussicht von ihrem Gipfel auf die gegenüberliegende Tannheimer Gruppe verdient sie auch einen persönlichen Besuch.

● **506** **Ab Krinnealp über den Ostkamm**
B, Vorsicht am Gipfelgrat!

Mit der Nesselwängler Sesselbahn oder in 1½ Std. Steilanstieg ab Nesselwängle (R 87) zur Krinnealp. Nun südostw. durch lichten Wald und Latschen in den geräumigen Sattel zwischen der „Jochgrüben“ genannten O-Schulter, 1767 m, der Krinnespitze und ihrem Gipfel. Über den hier ansetzendenden, nach N steil abbrechenden Grat hinauf zum höchsten Punkt. Abstieg wie Aufstieg oder (gemütlicher) nach SO über Steilmähder zur Rauther Alp und nach Rauth (R 87) oder nordwestw. über die Ödenalp auf bequemem Alpweg zum Haldensee und an dessen S-Ufer zurück nach Nesselwängle.

Blick vom Hammerspitzengrat hinab ins Kleine Walsertal (Mittelberg — Bödmen — Baad), im Mittelgrund von rechts: Didamskopf — Steinmandl — Grünhorn — Starzeljoch — Starzelgrat — Üntschele (davor Unspitze), im Hintergrund Bregenzerwaldgebirge, ganz hinten links Säntis.

● **507** **Lailachspitze,** 2273 m

Höchster Tannheimer Gipfel. Ein mächtiges, den zu ihren Füßen fließenden Lech um fast 1400 m überragendes, sich nach O und S in schier undurchdringlichen Gebirgswäldern verlierendes Massiv.

● **508** **Ab Rauth (R 87) durch das Birkental**
I, 5—6 Std.

Auf dem gemächlichen Alpweg ab Rauth — später verwandelt er sich in einen wesentlich schöneren Waldpfad durch herrlichen Bergwald zur Alphütte (P. 1183) an der Einmündung des Kienbichltobels in die Weißenbacher Ache. Dorthin führt auch (ab Weißenbach R 86) eine brutal in die N-Hänge des Kienbichlmassivs hineingesprengte Forststraße. Nun sehr steil durch immer lichter werdenden Wald, später durch Latschen auf bez. Steig zur Hinteren Kienbichlalp, 1703 m. Ab hier nach W zum Ansatz des schrofigen Lailachspitz-N-Kammes, der uns in leichter Kletterei etwas mühsam zum schönen Gipfelkreuz führt.
Wer die Abwechslung liebt, wird zum Abstieg den keine besonderen Schwierigkeiten aufweisenden WSW-Grat (Dolomitkletterei II), oder die südl. unter ihm laufende Schuttrinne (I) benützen. Beide führen in die tiefste Einsattelung zwischen Lailachspitze und Luchsköpfen. Unter den letzteren queren wir südseitig über unangenehmen Schutt und begrünte Steilhalden in die westl. der beiden Scharten zwischen Luchsköpfen und Lachenspitze und aus dieser, die Gappenfelder (R 290) rechts unter uns lassend, hinüber zum Östlichen Lachenjoch, etwa 1900 m. Dort haben wir die Wahl, entweder über die Gappenfelder ins Birkental zurückzukehren (R 290), oder jenseits zur Landsberger Hütte (R 287 f.) abzusteigen, wodurch sich etwa 2 Std. abkürzen ließen.

Abschnitt 12

● **509** Die auf oder unmittelbar an den Grenzen zu den Abschnitten 1, 2, 3, 9 und 12 liegenden Gipfel haben wir unter R 347, 349, 350, 352, 357, 379, 383, 401, 403, 405, 436, 438, 441, 446, 447, 449, 453, 461, 463, 467, 469, 471 und 507 beschrieben. Es bleibt uns für Abschnitt 13 nur noch eine allerdings stattliche Auslese, die sich im wesentlichen auf die Roßkargruppe, auf die Hornbachkette und auf die Peischelgruppe beschränken wird.

● 510 Die Roßkargruppe

Eine selten besuchte, aus brüchigem Dolomit aufgebaute Gebirgsgruppe, die sich am Fuchsensattel (R 472) unterm Hochvogel vom Allgäuer Hauptkamm trennt und — nördl. vom einsamen Schwarzwassertal, südl. vom Hornbachtal (R 96f.) eingerahmt — mit einem 9 km langen, im W wild zerrissenen Grat ins Lechtal absinkt.

● 511 **Durch das Schwarzwassertal ins Große Roßkar** (vgl. R 96, 385)

4—5 Std., A.

Der Bummel durch dieses weit hinauf bewaldete einsame Tal (ab Stanzach oder Forchach im Lechtal) ist erholsam und mühelos. Der Fahrweg bringt uns entweder von der 2 km oberstrom oder von der 4½ km unterstrom der Schwarzwassermündung gelegenen Lechbrücke aufs linke Lechufer und sanft ansteigend zum Mösleboden, 1150 m, 2 Std., wo wir uns entschließen können, entweder links zur Siegelalp, 1263 m aufzusteigen oder taleinwärts zur Unteren Lichtalpe, 1198 m, 2 Std., zu wandern. Letzterenfalls hört die Gemütlichkeit kurz hinter der Alphütte auf: der Steig führt uns nun steil hinan zur Oberen Lichtalp, 1522 m, 1 Std., und weiter zur Balkenscharte, 2156 m, überm Prinz-Luitpold-Haus, 2 Std., insgesamt also ein ganz respektabler Marsch.
Ersterenfalls — und das wäre das Schönere — können wir uns dem Vergnügen hingeben, den meisterhaft im Wald westl. der Siegelalp (½ Std.) versteckten Schwarzwassersee, 1178 m, zu suchen, um dann entlang dem meist ausgetrockneten Bett des Roßkarbachs das südl. gelegene von allen wesentlichen Gipfeln der Roßkargruppe eingebettete Große Roßkar, 1800—2000 m, zu erforschen. Alle Berge im Rund erfreuen sich dank der Unwegsamkeit ihrer Schutthalden ausgeprägter Unnahbarkeit. Das landschaftliche Erlebnis hingegen wird unauslöschlich bleiben. Aufstieg ab Siegelalp 2½—4 Std., je nach Unternehmungsgeist.
Den Gipfeln der westl. und zentralen Roßkargruppe halten wir uns fern. Fast alle Routen sind klettertechnisch schwierig, darüber hinaus wegen ihrer extremen Brüchigkeit gefährlich. Der Große Roßzahn, mit 2356 m höchster der gesamten Gruppe, wäre unschwierig zu erklettern, müßte aber von W wie von O her über Schutthalden erobert werden, die in den gesamten Allgäuer Alpen ihresgleichen nicht haben. Der nicht zu vermeidende Aufstieg über sie in die südl. oder nordöstl. Gipfelscharte ist ein wenig vergnüglicher Schinder!
Am O-Rand der Gruppe hingegen erwarten uns zwei bescheidenere, aber durchaus lohnende Gipfelziele:

● 512 Saldeiner Spitze, 2036 m

Am weitesten nach O vorgeschobener Vorposten der Roßkargruppe, schrofiger Dolomitkegel.

● 513 Ab Vorderhornbach (R 96) **übers „Sattele“,** 1696 m
C, 3½ Std. Schönster Anstieg.

Auf nicht ganz leicht zu findendem Jagdsteig ab Dorf-N-Rand zum Brennboden, 1203 m, und nun durch Bergwald in allgemein nordwestl. Richtung hinauf ins „Sattele“. Aus diesem in leichter Kletterei auf den einsamen Gipfel. Abstieg wie Aufstieg.

● 514 Grubachspitze, 2100 m

Endgipfel des von der Stallkarspitze nach SO ziehenden Nebenkammes.

● 515 Aus dem „Sattele“ (R 513)
B, 1½ Std.

Wie R 513 ins Sattele, 1696 m, und aus diesem auf ihrem NO-Kamm zur Spitze, die wintersüber dem geübten Alpinfahrer eine schöne Abfahrt durchs nordwestl. eingelagerte Hornbachkar schenkt.

● 516 Die Hornbachkette

Ihre alpine Bedeutung im Rahmen der Allgäuer Alpen mag deutlich machen, daß (bei 290 Gipfeln über 1600 m) von den 33 Gipfeln über 2500 m Höhe allein 20 in der Hornbachkette liegen. Wir beginnen im O:

● 517 Klimmspitze, 2465 m

Ein elegantes, das untere alpine Lechtal auf weite Strecken beherrschendes, im Gipfelaufbau nahezu gleichseitiges Dreieck, wie alle Hauptgipfel der Hornbachkette aus Dolomit aufgebaut.

● 518 Ab Elmen
4½ Std., I, bez., wegen der Aufstiegshöhe von 1500 m für Kinder zu anstrengend. Großartige Aussicht!

Spätherbst in den Bergen der Hornbachkette! Blick vom Gipfel der Östlichen Plattenspitze zum Schönecker Kopf, rechts unter diesem die Schönecker Scharte, hinter ihm die Ausläufer des Gratverlaufs zwischen Balschtespitze und Noppenspitze. Unterm Nebelmeer Hornbachtal, Lechtal und Reuttener Talkessel. Jenseits des Nebelmeers (von links) Roßkargruppe — Tannheimer Gruppe — Ammergauer Alpen. Beginn der Lechtaler Alpen.

Ab Elmen, 978 m, bez. Steig über die Lechbrücke nach Klimm und nordwestw. steil über Wiese und durch Wald empor. Bei Höhe 1330 scharf links und nun westw. durch Latschen ins Großkar hinauf. Ab 1900 m führt der Steig über Blockwerk und Schutt auf eine grüne Schulter, schließlich über den S-Grat zum höchsten Punkt. Abstieg wie Aufstieg.
Die nach W folgenden Gipfel der Hornbachkette sind mehr oder weniger unnahbar — bis zur

● 519 **Urbeleskarspitze,** 2636 m

Fünfthöchster Gipfel der Allgäuer Alpen, ein mächtiger Dolomitklotz mit auffallender Trapezform, ringsum schwierig zu erklimmen — bis auf folgende schwache Stelle:

● 520 **Vom Kaufbeurer Haus** (R 293 ff.) **durch das Urbeleskar**
I, außergewöhnlich brüchig, auch steinschlaggefährlich; nichts für Kinder, absolute Trittfestigkeit und Orientierungsvermögen unerläßlich. 1 ¾ Std.

Ab Kaufbeurer Haus südöstl., bis man Einblick in die vom N-Grat herabziehende, leicht geschweifte Steilrinne erhält. Von rechts her zu Grasplätzen, die am Wandpfeiler links der Rinne eingebettet sind, und über sie empor. Später quert man die Rinne nach rechts, um über Schuttbänder und Felsstufen zur Gipfelschneide aufzusteigen. Da die Urbeleskarspitze trotz der außerordentlichen Brüchigkeit ihres Gesteins sommersüber zuweilen stark besucht wird, besteht erhöhte Steinschlaggefahr!

● 521 **Noppenspitze,** 2596 m

Einer der schönsten reinen Klettergipfel der Allgäuer Alpen. Er wendet uns als einzige unschwierige Aufstiegs-Möglichkeit seine SW-Flanke zu.

● 522 **Von der Hermann-von-Barth-Hütte** (R 295 f.) **oder vom Kaufbeurer Haus** (R 293 f.)
I, je 3 Std., nichts für Kinder.

Ausgangspunkte nach Belieben Hermann-von-Barth-Hütte oder Kaufbeurer Haus. Die Noppenspitze liegt genau in der Mitte. Wo der Höhenweg R 404 im Noppenkar nach O umknickt, nordw. ab zum Fuß der SW-Wand. In Gipfelfallinie ist über dem untersten Wandsockel rechts des auffallend weißen Schichtstreifens ein Grasabsatz, den wir von links her über Schutt erreichen. Von ihm fallend und wieder steigend 50 m rechts bis vor eine große vom S-

Die Westliche Hornbachkette von der Kreuzkarspitze
B = Balschtespitze, BK = Balschtekar, H = Hornbachspitze, daneben Öfnerspitze, HL = Hohes Licht, Hf = Hochfrottspitze, I = Ifenspitze, K = Großer Krottenkopf, L = Lechquellengebirge, M = Marchspitze, P = Peischelgruppe, R = Ramstallkopf, darunter Hermannskarspitze und -turm, Ro = Rothorn, S = Strahlkopf, SS = Lage der Schöneckerscharte, T = Trettachspitze, W = Großer Widderstein, Wo = Wolfebnerspitzen.

Grat herabziehende Schlucht. Durch sie empor zum steilwandigen Abschluß. Ab hier durch dem S-Grat gleichlaufende Rinnen zum Gipfel. Abstieg wie Aufstieg.
Die der Noppenspitze westl. benachbarte Kreuzkarspitze würde uns zwar einen entzückenden Blick aufs Kreuzkarseelein unter ihrer N-Wand schenken, wegen der Brüchigkeit ihres Gesteins meiden wir sie jedoch.

● **523** **Südlicher Söllerkopf,** 2390 m

Südlichster Punkt des von der Kreuzkarspitze Richtung Elbigenalp hinabziehenden S-Grats, einsamer Aussichtsbalkon.

● **524** **Aus dem Balschtekar**
I, ¾ Std. Kinder ans Seil!

Wo der Enzenspergerweg (R 404) die Fallinie unter der Scharte zwischen den beiden Söllerkopfgipfeln erreicht, über begrüntes Geschröf hinauf in die Scharte, 2325 m, und rechts über seinen brüchigen N-Grat auf den S-Gipfel. Abstieg wie Aufstieg.

● **525** **Balschtespitze,** 2504 m

Selten besuchter Gipfel im Schatten der östl. benachbarten Kreuzkarspitze.

● **526** **Über die Südwestflanke**
I, 1 Std. ab Schöneckersattel, 2322 m.

Ab Hermann-von-Barth-Hütte (R 295 f.) auf dem Enzenspergerweg (R 404), das Balschtekar bis unter die Schöneckerscharte auslaufend, streben wir nordostw. über einen steilen Schrofengürtel dem flacheren Gipfelhang zu, der uns ohne nennenswerte Schwierigkeiten zum höchsten Punkt führt. Großartiger Tiefblick übers Kreuzkarseelein hinab ins Hornbachtal. Abstieg wie Aufstieg, wobei wir dem kurzen südl. Seitenast des Gipfelmassivs einen Besuch abstatten. Er bricht mit kanzelartigem Vorbau, dem „Balschteturm" ins Balschtekar ab.

● **527** **Östliche Plattenspitze,** 2486 m

Ihren Namen verdankt sie den auffallenden schrägen Dolomitplatten, die den Gipfelkörper aufbauen (und uns den Aufstieg erleichtern).

Blick vom Bärenkopf auf die Nordwand des Großen Widdersteins. Der Normalaufstieg führt durch die Südflanke des Berges.

Die Östliche Hornbachkette von der Nördlichen Ilfenspitze
B = Bretterspitze, BS = Balschtesattel, Bsp = Balschtespitze, H = Heiterwand, K = Kreuzkarspitze, NS = Nördlicher Söllerkopf, OP = Östliche Plattenspitze, Sch = Schöneckerscharte, SS = Südlicher Söllerkopf, U = Urbeleskarspitze, WP = Westliche Plattenspitze.

• 528 Von der Hermann-von-Barth-Hütte (R 295 f.)
1½ Std. I, Vorsicht in der Gipfelzone!

Beliebter Hüttenausflug ab Hermann-von-Barth-Hütte für jene, denen die Wolfebnerspitzen zu ungemütlich sind: ab Hütte bez. Steig ins oberste Wolfebnerkar, durch eine brüchige Rinne in die Wolfebnerscharte, 2368 m, und über Schrofen zur plattigen Gipfelkrone. Abstieg wie Aufstieg. Der Übergang zur 7 m höheren Westlichen Plattenspitze ist wesentlich anspruchsvoller (II).

• 529 Ilfenspitze, Nordgipfel, 2540 m

Ein sich bogenförmig ums Birgerkar legender Doppelgipfel mit scharf gezahnten Graten bietet uns seinen gemäßigten N-Gipfel als lohendes Ziel an.

• 530 Von der Hermann-von-Barth-Hütte (R 295 f.) **über die Westflanke**
I, Schwindelfreiheit erforderlich, 2½ Std. Kinder ans Seil!

Selten besucht, nicht sehr fotogen, jedoch prächtige Aussichtswarte: ab Hermann-von-Barth-Hütte auf dem Düsseldorfer Weg (R 407) ins NO-Eck des Birgerkars und hier über steile Schrofen in die aus der Scharte zwischen N- und S-Gipfel herabkommende Felsrinne. Durch sie bergauf, den auf halber Strecke sperrenden Plattengürtel rechts umgehend in die Gipfelscharte und in unschwieriger Kletterei links auf den höchsten Punkt.

• 531 Kanzberg, 1989 m

Ein Geheimtip für Einsamkeitssucher mit alpinem Stehvermögen, versteckt im Zwickel zwischen dem hintersten Hornbach und dem vom Hornbachjoch herabkommenden Jochbach.

• 532 Übergang von der Jochspitze, 2232 m
Lohnend als Anhängsel an die Ersteigung der Jochspitze (R 453) 2 Std. hin und zurück, I.

Ab Jochspitze steil bergab auf dem ostw. ziehenden, gras- und latschenbedeckten Kamm. Bei einiger Findigkeit kann man zurückkehrend den Gegenanstieg zur Jochspitze durch Querung auf Höhenlinie 2000 unmittelbar ins Hornbachjoch (R 453) einsparen. Wenn's ins Tourenprogramm hineinpaßt, kann man auf teilweise verwachsenen Alpsteigen durch die bewaldete Kanzberg-N-Flanke ins Jochbachtal (R 97) und damit nach Hinterhornbach gelangen.

● 553 Die Peischelgruppe

Vom Hohen Licht (R 438) nach S abzweigender, sich alsbald in zwei Seitenäste auflösender, geologisch besonders vielseitiger und interessanter Kamm, der sechs ausgeprägte Gipfel trägt, darunter fünf, die um oder über 2500 m Höhe aufweisen. Während sich die Hornbachkette zweier AV-Hütten und eines namhaften Berg-Ghs. erfreuen darf, teilt die Peischelgruppe das Schicksal der Roßkargruppe: es gibt hier weder AV-Hütte noch Berg-Ghs. Trotzdem ist sie eines Besuches würdig. Die Schochenalpen (R 408) werden uns hierbei ein wenig helfen.

● 534 Wanderung in die Peischelgruppe

Die Schochenalpen sind der einzige vernünftige Stützpunkt für eine Stippvisite in der arg vernachlässigten Peischelgruppe: Ab Holzgau auf Alpweg über die Vordere, 1329 m, und die Mittlere, 1577 m zur Hinteren Schochenalpe, 1832 m. Entweder hier oder am darüber gelegenen Schochenalpsee, 1938 m, guter Zeltplatz, der uns einen recht bequemen Aufstieg zum Muttekopf, 2433 m, auf alten Steigspuren über Hochschuß und Zwerchwand beschert, 1½ Std., I. Über Gras, Schrofen und ein Felsriff ostw. hinüber zur Rotnase, 2171 m, alles landschaftlich außerordentlich schön, 1 Std. In umgekehrter Richtung besuchen wir das w. unterm Muttekopf liegende Vordere Wildmahdkar mit seinem Seelein, 2190 m. Den Wilden Kasten, 2544 m, erreichen wir nur auf Umwegen: ab Wildmahdseelein südostw., dann südwestw. zur Wildmahdalp, 2083 m, und auf Steigspuren westw. unter dem Wilden Kasten hindurch ins Peischelkar. Aus diesem über die geröllbedeckten Schrofen der steilen SW-Flanke auf den Gipfel, 2 Std. ab Seelein; I, nichts für Kinder.
Sind wir der landschaftlich großartigen Schinderei überdrüssig geworden, finden wir aus dem Peischelkar einen herrlichen Fluchtweg nach S zur Sattelebene, 1852 m, und über den Weiler Oberellenbogen (R 102) nach Steeg im Lechtal (R 102).

Aufstieg durch den Blumenteppich der Höferspitze mit Blick auf den Hochtannbergpaß, die dahinterliegenden, nach Lech ziehenden Auenfelder und das Lechquellengebirge bis zur Roten Wand am Formarinsee.

Abschnitt 14

● 535 **Immenstädter Horn,** 1489 m

Immenstadts Hausberg Nr. 1! Kaum anderswo im alpinen Raum der Ostalpen ist eine Stadt — wenn's auch eine kleine ist — so in einen immerhin 760 m höheren Berg hineingewachsen wie Immenstadt in sein „Horn".

● 536 **Normalanstieg übers Hornköpfle**
2½ Std., A, gute Steige.

Ab Friedhof auf bequemem Steig durch herrlichen Hochwald übers Hornköpfle, 1167 m (Talaussicht), und — alsbald nur noch sanft ansteigend — auf der breiten Kammhöhe stets schattig zum Gipfel mit Unterstandshüttle.
Der Abwechslung halber werden wir den Abstieg entweder aus dem Sattel zwischen Gipfel und südwestl. benachbartem Roten Kopf, 1481 m, auf bez. Steig ins Steigbachtal nehmen (1½ Std.), oder — aus dem Sattel zum Naturfreundehaus (R 307) querend — auf bez. Steig am Gschwender Horn, 1450 m, vorbei nach Rieder oberhalb Bühl (R 107), um von dort aus auf hübschem Fußweg durch den unteren Hornwald zum Immenstädter Friedhof zurückzukehren. Die an unserem Wege liegenden dicht bewaldeten soeben genannten Nebengipfel sind eines eigenen Besuches wohl ebensowenig wert wie der knapp 2 km südsüdwestl. vom Naturfreundehaus liegende Dreherberg, 1430 m (R 417).
Im übrigen hat das alpine und voralpine Ausflugsgelände Immenstadts in R 105, 106, 372, 411 ff. seine Würdigung gefunden.

Abschnitt 15

● 537 Alle im Raum dieses Abschnitts liegenden Gipfel haben im Zuge der Höhenwege Stuiben — Hochhädrich — Imberg sowie Prodelkamm und Salmaser Höhe hinreichend Erwähnung gefunden, vgl. R 372, 414 ff., 417 f.

Abschnitt 16

● 538 Die im Raum dieses Abschnitts liegenden Gipfel haben wir zumeist im Zuge der Höhenwege auf (oder in unmittelbarer Nähe

Blick vom Oberallgäuer Berghof über die westliche Illermoränen-Landschaft zum Nebelhorn-Rahmen
A = Altstädten, B = Bettenried, E = Entschenkopf, F = Fürschießer, G = Lage des Gaisalpsees, H = Heidelbeerkopf, Hö = Höfats, I = Illertal, K = Krottenkopfgruppe, KE = Kreuzeck, davor Schattenberg, N = Nebelhorn, O = Lage von Oberstdorf, R = Rubihorn, S = Sonnenköpfe, SA = Sonnenalp, Sch = Schnippenkopf, Schö = Schöllang, W = Wengenköpfe, Wi = Wielenberg.

zu) den Grenzen der Abschnitte 1, 6, 7 und 15 kennengelernt (vgl. R 320, 322, 335, 338, 342 ff., 347, 348, 349, 418, 421, 422, 423, 426, 429, 434). Uns bleibt nur noch die Nachlese einiger versteckter, nicht sehr bedeutender, jedoch recht interessanter Gipfel:

● 539 **Mittagsfluh,** 1637 m

Das unseren Weg von Rehmen zum Stoggersattel (R 326) westl. begleitende Massiv mit eindrucksvollen Abstürzen hinab in die Schlucht der Bregenzer Ache, liegt streng genommen schon außerhalb unseres Führerbereichs. Als nahezu mühelose und überdies ungemein interessante Dreingabe zu unserem Marsch nach Schönenbach (R 325f.) dürfen wir sie jedoch nicht links liegen lassen!

● 540 Von Rehmen über den Stoggersattel (R 326)
3½ Std., in der Gipfelregion leichte Schrofenkletterei, äußerste Vorsicht an den Gipfelabbrüchen!

Wie R 326 zum Stoggersattel, 1410 m. Nun scharf nach SW auf Alpweg zur Oberen Sattelalp, 1525 m, und auf Steigspuren in allgemein südwestl. Richtung zum Verbindungsgrätle zwischen Mittagsfluh (links) und deren nördl. Vorgipfel, dem Liggstein, 1592 m, (rechts). Während auf der Erstgenannten der Ausblick durch Bewaldung arg beschränkt ist, überrascht uns auf der Aussichtsplatte am Liggstein der überwältigende Tiefblick hinab in die Achschlucht und die Aussicht auf den imponierenden Aufbau der Kanisfluh jenseits der Ache. Abstieg wie Aufstieg.

● 541 Hählekopf (auch Hellekopf), 2059 m, **und Pellinger Köpfl,** 2003 m

Zwei im Schatten des Hohen Ifen stehende, den weiten Ifersgund-Alpboden nördl. der Schwarzwasserhütte (R 139f.) einsäumende, von S und W gesehen unscheinbare Gipfel mit über 500 m hohen, Fellifluh genannten Steilabstürzen Richtung Schönenbach.

● 542 Ab Schwarzwasserhütte (R 139f.)
Je 1½ Std. A, größte Vorsicht an den Gipfelabbrüchen nach NW!

Ab Hütte bequem auf dem über die Ifersgundalp (R 344) führenden Steig nach N, bis (bei Höhe 1782 m) nach links ein Steiglein über die teilweise schuttbedeckten Alpböden abzweigt. Ihm folgend erreichen wir ohne Schwierigkeit Pellingers Köpfle und von diesem, nach S leicht ansteigend (mit Respektsabstand zu den Abstürzen!) den höheren Nachbarn. Abstieg der Abwechslung halber zum Gerachsattel, 1752 m (R 349), und zurück zur Hütte.

● 543 Sevischrofen, 1659 m

Ein nur Einheimischen vertrauter Geheimtip! Der nach Schönenbach (R 325) steil abfallende NW-Sporn des Hohen Ifen, benannt nach dem in den Allgäuer Alpen nahezu ausgestorbenen Sevenstrauch, einer Wacholderart.

Auf — und neben! — dem Jubiläumsweg: Übergang vom Kugelhorn zu den Knappenköpfen und zur Kirchdachscharte, dahinter die Kastenköpfe.

● 544 Von Schönenbach (R 325) **über die Schneckenlochhöhle**
3 Std., B.

Ab Schönenbach ostw. über die Subersach und jenseits am linken Ufer des Laublisbachs auf Alpweg bergauf. Oberhalb der von den beiden Quellbächen des Laublisbachs gebildeten Bachgabel versteckt sich der Eingang zur rund 1 km langen, vielfach verzweigten und schwierig zu begehenden Schneckenlochhöhle (knapp 1300 m). Vorbei an der Kälblegündlealp, 1475 m, streben wir südostw. dem Sattel P. 1664 im Sevischrofenkamm zu. Von hier aus nach Belieben nordwestw., die Schrattenkalktürmchen auf der Kammhöhe nördl. umgehend oder (Kinder ans Seil) überkletternd, Vorsicht vor den S-Abstürzen! Abstieg der Abwechslung halber aus Sattel P. 1664 m südostw., alsbald aber nach W umknickend hinab (Steigspuren) zur Iferalp, 1349 m, und auf Alpweg nordwestw. zurück nach Schönenbach.

● 545 Hittisberg, 1328 m

Der reichlich bewaldete Hausberg von Hittisau, zum Ausklang sicherlich der gemütlichste unter allen hier vorgestellten Gipfeln Vorarlbergs.

● 546 Normalweg von Südwesten
Aufstieg ab Hittisau über Korlen und Gferen, 2 Std., A, Abstieg nach N über Hittisbergalp. 1½ Std.

Wir verlassen Hittisau nach SO und gelangen über die Weiler Korlen und Stöcken zur Einöde Gferen. Hier links ab und steil über Weidegelände zum Gipfel mit umfassender Aussicht. Abstieg nordw. hinab über freies Gelände zur Hittisbergalp und auf Fußweg abseits der Autostraße zurück nach Hittisau.

Register

Die Ziffern bezeichnen die mit ● markierten Randzahlen (nicht Seiten).

Heiteres und Besinnliches

Karl Lukan

Quergänge

Die schönsten Bergsteigergeschichten aus drei Jahrzehnten.
Lukan, ein Altmeister der alpinen Unterhaltungsliteratur, erzählt hier die Geschichten, die ihn bekannt gemacht haben. Von Karl Lukan angeregt, sind schon unzählige Menschen zu Bergsteigern geworden.
248 Seiten mit 22 Scherenschnitten.
Best.-Nr. 7029-3, DM 26,80

Helmuth Zebhauser

Vom Unsinn des Bergsteigens

Schamlose Betrachtung des Alpinismus
Das Bergsteigen ist eine Welt für sich – mit ihrem eigenen und eigenwilligen Selbstverständnis, ihren eigenen Gesetzen, ungewohnten Fragen und ungewöhnlichen Antworten.
Best.-Nr. 7014-5, DM 26,80

Bergverlag Rudolf Rother GmbH